BIBLIOTHÈQUE DE LITTÉRATURE DU XXe SIÈCLE
sous la direction de Didier Alexandre
16

Esthétique de la langue française

Ouvrage publié avec le soutien de l'unité de recherche
Interactions culturelles et discursives de l'université François-Rabelais – Tours

Remy de Gourmont

Esthétique de la langue française

La déformation, la métaphore, le cliché, le vers libre, le vers populaire

Édition critique par Emmanuelle Kaës

PARIS
CLASSIQUES GARNIER
2016

Emmanuelle Kaës est maître de conférences en langue et stylistique à l'université François-Rabelais – Tours. Elle est l'auteur de *Paul Claudel et la langue* (Paris, 2011). Elle a publié des articles sur l'esthétique claudélienne, sur les écrits sur l'art d'auteurs du XXe siècle et sur la langue et le style de Claudel. Elle a publié une édition critique du *Problème du style* de Remy de Gourmont (Paris, 2014).

ISBN 978-2-8124-6012-8 (livre broché)
ISBN 978-2-8124-6013-5 (livre relié)
ISSN 2103-4796

INTRODUCTION

L'*Esthétique de la langue française, la déformation, la métaphore, le vers libre, le vers populaire, le cliché* est publiée en 1899 par la Société du Mercure de France. En 1905, Gourmont publiera une seconde édition revue, corrigée et augmentée d'une vingtaine de pages ; c'est cette édition que nous publions. Les transformations de la première à la seconde édition sont minimes[1]. Six chapitres qui correspondent tous à des articles publiés en revue entre juillet 1892 et janvier 1899 composent l'essai. Nous les donnons dans l'ordre chronologique de publication :

- « Le vers populaire » est paru dans *La France moderne* le 3 juillet 1892, sous le titre « La Poésie populaire ». Gourmont le reprend trois ans plus tard dans *L'Ymagier*, tome II (1895-1896).
- « Le vers libre » connaît une première publication sous le titre « Entretiens sur le vers libre et sur Gustave Kahn » dans *La Revue Blanche* en octobre et décembre 1897.
- Le chapitre « La Déformation » est la synthèse de deux articles dont « Sur la langue française : la déformation verbale considérée comme force créatrice », publié dans *Le Mercure de France*, n° 103, juillet 1898.
- « Esthétique de la langue française » paraît dans *La Revue Blanche* en mai-août 1898.

---

1 En 1905, Gourmont étoffe certaines notes en ajoutant des exemples de « chefs-d'œuvre de sauvagerie linguistique qui combinent latin et anglais comme « vacuum cleaner ». Il ajoute des mots à des listes déjà consistantes, par exemple des créations néologiques « heureuses » du vocabulaire de la botanique. Il enrichit d'une page d'exemples le chapitre « La Métaphore », ajoute un court paragraphe sur la syntaxe du français menacée par l'influence de l'anglais, pour répondre à des reproches que lui avaient adressés certains critiques sur l'absence de toute réflexion sur la syntaxe dans la première édition. Il ajoute plusieurs notes de bas de page qui font le lien avec des questions traitées dans *Le Problème du style* paru entre-temps en 1902. Enfin, un post-scriptum en forme de palinodie clôt le chapitre sur « Le vers populaire ». – Pour les éditions ultérieures de l'*Esthétique*, voir la bibliographie, *infra*, p. 249.

- « La Métaphore » paraît sous le titre « Psychologie de la métaphore » dans *La Revue Blanche*, septembre-décembre 1898.
- « Le Cliché » est publié sous le titre « Philosophie du cliché » dans *Le Mercure de France*, n° 109, janvier 1899.
- Le second texte à partir duquel il compose le chapitre « La Déformation » est : « Les Grammairiens et la Déformation – Notes sur le mauvais langage », *La Revue Blanche*, janvier-avril 1899.

Alors qu'il est l'un des principaux auteurs puis l'administrateur du *Mercure de France* à partir de 1894, Gourmont continue, on le voit, sa collaboration avec d'autres revues : quatre textes ont été écrits pour *la Revue blanche*, trois pour *le Mercure de France* et un pour une petite revue littéraire de province[1]. L'*Esthétique de la langue française* est donc le produit des « petites revues » d'avant-garde, caractéristiques de l'époque symboliste, qu'il évoquera en 1912 dans ses souvenirs :

> Vers 1895, après cinq ans, au milieu de cinquante autres revues ou gazettes, écloses à ce soleil, maintenant un peu refroidi, le *Mercure* est la concentration sinon la synthèse de la littérature nouvelle. C'est là qu'on la cherche, avec un peu d'hésitation, et c'est là qu'on la trouve. Non pas uniquement d'ailleurs, car *la Plume, l'Ermitage, la Revue Blanche* subsistent à côté de lui, avec leur clientèle particulière d'amateurs, leur esprit et leurs tendances[2].

C'est par la préface rédigée en mars 1899 que Gourmont confère à cette composition d'articles une unité *a posteriori*. Deux visées s'y font jour : l'*Esthétique* est un essai engagé, dressé contre les « forces destructives d'une beauté séculaire[3] ». Il trouve ses armes dans l'osmose de la science et de la littérature.

1 *La France moderne, sciences, littérature et arts contemporains* est une revue éditée à Marseille de 1889 à 1893.

2 Remy de Gourmont, « Souvenirs du symbolisme », *Promenades littéraires, 4e série*, Mercure de France, p. 88.

3 Remy de Gourmont, *Esthétique de la langue française*, Garnier, 2015, p. 55 – Nous renverrons désormais directement à la pagination de cette édition dans le corps du texte.

SCIENCE DU LANGAGE ET « SENTIMENT ESTHÉTIQUE »

L'*Esthétique de la langue française* est le premier en date des grands essais critiques de Gourmont. Il sera suivi par *La Culture des idées* en 1900, *Le Problème du style* en 1902 et *Le Chemin de velours-Nouvelles dissociations* la même année. Se détachant de l'art littéraire, « personnel et individuel », strictement identifié au symbolisme[1], le critique oriente sa réflexion vers l'impersonnel de la langue et les lois qui la gouvernent. Cependant, cette réflexion continue de se développer « dans l'orbite du style[2] », pour reprendre la formule de Karl-D. Uitti. En effet, chacun des chapitres qui composent l'essai traite d'une question à la croisée de la langue et du style. Ainsi, la force créatrice de la « déformation » est à la fois une loi linguistique et le principe même du style ; la métaphore gouverne la formation des lexiques européens en même temps que la faculté métaphorique est posée comme la première qualité de l'écrivain ; les formes poétiques du vers libre et du vers populaire sont appréhendées dans leur rapport aux propriétés de l'idiome ; quant au cliché, à l'origine métaphore neuve et concrète, il finit par se fondre dans la langue commune après avoir roulé longtemps « dans les vagues de la parole » (p. 242). Mais cette tension entre langue et style, constitutive de chacun de ces objets, cristallise aussi dans l'*Esthétique* un ensemble de représentations, souvent inquiètes, relevant à la fois de l'imaginaire et de l'idéologie de la langue qui opposent obsessionnellement le commun et le singulier. Le pôle du commun présente un double visage dans l'essai : il a celui positif de la *communauté*, communauté nationale menacée par l'intrusion des mots étrangers, « barbares de toute origine, de toute fabrique » (p. 53), mais il présente aussi celui de la foule, de la « littérature industrielle », du cliché ou de la langue morte de l'école républicaine, dont se distingue l'esthète.

L'essai de 1899 marque également un tournant méthodologique dans l'œuvre de Gourmont. Au sujet de ses positions sur la langue française,

1 On se reportera par exemple aux six textes rassemblés sous le titre *L'Idéalisme* en 1893, profession de foi idéaliste et symboliste reprise dans *Le Chemin de velours* en 1902.

2 Karl-D. Uitti, *La Passion littéraire de Remy de Gourmont*, Princeton University New Jersey & Presses Universitaires de France, 1962, p. 204.

le critique revendique un « sentiment esthétique assez violent » (p. 55), qui prolonge celui qui animait ses professions de foi symbolistes au début des années 1890, souvent polémiques. Souhaitant faire entrer dans le discours critique les savoirs linguistiques contemporains, il place son essai sous le patronage de trois grands noms de la philologie : le romaniste Gaston Paris, « dont nous sommes tous les disciples », « l'illustre Max Müller », philologue allemand, fondateur de la mythologie comparée, et le romaniste Antoine Thomas, « qui aime passionnément la langue française » (p. 54). Sa méthode dans l'*Esthétique* consiste, dit-il, à « raisonner ses impressions » : « sans rejeter inconsidérément les observations [...] grammaticales, il fallait du moins ajouter un nouveau principe à ceux qui guident l'étude des langues, le principe esthétique » (p. 53). Cette alliance de l'idiosyncrasie esthétique et de l'approche savante définit précisément ce qu'il nomme « l'esthétique de la langue » qu'il n'hésite pas à présenter comme une nouvelle discipline scientifique, dont il se pose comme l'initiateur : « l'esthétique du mot, telle que j'essaierai de la formuler pour la première fois, aura d'abord ce point de contact avec la phonétique qu'elle ne s'occupera que par surcroît du sens verbal, tout à fait insignifiant dans une question de beauté physique » (p. 58). « L'esthétique de la langue » gourmontienne repose donc sur une interprétation esthétique des acquis de la linguistique, plus spécifiquement de ceux de la phonétique historique, à l'exclusion de la sémantique. Gourmont prend ainsi ouvertement parti dans la polémique qui traverse alors le champ linguistique et qui oppose la phonétique à la sémantique, totalement identifiée à son fondateur Michel Bréal. Il se range clairement du côté des phonéticiens, faisant siens les arguments d'Antoine Thomas, qui, en 1897, s'en prenait en ces termes au « sémantiste » Bréal :

> Il semble trop à le lire, que le sémantiste, juché sur sa tour d'ivoire comme l'astronome sur son observatoire, puisse contempler les lois intellectuelles du langage sans se préoccuper en rien de l'élément matériel, dont il abandonnera dédaigneusement l'étude au phonétiste. [...] La phonétique est la base indispensable de la sémantique, comme de la linguistique même, et toute spéculation qui ne se fondera pas sur elle ne sera qu'un aimable jeu d'esprit sans portée scientifique[1].

1 Antoine Thomas, « Les lois intellectuelles du langage », *Essais de philologie française*, Paris, Émile Bouillon, 1897, p. 170.

En opposition déclarée à cette nouvelle discipline qu'est la sémantique, Gourmont place au cœur de son « esthétique de la langue » la notion de beauté *physique* du mot, beauté « de forme, de sonorité, d'écriture » (p. 58), et travaille à lui donner un contenu objectif en s'appuyant sur les lois linguistiques mises à jour par les savants. Ce sont en effet des *lois*, celles de la phonétique surtout, mais aussi celles de la sémantique ou de l'analogie, qui règlent les transformations successives de l'idiome. Elles ont fait sa « beauté », totalement identifiée par Gourmont à sa « pureté » : « Une langue reste belle tant qu'elle reste pure ; une langue est toujours pure quand elle s'est développée à l'abri des influences extérieures. » (p. 136) Gourmont tend donc à associer deux points de vue *a priori* inconciliables sur la langue, une approche idiosyncrasique et esthétique et un point de vue savant mais composite qui se prévaut du comparatisme de Max Müller, de la phonétique historique d'Antoine Thomas, de l'érudition lexicographique d'Auguste Brachet mais aussi, ponctuellement, des travaux de Michel Bréal : les recherches de l'*Esthétique* ne sont pas « de la philologie », même si elles « s'appuient constamment sur la philologie » (p. 53).

Ces tensions transparaissent aussi dans les diverses *formes* du propos gourmontien. Dans les trois premiers chapitres, saturés par de multiples listes de mots grecs, de mots anglais « naturalisés » ou de noms métaphoriques, le propos du critique prend une forme érudite et positiviste qui apparente certaines pages de l'*Esthétique* à celles d'un dictionnaire. Cette forme place l'ouvrage hors de l'essai littéraire sans véritablement le faire entrer dans le discours scientifique. Le chapitre sur les métaphores, reconnaît par exemple Gourmont,

> pourrait tenir en vingt lignes, si on y ôtait tous les exemples ; si on y mettait tous les exemples possibles, il demanderait vingt gros volumes. Il ne faut donc le regarder que comme une indication : il dira *la possibilité d'un dictionnaire* sémantique des langues de civilisation européenne. (p. 53)

L'esthétique de la langue gourmontienne peut dès lors s'appréhender comme une pratique métalinguistique singulière, dominée par une forte axiologisation qui se manifeste dans une évaluation constante. Par là, elle se rapproche du discours puriste auquel elle emprunte un certain nombre d'oppositions, esthétiques : le beau / le « laid », et surtout idéologiques : le « sens populaire » opposé au pédantisme et au snobisme, « la langue véridique et de bonne couleur » opposée au « jargon international ». Le discours gourmontien est aussi un discours normatif. Discours de pouvoir sur la parole d'autrui, se présentant comme légitime, il avance masqué en projet descriptif, paré de l'objectivité des sciences du langage[1]. « L'esthétique de la langue » gourmontienne s'en démarque cependant par sa tendance polémique voire pamphlétaire. Elle prend en effet souvent la forme de la déploration nostalgique – Gourmont célèbre les mots entrés *anciennement* dans la langue – et convoque aussi celle de la prophétie pessimiste. Ainsi l'angoisse que suscitent les langues universelles qui naissent en cette fin du XIXe siècle se projette dans ce sombre tableau[2] :

> Un patois européen sera peut-être la conséquence inévitable d'un état d'esprit européen, et aucun idiome n'étant assez fort pour dominer, ayant absorbé tous les autres, un jargon international se façonnera, mélange obscur et rude de tous les vocabulaires, de toutes les prononciations, de toutes les syntaxes. (p. 121)

C'est aussi par ses positionnements énonciatifs que Gourmont travaille à légitimer son discours sur la langue. Il dessine en effet, par touches successives, la figure idéale de l'énonciateur *autorisé* sur la langue. En 1899, l'autorité institutionnelle sur la langue n'est plus la Cour, comme à l'époque de Vaugelas, mais l'Académie. Faisant chorus avec les attaques des philologues à l'encontre de son purisme et de son ignorance linguistique, Gourmont ironise sur l'Académie Française de 1898, disqualifiée par la rédaction d'un dictionnaire « inconnu du public et déjà démodé quand il paraît » (p. 118). Il expose son idéal d'une Académie qui incarnerait une « autorité sociale et littéraire à la fois » sur la langue : composée « d'une vingtaine d'écrivains [...] ayant à la fois le sens phonétique et le sens poétique de la langue » (p. 118), elle « agirait dans le sens populaire, contre le pédantisme et contre le snobisme ». « En face des écorcheurs du journalisme et de la basse littérature », elle serait « la conservatrice de la tradition française, la tutrice de notre conscience linguistique, la gardienne de notre beauté verbale. » (p. 118) Dans « La Déformation », Gourmont poursuit ce rêve d'une « aristocratie intellectuelle », œuvrant dans deux directions contraires. Son rôle consisterait à la fois à « modérer

1 Sur cette question, voir Alain Berrendonner, *L'éternel grammairien : étude du discours normatif*, Peter Lang, 1982.

2 Gourmont s'exprimera à plusieurs reprises sur les projets de langue universelle (volapuk ou esperanto) dans ses *Épilogues*. Voir par exemple « L'Espéranto et les naïfs » (*Épilogues, 1899-1901, Deuxième série*, Mercure de France, 1904).

la transformation du langage » chez « l'homme inculte ou moyennement lettré » mais aussi, dans un sens antagoniste, à lutter contre l'inertie linguistique ou « les ondulations rétrogrades » du langage en soufflant au « peuple abruti par les écoles primaires les innovations verbales qu'il est désormais inapte à imaginer » (p. 127). C'est, bien évidemment, son autoportrait que l'auteur brosse ici. Puisque la langue doit être régentée, l'auteur de l'*Esthétique* apparaît triplement qualifié pour cette fonction, par sa pratique d'écrivain, par son savoir sur la langue et, tacitement, par ses origines aristocratiques.

L'esthétique gourmontienne de la langue se situe donc au croisement de la science et de l'idéologie de la langue, dans un espace intermédiaire, épilinguistique, situé entre la connaissance empirique de l'idiome par le locuteur et le savoir proprement métalinguistique de la science. Force est de constater qu'au tournant du XIXe et du XXe siècle, si l'écrivain vise à intégrer à sa réflexion « esthétique » les postulats de la linguistique scientifique, celle-ci se montre en retour également accueillante à l'endroit de la dimension esthétique de la langue. Le philologue Antoine Thomas, par exemple, reconnaît en 1904 la possibilité d'envisager la langue comme « une œuvre d'art », usant de formules que ne renierait pas un poète symboliste :

> Quelle que soit la satisfaction intellectuelle que nous procure l'étude « désintéressée », elle n'empêche pas la mélancolie de nous envahir lorsque nous sentons qu'un peu de nous meurt chaque jour et que ce qui vient le remplacer, même sorti de nous et créé selon le goût de notre fantaisie momentanée, ne nous rend pas le charme intime et la douce accoutumance de ce que nous perdons. L'étymologie est une science non un art, nul ne le conteste [...] si l'on a le droit de considérer la langue elle-même comme *une œuvre d'art*, l'étymologie, qui nous fait connaître les conditions dans lesquelles cette œuvre est née et les efforts successifs aux prix desquels elle s'est plus ou moins pleinement réalisée, ne peut-elle nous procurer à son tour *de délicates sensations d'art* et ne doit-elle pas nous préserver instinctivement des excès de tout genre qui peuvent compromettre l'harmonie générale de l'œuvre et en précipiter la ruine[1] ?

Ainsi, entre la figure moderne du savant et celle du « vieux lettré plein de belles-lettres classiques » (p. 129) qu'incarne dans l'*Esthétique* la figure « anachronique » d'Émile Deschanel, émerge pour la première fois dans les essais de Gourmont une troisième figure : celle de l'écrivain éclairé par la science.

1 A. Thomas, *Nouveaux essais de philologie romane*, Bouillon, 1904, p. 193.

« LES INTRUS DU DICTIONNAIRE » : UNE IDÉOLOGIE DE LA LANGUE

L'*Esthétique de la langue française* est aussi un essai de combat : Gourmont veut lutter contre les forces qui abîment la « beauté séculaire » de la langue française et qui corrompent sa « pureté » native. Cette notion de *pureté* surgit dès le premier paragraphe de la préface : « Pureté : voilà le déterminatif » (p. 59) ; elle est aussitôt réaffirmée dans l'exergue emprunté à Malherbe : « Je défendrai toujours la pureté de la langue française ». L'auteur s'en prend plus particulièrement aux atteintes portées à « la beauté et à l'intégrité de la langue française » (p. 102) venues de l'anglais : « Des vocabulaires entiers sont gâtés par l'anglais. Tous les jeux, tous les sports sont devenus d'une inélégance verbale qui doit les faire entièrement mépriser de quiconque aime la langue française » (p. 107). Mais la grande obsession de Gourmont reste le grec, « manipulé par les pédants de la science, de la grammaire et de l'industrie » (p. 136). Le critique du *Mercure de France* n'est pas seul dans ce combat. Le débat sur la néologie savante a traversé tout le XIXe siècle, comme le souligne F. Brunot l'année même de la parution de l'*Esthétique de la langue française* : les « grammairiens, à quelque école qu'ils appartinssent, n'ont pas cessé de signaler le danger que fait courir à la langue l'introduction incessante de ces monstres » et « tous les écrivains de leur côté ont professé en théorie l'horreur de ces mots scientifiques ». Déplorant l'« écorcherie gréco-latine » savante, Brunot estime, comme Gourmont, qu'il était possible de « faire des catalogues de bêtes et de plantes avec la nomenclature vulgaire » et qu'

> on pouvait aussi dans beaucoup de cas inventer des vocables par dérivation ou composition purement française : *aisselier* eût valu *axillaire* et *baignade balnéation*. *Avant-lait* nous eût évité *colostrum*, *dix-pieds* remplaçait avantageusement *décapode*, et *bouche en fleur*, qui eût ressemblé à *bouche en cœur*, eût eu plus de grâce que *anthostome*[1].

Gourmont condamne non seulement la *céphalalagie* et le *cinézootrope* mais aussi des termes entrés aujourd'hui dans la langue courante comme

1 Ferdinand Brunot, « La langue et la vie », *Histoire de la langue et de la littérature française des origines à 1900*, L. Petit de Julleville dir., Armand Colin, t. VIII, p. 814-816.

tricycle, *microscope* ou *téléscope*. Son purisme prend des formes extrêmement virulentes qui empruntent au discours nationaliste et xénophobe contemporain : le « delirium graecum » « infecte » la langue (p. 73) ; les mots étrangers sont « les intrus du dictionnaire » (p. 59), « des corps étrangers que l'organisme rejette » (p. 77) ou encore des « formes bâtardes et métissées » (p. 75). Les mots étrangers, « fils bâtards de la Grèce ou aventuriers étrangers », d'une « laideur intolérable » (p. 59), doivent « se plier aux lois de la race » (p. 60) et subir un processus de « naturalisation » et d'« assimilation » (p. 101). « Il faut que la langue dévore tous les mots étrangers qui lui sont nécessaires, qu'elle les rende méconnaissables » (p. 111). Comment expliquer la virulence de cette xénophobie linguistique ? La défaite de 1870 a produit une violente crise du sentiment national ; elle a elle-même entraîné un rejet généralisé des langues étrangères qui prend les formes du refus de l'hégémonie commerciale et technique de l'anglais mais aussi du « gréco-français ». On peut également invoquer des causes d'ordre à la fois idéologiques et psychologiques, donnant raison à Michel Bréal : « Quand on va au fond de la répulsion que les mots étrangers inspirent à d'excellents esprits, on découvre qu'elle tient à des associations d'idées, à des souvenirs historiques, à des visées politiques où la linguistique est, en réalité, intéressée pour la moindre part[1]. » L'angoisse de la disparition de la langue française transparaît dans un texte étonnant, quasi contemporain de l'*Esthétique*, « La Destinée des langues », écrit en janvier 1900. Gourmont imagine que le vainqueur de l'Europe est la Russie : « il est évident que la langue de l'Europe future sera la langue du vainqueur de l'Europe ; et s'il est probable que la Russie soit la Rome de demain, il est probable que le russe soit le latin des prochains siècles[2] ». Il brosse le tableau apocalyptique d'une guerre des langues européenne : « quand les armées auront été anéanties, au-dessus des mâles égorgés, les femmes se dresseront pleines d'imprécations et de gémissements où la langue des vaincus affirmera sa volonté de vivre, même pour la souffrance et pour le désespoir[3]. » Puis sur un mode quasi inconscient, il donne à son propos sur la langue les pires accents antisémites : « à la veille de l'invasion la langue française sera un crachoir international. Nul ne la regrettera, ni même les Français,

1 M. Bréal, *Essai de sémantique-Science des significations*, Hachette, 1897, p. 290.
2 *La Culture des idées*, Mercure de France, 1900, p. 284.
3 *Ibid.*, p. 287.

qu'elle rebutera par son odeur cosmopolite[1]. » La violence xénophobe de Gourmont emprunte aussi dans ce texte à la métaphore sexuelle de la langue-femme livrée à des mains étrangères[2], métaphore qu'il convoquait sur un mode très euphémisé au début de l'*Esthétique*, comparant la « beauté physique » du mot à celle d'une femme et indiquant que « la signification d'un mot ni l'intelligence d'une femme n'ajoutent rien à la pureté de leur forme (sic) ». Dans l'*Esthétique*, qui se donne parfois comme un pamphlet travesti en essai, le discours savant vise à « raisonner » ce « sentiment violent », selon les mots lucides de l'auteur dans sa préface. Cette xénophobie linguistique resurgira par poussées ponctuelles dans certains textes ultérieurs de Gourmont[3].

Le primat accordé à la *pureté* de la langue place Gourmont en retrait par rapport à la science du langage de son temps. On comparera son propos à celui, contemporain, de Michel Bréal dans la *Sémantique* où il combat des positions proches de celles de Gourmont. Dans le chapitre « Qu'appelle-t-on pureté de la langue ? », Bréal voit dans la notion de *pureté* le premier des « préjugés » qui « embarrassent la route » du linguiste :

> Le premier de tous, ou, pour parler comme Bacon, la première « idole », celle dont dérivent toutes les autres, c'est de voir dans la pureté de la langue quelque chose de semblable à la pureté de la race. Pour ceux qui voient les choses de cette manière, l'introduction d'un mot étranger est une contamination : un terme anglais ou allemand introduit en français est une tache imprimée à la langue nationale[4].

Principale entrave à la démarche scientifique selon le sémanticien, la pureté est la valeur centrale de l'esthétique gourmontienne ou, plus exactement, un agrégat de valeurs qu'il promeut en instrumentalisant la science du langage. Ces valeurs sont d'ordre historique : les mots

1 *Ibid.*, p. 299.

2 « S'il faut simplifier ça et là notre orthographe [...] que ce soit pour des raisons esthétiques, c'est-à-dire d'une utilité hautaine. Nous ôterons des baleines au corsage pour que le profil soit plus pur de la poitrine plus libre, mais non afin de favoriser des mains grossières. La langue de Victor Hugo n'est pas un volapuk qu'il soit permis de vouloir accommoder au goût des sauvages, comme une fabrication de cotonnade » (*Ibid.*, p. 304).

3 Dans *Le Problème du style*, elle réapparaît brusquement au cœur d'un commentaire plutôt technique de la circulaire de 1900 sur la réforme de l'orthographe : « Dans cent ans, si la langue française n'a pas été réduite à un parler négroïde, *mille* entrera légitimement dans l'écriture des dates courantes. Ayons un peu de patience. » (« La langue française et les grammairiens », *Le Problème du style*, Mercure de France, 1907, p. 247)

4 M. Bréal, *Essai de sémantique*, *op. cit.*, p. 283.

« purs » sont les mots les plus anciens : « notre langue serait pure si tous les mots appartenaient au premier type », c'est-à-dire aux « mots de formation populaire » (p. 59). Elles sont aussi esthétiques : « la beauté d'un mot est tout entière dans sa pureté, dans son originalité, dans sa race » (p. 120). Elles sont enfin idéologiques. Dans un épilogue de 1902, il fait de la pureté d'une langue la condition de sa puissance et de son rayonnement international :

> La beauté d'une langue, c'est sa pureté. La pureté fait sa force et détermine sa valeur comme monnaie d'échange. C'est en fait de langage principalement qu'un peuple doit être nationaliste. Une langue alourdie et gâtée par les infiltrations étrangères perd de son intérêt pour les étrangers mêmes qui ont fourni la matière de ces infiltrations[1].

Or le visage qu'offre la langue française contemporaine est impur, hideux ou « abruti » selon Gourmont : c'est celui de l'anglicisme, du gréco-français industriel, commercial et médical[2], mais aussi celui des barbarismes de l'instituteur primaire ignare[3], qui fait prononcer le mot *dompteur* « dompeteur » aux « enfants du peuple ». « Paysan auvergnat ou provençal muni de diplômes », il a été « hâtivement fabriqué par les méthodes artificielles de l'Université » (p. 130). Le français de 1900, c'est aussi celui des « publicistes », de la littérature industrielle ou « parlementaire », truffée de clichés. L'essayiste propose ponctuellement des « remèdes » et des « palliatifs » qui orientent son propos vers une politique de la langue. D'abord, pour faire valoir le critère de la pureté et de la « beauté physique » du mot, il propose dès 1897 – et il y reviendra sans cesse – une réforme de l'orthographe des mots empruntés au grec, visant à accommoder, à lisser leur physionomie : « Quel rajeunissement

1 R. de Gourmont, « La littérature et le nationalisme » (avril 1902), *Épilogues-Reflexions sur la vie, 1902-1904, Troisième série*, Paris, Mercure de France, 1905, p. 48.

2 Gourmont propose une analyse assez fine des effets de pouvoir des usages linguistiques : le grec médical est « une ruse qui augmente le prestige plus que la science » des médecins, tandis que sous l'effet du grec des commerçants qui « connaissent le goût du peuple pour les mots savants », « la commère se rengorge et la femme du monde sourit, pleines de satisfaction » (p. 73).

3 « On m'a cité un professeur de géographie d'un collège d'Algérie qui, en l'ignorance de toute tradition orale, affirmait à ses élèves l'existence de villes françaises telles que Le Mance, Cahan, Moulince, Foicse. Les noms communs ne sont pas toujours mieux traités et, comme l'a remarqué M. Anatole France, si on n'apprend pas encore aux enfants à compter sur leurs *doiktes*, c'est que la science des instituteurs primaires est encore neutralisée par la délicieuse ignorance des mères et des nourrices. » (p. 130)

pour ces vocables barbares (j'en nommerai quarante) d'avoir été taillés comme des vieux arbres trop chargés de bois mort ! Souvent il suffira d'une lettre de moins pour que le mot rentre dans les conditions normales de la beauté linguistique. » (p. 95) Il préconise aussi d'utiliser les processus de dérivation française pour éviter l'emprunt aux langues étrangères. « L'esthétique de la langue » peut alors être source de création lexicale, c'est d'ailleurs l'une des tâches qu'il assigne à l'Académie dont il rêve :

> Au lieu de rendre des arrêts par prétention, [...] elle agirait dans le présent, et les formes refusées ou bannies par elle seraient proscrites de l'écriture et du parler. Elle serait chargée de baptiser les idées nouvelles ; elle trouverait les mots nécessaires dans le vieux français, dans les termes inusités, quoique purs, dans le système de la composition et dans celui de la dérivation. Son rôle serait, non pas d'entraver la vie de la langue, mais de la nourrir, au contraire, de la fortifier. (p. 118)

Toute l'argumentation de Gourmont tend à soustraire cette notion de *pureté* au discours puriste et « mondain » sur la langue pour tenter de lui donner une assise scientifique. Il invoque, pour ce faire, la notion de *loi linguistique*. Le français est en effet désormais appréhendé par les savants comme un système régi par des lois stables.

DE LA LANGUE AU STYLE : LA DÉFORMATION CRÉATRICE

Les lois de la phonétique, de la sémantique ou de l'analogie qui gouvernent les « déformations » successives de la langue font sa « beauté », identifiée à sa « pureté ». Dans le second chapitre, le critique entreprend une réfutation systématique des positions puristes et pessimistes d'Émile Deschanel, auteur en 1898 des *Déformations de la langue française*[1] dans lequel il juge que « la langue française, si belle, va se corrompant ». La critique souvent narquoise de l'ouvrage de Deschanel par Gourmont prolonge celle de certains savants. Ainsi Antoine Thomas, en 1897, défend la science philologique et ironise, lui aussi, sur le lieu commun, repris par

1 Émile Deschanel, *Les Déformations de la langue française*, Calmann-Lévy, 1898.

« l'aimable professeur du Collège de France », de l'indulgence coupable des linguistes pour les « monstruosités » de la langue contemporaine :

> Dans un éloquent article sur les déformations de la langue française, publié il y a quelques années dans la *Revue de Paris*, M. Émile Deschanel se plaignait amèrement de l'attitude des philologues en présence de la corruption grandissante de la langue. « Ils acceptent tout sans protester, disait-il. Ils sont comme les naturalistes aux yeux de qui les produits hybrides ont leur intérêt aussi bien que les formations régulières. Ou bien, de même que certaines plaies, atroces pour le patient, ne manquent pas d'attrait pour le chirurgien, *certains cas de difformité linguistique, monstrueux aux yeux des profanes, n'émeuvent pas autrement ces savants maîtres.* » Pour un peu, comme on le voit, l'aimable professeur du Collège de France nous accuserait d'inoculer les maladies les plus honteuses au langage de nos contemporains, à seule fin de pouvoir faire des expériences *in anima vili*[1].

Quels sont, précisément, les phénomènes linguistiques visés par ce terme de *déformation* ? Deschanel examine la déformation par changement de sens (le mot « potable » qui prend le sens de « convenable »), de prononciation (« castrole » pour « casserole ») et de graphie (« herboriste » est la déformation d'« arboriste »). Il considère la dérivation suffixale, qui aboutit à un mot comme « impressionner », comme un principe de déformation. En accord avec le primat de la phonétique dans son esthétique de la langue, Gourmont, dans sa réponse, ne va s'attacher qu'aux déformations phonétiques. À l'aide de quatre-vingts exemples de déformations populaires (les « nentilles », le « lusque », « esquis », le « lévier », le « jornal »…), l'auteur de l'*Esthétique* montre que la déformation, loin d'être « capricieuse », relève de lois « qui ont guidé la création du français » (p. 157) : « l'histoire d'une langue n'est que l'histoire de déformations successives » (p. 125). Les lois qui gouvernent l'idiome, mises à jour par la linguistique, constituent la rationalisation scientifique de « l'instinct » qui garantit la beauté native de la langue, incarnée par le *peuple* : « J'ai seulement voulu montrer que la déformation n'est pas du tout chaotique ; que le mauvais français du peuple est toujours du français et parfois du meilleur français que celui des grammairiens » (p. 158). Gourmont propose de nombreux exemples des effets positifs de la déformation dans le processus d'usure et d'« adoucissement » qui a, par exemple, accommodé en français des mots d'origine grecque. Ainsi au Moyen-âge, l'usage a

1 A. Thomas, *Nouveaux essais de philologie française*, *op. cit.*, p. 193.

« heureusement déformé » *asthme* en *asme*, *polygone* en *poligone*, *sophisme* en *soffime*, *hémorrhoïdes* en *morue* (« cette fois la déformation est un peu forte » commente Gourmont...). Il s'agit pour le critique de déconstruire l'association fausse entre déformation et corruption de la langue – les déformations comprises comme « signes de vermoulure » qui heurtent les lettrés – pour nouer un lien inédit et conforme aux acquis de la science du langage entre déformation et création linguistique.

La déformation redéfinie par la science et comprise comme principe de création permet à Gourmont d'assimiler la dynamique impersonnelle et inconsciente de la langue à la « déformation » créatrice, individuelle et littéraire[1] :

> l'homme spontané, *peuple ou poète*, a d'autres goûts que les grammairiens, et, en fait de langage, il use de tous les moyens pour atteindre à l'indispensable, à l'inconnu, à l'expression non encore proférée, au mot vierge. L'homme éprouve une très grande jouissance à *déformer* son langage, c'est-à-dire à prendre de son langage une possession toujours plus intime et plus personnelle. (p. 127)

Ce lien fondamental entre langue et style est porteur de toute la poétique de Gourmont qui écrit : « nous ne connaissons que des déformations ; nous ne connaissons que la forme particulière de nos esprits particuliers » (p. 126). Les lois qui régissent la vie de la langue rejoignent ainsi l'esthétique symboliste et son substrat idéaliste. D'ailleurs, celui-ci affleure ponctuellement dans l'essai de 1899 : « tout art est *déformateur* [...] puisque l'art tend à rendre le particulier tellement particulier qu'il devienne incomparable » (p. 126), écho direct de sa profession de foi symboliste dans « L'Idéalisme » en 1893 : « on ne connaît que sa propre intelligence, que soi, seule réalité, le monde spécial et unique que le moi détient, véhicule, *déforme*, exténue, recrée selon sa personnelle activité ; rien ne se meut en dehors du sujet connaissant[2] ».

---

1 Cette notion de *déformation* jouera un rôle central dans la linguistique de Charles Bally. Elle définit les relations entre langue orale et langue écrite : celle-ci « doit être éclairée par la seule langue digne de ce nom, dont elle est une transposition et une déformation ». (Ch. Bally, *Le langage et la vie* (1913), Payot, 1926, p. 71). La « copie » de la langue parlée qu'est la langue écrite « est toujours une transposition ou une déformation » (*Ibid.*, p. 69) de celle-là. Mais la déformation est aussi, comme chez Gourmont, l'autre nom du *style*, « déformation sublime » de la langue commune : « Nous avons vu en quoi consiste l'expressivité : elle modifie l'expression existante en quantité ou en qualité (grossissement, rénovation, déformation) » (*Ibid.*, p. 29).

2 « L'Idéalisme », *Le Chemin de velours*, *op. cit.*, p. 215.

DE LA LANGUE À LA POÉSIE : LA MÉTAPHORE

Ce qui s'affirme avec force dans la linguistique du XIXe siècle est la nature fondamentalement *métaphorique* du langage. Max Müller écrit en 1868 dans ses *Nouvelles leçons sur la science du langage* : « La métaphore est un des plus puissants instruments qui aient servi à la construction du langage humain, et nous ne pouvons guère nous figurer comment, sans elle, aucune langue aurait jamais pu s'élever au-dessus des plus simples rudiments[1] ». Dans sa *Sémantique* en 1897, Michel Bréal indique que « s'il nous était possible de remonter plus haut dans le passé de l'humanité, nous trouverions sans doute, tout comme dans les langues que nous connaissons mieux, la métaphore partout présente[2]. » Il reconnaît à la métaphore une place centrale dans le processus du changement sémantique et souligne « combien la langue en est pleine[3] ». Dans le chapitre « La métaphore » (1898), Gourmont s'intéresse précisément à cette loi du langage qu'est le changement de sens. Il fait ainsi revenir dans son essai la dimension sémantique de la langue et, partant, la référence savante à la *Sémantique* de Bréal, tenue à distance dans la formulation même du projet de l'*Esthétique* (centré sur la « beauté physique » du mot) et surtout totalement évincée du chapitre sur la déformation. Central dans tous les sens du terme, ce chapitre est significativement placé à la jonction du volet linguistique et du volet littéraire de l'essai. Gourmont s'y attache aux mots métaphoriques de la flore (le coquelicot, la renoncule, le tournesol) et de la faune (le roitelet, le lézard, le singe) dans les langues européennes. Ce chapitre relève d'une double dynamique. Gourmont, d'une part, soustrait la métaphore à l'empire de la rhétorique : avant d'être un trope, la métaphore est un constituant fondamental du lexique, comme il l'indique avec netteté dans la première phrase de ce chapitre : « Dans l'état actuel des langues européennes, presque tous les mots sont des métaphores. Beaucoup demeurent invisibles, même à des yeux pénétrants » (p. 159). Il s'oppose à Michel Bréal sur la question

1 Max Müller, *Nouvelles leçons sur la science du langage*, tome 2, Paris, Durand, 1868, p. 71-72.
2 M. Bréal, *Essai de sémantique*, *op. cit.*, p. 145.
3 *Ibid.*, p. 125.

du principe à l'œuvre dans les changements de sens par métaphore. Pour le sémanticien, c'est « l'intelligence volontaire » qui agit dans les déplacements métaphoriques. Pour le critique, c'est « l'association passive d'idées » (p. 182), autrement dit, un phénomène psychologique d'ordre « subconscient » : « la formation des métaphores [...] est dominée par un ensemble de lois psychologiques que nous ne pouvons connaître que par les traces qu'elles laissent dans les combinaisons verbales. » (p. 178). Aussi, la linguistique, qui a supplanté la rhétorique de l'étude de la métaphore, se voit-elle *in fine* assujettie à la science qui domine toutes les autres chez Gourmont : la psychologie. Lors de sa pré-publication dans *La Revue blanche* en 1898, le titre de cet essai était d'ailleurs « Psychologie de la métaphore ». L'éviction de la rhétorique au profit de la psychologie est explicite dans les dernières lignes : « On ne devrait pas laisser les cuistres toucher à des organismes aussi délicats que le langage : du moins pourra-t-on désormais leur enseigner que *les "tropes" sont une branche de la psychologie générale* » (p. 181).

Par l'importance de la psychologie dans cette étude linguistique, celle-ci se relie étroitement à la réflexion gourmontienne sur la littérature. Dans *Le Livre des masques*, les *Promenades Littéraires* et surtout *Le Problème du style*[1], Gourmont fait de la métaphore le critère décisif de la valeur littéraire. Directement déterminée par les capacités *visuelles* du locuteur, la métaphore fait l'originalité et la valeur du style : « La poésie en somme, et l'art, quel qu'il soit, a pour outil premier l'œil » (p. 236). Dans les métaphores vives de la poésie comme dans les métaphores lexicalisées, le processus trouve son origine dans les sensations visuelles : ce n'est ni l'hypothèse comparatiste d'une « langue-mère », ni « les communications interlinguistiques » entre les pays qui explique l'existence du mot *roitelet* dans toutes les langues européennes, mais bien la vision de l'oiseau : la métaphore du petit roi sort du « réservoir profond des sensations » (p. 161) de l'humanité. Le petit oiseau portant « sur la tête une huppe qui semble l'ironie d'une couronne » s'appelle en français *roitelet*, en latin *regaliolus*, en allemand *zaunkoenig*, en anglais *kinglet*, en polonais *krolik*[2]... Cependant, ce n'est pas dans l'*Esthétique*

1 *Cf.* notre édition critique : Remy de Gourmont, *Le Problème du style, Questions d'art, de littérature et de grammaire*, édition d'Emmanuelle Kaës, Classiques Garnier, 2015.

2 *Nolens volens*, Gourmont est en accord sur ce point avec M. Bréal qui écrit dans sa *Sémantique* : « Les métaphores ne restent pas enchaînées à la langue où elles ont pris naissance. Quand

mais dans *Le Problème du style* que Gourmont évoquera les virtualités proprement poétiques des mots métaphoriques de la langue, comme si, soucieux de ne pas dévier de la posture scientifique qu'il adopte dans la préface, il s'interdisait ici toute considération littéraire. C'est bien de la puissance littéraire, « mythologique » des mots métaphoriques les plus communs qu'il traitera en 1902 :

> Le charme des belles métaphores, c'est qu'on en jouit comme d'un mensonge. Chaque métaphore est un conte ; des histoires très compliquées, des métamorphoses, des enlèvements, des amours, des conquêtes, nous sont dits en quelques mots et parfois en un seul. Les premières métaphores, mal comprises par la simplicité populaire, créèrent certaines mythologies secondaires [...] À force d'appeler les petits enfants des *anges*, les femmes du peuple croient fermement que, s'ils meurent, ils deviennent des anges [...] Les contes de fées ne sont souvent qu'une métaphore expliquée et mise en tableaux[1].

La réflexion de Gourmont sur la métaphore en langue et en poésie suit une dynamique strictement parallèle, que révèle la convergence saisissante de certaines formules. Ainsi le critique analyse la métaphore lexicalisée du *lézard-lacertus* pour désigner le muscle du bras, qui s'est imposée partout en Europe depuis le latin : « appeler *lézard* le bras est, aujourd'hui comme il y a des siècles, une idée qui peut *entrer spontanément au cerveau par l'œil*[2] » (p. 161). Dans *Le Problème du style*, lorsqu'il définit le « style visuel » comme produit de la transcription des « images » intérieures dans le langage, il use de formules très proches, évoquant des sensations « entrées dans le cerveau par la porte de l'œil[3] ». Suivant un mouvement parallèle à sa réflexion sur l'affaiblissement

elles sont justes et frappantes, elles voyagent d'idiome à idiome et deviennent le patrimoine du genre humain. Il y a donc pour l'historien à faire une distinction entre les images qui, étant parfaitement simples, ont dû être trouvées en mille lieux d'une façon indépendante, et celles qui, inventées une fois en une certaine langue, ont été ensuite transmises, empruntées et adaptées. [...] Le difficile est de reconnaître chaque fois s'il y a emprunt et quel est l'emprunteur. Chez les vieilles nations de l'Europe il existe un fonds commun de métaphores qui tient à une certaine unité de culture. » (M. Bréal, *Essai de sémantique*, *op. cit.*, p. 146)

1 *Le Problème du style*, *op. cit.*, p. 92.

2 Quoi qu'en dise Gourmont, la racine *visuelle* de la métaphore avait déjà été pointée par Bréal : « la métaphore change le sens des mots, crée des expressions nouvelles de façon subite. La *vue* instantanée d'une similitude entre deux objets, deux actes, la fait naître. » (M. Bréal, *Essai de sémantique*, *op. cit.*, p. 135)

3 *Le Problème du style*, *op. cit.*, p. 120.

des images littéraires en clichés, Gourmont évoque dans l'*Esthétique* « l'engrisaillement » progressif du mot métaphorique et sa transformation en une « abstraction verbale à moitié morte » (p. 182). En 1897, M. Bréal notait de son côté que la métaphore

> se fait adopter si elle est juste, ou si elle est pittoresque, ou simplement si elle comble une lacune dans le vocabulaire. Mais la métaphore ne reste telle qu'à ses débuts : bientôt l'esprit s'habitue à l'image ; son succès même la fait pâlir, elle devient une représentation de l'idée *à peine plus colorée que le mot propre*[1].

L'importance accordée par Gourmont à la dimension psychologique de la métaphore et à son rôle dans la langue est l'un des signes les plus nets de l'affaiblissement de la rhétorique : pour le critique symboliste, la métaphore n'est plus une figure, un trope, mais une « image », produit du mécanisme universel de l'esprit humain, qui se décline soit en images poétiques, soit en mots métaphoriques, identiques dans toutes les langues européennes.

Au tournant du siècle, les poètes eux-mêmes prennent acte de la nature métaphorique du langage. C'est là un postulat mallarméen et, plus largement, symboliste : la métaphore en poésie est conçue comme le prolongement ou l'appropriation d'un processus à l'œuvre dans la langue[2]. Ainsi, dans son article « Les Synesthésies et l'école symboliste » publié en 1902 dans *Le Mercure de France*, Victor Segalen, que Gourmont citera dans *Le Problème du style*, opère une double transposition des catégories rhétoriques de l'*elocutio* vers le système de la langue d'une part, vers leurs corrélats sensoriels d'autre part. Le poète décèle dans les métaphores les plus raffinées du symbolisme (« la métaphore en notre ère aux vocables multiples et différenciés ») les traces d'une figure qui a pris corps dans le passé lointain de la langue : « La Métaphore a été le trait caractéristique de toute une période dans l'histoire primitive du langage [...] où les racines étaient peu nombreuses et possédaient en revanche de nombreuses significations ». Il cite à ce propos une phrase de Müller tirée des *Nouvelles leçons sur la science du langage* : « Sous le microscope de l'Étymologie, presque chaque mot laisse percevoir des

1 *Ibid.*, p. 135.

2 Ainsi, *Les Mots anglais* de Mallarmé, comme le souligne Bertrand Marchal, « rappellent que le poète ou le grand écrivain n'est autre que celui qui réalise cette réflexion du langage en ce qu'il fait un usage conscient, réfléchi, de ses processus inconscients. » (S. Mallarmé, *Œuvres II*, « Bibliothèque de la Pléiade », *op. cit.*, p. 1791)

traces de sa première conception métaphorique[1] ». Et il traduit chaque Trope en « son équivalent morbide ». En 1889, Marcel Schwob et Georges Guiyesse dédient leurs *Études sur l'argot* à Michel Bréal et placent leur projet sous l'égide de la sémantique. C'est par rapport à la conception métaphorique de la langue qu'ils prennent position dès les premières lignes de leur ouvrage :

> On peut dire que les travaux entrepris jusqu'à présent pour étudier l'argot ont été menés sans méthode. Le procédé d'interprétation n'a guère consisté qu'à *voir partout des métaphores*. [...] Ce procédé nous paraît avoir méconnu le véritable sens des métaphores et de l'argot. Les métaphores sont des images destinées à donner à la pensée une représentation concrète. Ce sont des formations spontanées, écloses le plus souvent chez des populations primitives, très rapprochées de l'observation de la nature. – L'argot est justement le contraire d'une formation spontanée[2].

Dans un mouvement symétrique de cette esthétisation des « lois » linguistiques qui aboutit au chapitre sur la métaphore, Gourmont propose, dans les trois derniers chapitres de l'essai, une approche qui relie les formes littéraires que sont le vers libre, le vers populaire et, dans une certaine mesure, le cliché, à la langue et à son histoire.

LE VERS ET LA LANGUE

Gourmont mène sa réflexion sur le vers dans une double perspective, à la fois linguistique et esthétique, qui justifie pleinement son intégration à une « esthétique de la langue ». Son point de vue est d'abord historique. Le chapitre sur le vers libre s'ouvre sur une histoire de l'alexandrin français qui, selon Gourmont, « ne naît pas au XIIe siècle d'un poète normand » mais qui serait issu de l'asclépiade grec et latin. Le critique soutient ensuite contradictoirement que « comme la langue française, le vers français est un

1 V. Segalen, « Les Synesthésies et l'École Symboliste », *Le Mercure de France*, n° 148, 1902, p. 89.

2 M. Schwob et G. Guieysse, *Études sur l'argot*, Émile Bouillon, 1889, p. 5. – Rappelons que M. Schwob a suivi les cours de Ferdinand de Saussure et de Michel Bréal à l'École des Hautes Études.

vers d'origine populaire, c'est-à-dire traditionnelle » (p. 188). Le vers libre est, selon lui, *dérivé* du vers régulier et, spécifiquement, de l'alexandrin : « Douze, le vieux nombre traditionnel et donc sacré s'impose à ceux mêmes qui le nient et il s'assied à leur foyer, invisible pour eux seuls » (p. 193). Ainsi, dans les vers libres de Kahn, « l'alexandrin s'allonge et s'accourcit selon que l'idée a besoin d'ampleur ou de resserrement » (p. 202). Le critique se situe dans le cadre de la théorie accentuelle du vers, largement dominante à son époque, selon laquelle le vers régulier se définit d'abord par les constantes prosodiques du rythme des accents : un accent en milieu et en fin de vers et deux accents mobiles. Cette théorie ne prend en compte ni le nombre de syllabes ni la fixité de la césure dans l'alexandrin. Ainsi, au sujet du vers de Verlaine, « Beauté des femmes, leur faiblesse, et ces mains pâles » : « ce vers admirable, n'a à la sixième syllabe, aucun accent fort, ni moyen ; *il n'a même que onze syllabes* » (p. 197). Le critique conçoit de surcroît le vers comme une structure totalement dépendante de la « déclamation » : « nous supposerons que tous les vers sur lesquels portera notre analyse sont récités et non pas écrits » (p. 192). De ce primat de la réalisation orale du vers découle une singulière méconnaissance du rôle que joue le découpage *typographique* dans la perception du vers, qu'il soit régulier ou libre[1]. Le second objectif de l'auteur de l'*Esthétique* est de promouvoir le vers libre, qu'il a pratiqué dans *Sixtine* en 1890, et de justifier la rénovation symboliste du vers en s'appuyant sur l'histoire de la langue. Il s'agit en effet de savoir si cette réforme du vers libre proposée par « quelques poètes contemporains » est « dirigée dans le sens traditionnel de la langue et de la poésie en France » (p. 191). Tandis que le vers régulier est défini comme un artefact, une fiction écrite pour les yeux, le vers libre est, selon Gourmont, intimement lié à la langue. À l'instar du vers de chanson, il s'est libéré des artifices du nombre et de la rime[2] : « Une poésie non écrite doit avoir des règles de versification toutes différentes des règles de la poésie littéraire, naguère admises sans révolte ; aujourd'hui, il est vrai, presque démodées » (p. 214). Dans sa « Note sur un vers libre latin » ajoutée en 1899 à l'article initialement publié en 1897 dans *La Revue Blanche*, Gourmont renoue

---

1 Sur cette question voir Michel Murat, « Remy de Gourmont et le vers libre », *Modernité de Remy de Gourmont*, Actes du colloque de l'université de Caen (14-15 novembre 2008) réunis par Jean-Claude Larrat et Gérard Poulouin, P.U. de Caen, 2010, p. 97-108.

2 Ce rapprochement entre les expérimentations symbolistes et la poésie populaire était déjà au centre de l'essai de Robert de Souza, *La poésie populaire et le lyrisme sentimental*, essai publié en 1895 dans la revue belge *La Société nouvelle* et repris au Mercure de France en 1899.

avec les analyses érudites du *Latin Mystique* (1892). C'est à l'une des strates anciennes de la langue et de la littérature françaises que se relie le vers libre de Kahn ou de Vielé-Griffin : la prose rythmique des « séquences » du Moyen Age, de Notker le Bègue ou d'Adam de Saint-Victor, « prose divisée en périodes ou phrases musicales[1] » (p. 207). Enfin, le critique développe dans ce chapitre une *esthétique* du vers libre qui reprend l'argument de l'individuation de la forme, partagé par tous les vers-libristes : le vers libre regroupe « des périodes de pensée musicale » (p. 201) ; celui de Viélé-Griffin est un « fragment musical, dessiné sur le modèle de son *idée émotive*, et non plus déterminé par la loi fixe du nombre » (p. 194). Très réservé à l'égard des « procédés parnassiens », Gourmont exprime à la fin du chapitre une réserve égale pour les « promesses » de la forme nouvelle : « quels que soient l'avenir et la destinée de cette poétique, il reste que par Moréas, G. Kahn, Vielé-Griffin, Verhaeren, Henri de Régnier [...] un vers plus libre est possible en France » (p. 205) qui évoluera, dans les textes ultérieurs, vers une critique beaucoup plus explicite du vers libre[2].

Le chapitre sur le vers libre est intimement lié au chapitre sur le vers populaire. Cette étude, la plus ancienne du recueil – elle date de 1892 – pourrait paraître isolée ; elle est en réalité à la croisée de tous les questionnements et fonctionne comme la matrice de l'essai tout entier, comme l'a montré K.-D. Uitti :

> Avec « Le Vers libre » et « Le Vers populaire », on a l'impression d'assister au tournant où la pensée de Gourmont, jusqu'alors consacrée exclusivement à la défense et à l'élaboration du symbolisme, se généralise en des applications plus vastes. L'esprit de l'*Esthétique de la langue française* se trouve résumé dans ces deux petits essais[3].

Le goût de Gourmont pour le vers populaire et la chanson s'inscrit dans le cadre plus large de son intérêt pour la culture populaire qu'il

1 K.-D. Uitti a montré que Gourmont n'a pas vraiment compris le principe de l'alternance entre voyelles brèves et voyelles longues dans le vers latin classique, alternance qui constitue la base même du rythme de la poésie latine. (*La Passion littéraire de Remy de Gourmont*, *op. cit.*, p. 238)

2 Il écrira par exemple dans un texte sur le poète Charles Guérin : « le vers libre, essentiellement dénué de rythme fixe, ne semble pas destiné à jamais devenir un instrument de séduction. Cette forme de versification, trop lâche, ou peut être trop compliquée, s'accorde mal avec les éléments d'une langue à prononciation infiniment variable. » (« Charles Guérin », *Promenades littéraires, 1re série*, Mercure de France, 1904, p. 230)

3 *La Passion littéraire de Remy de Gourmont*, *op. cit.*, p. 238.

partage avec d'autres poètes symbolistes comme Alfred Jarry ou Robert de Souza. Fondateur avec le premier de la revue *L'Ymagier*, il s'intéresse à toutes les formes du folklore[1], images d'Épinal, gravures, contes et légendes, religion populaire... En 1892, Gourmont relie la poésie symboliste à la chanson populaire autour de valeurs comme la manifestation de l'individualité et le besoin du symbole :

> Deux classes seulement d'êtres humains, en France, ont des connaissances ou des notions d'art : les lettrés (en petit nombre), et les illettrés absolus. Le cerveau d'un illettré breton est souvent plus riche en poésie que celui d'un poète symboliste, – et combien plus élevée en spiritualité que celle d'un lecteur de journaux et de romans, l'âme d'un porcher hongrois qui rôde parmi les bois de la puszta en se ressouvenant de chansons telles que : Trois écharpes blanches j'ai acheté[2]...

Il met à jour aussi leurs parentés formelles. À l'instar du vers libre (mais aussi du vers régulier), le vers de chanson stylise des propriétés de la langue orale : Gourmont souligne le rôle qu'y jouent la synérèse, les amuïssements et les « *déformations* verbales ». Par là, l'étude annonce le chapitre écrit en 1898-1899 sur « La Déformation » envisagée à la fois comme loi linguistique et comme principe de la poésie. Le critique s'intéresse aussi à la morale, « à la fois très légère et très sombre » (p. 221) de la chanson populaire, à ses principaux motifs, « la candeur et la férocité de la bête amoureuse » (p. 221) et à l'émotion esthétique qu'elle suscite : elle traduit « le drame humain élémentaire et nu » (p. 226). Gourmont se montre sur ce point très proche des positions de Robert de Souza dans *La poésie populaire et le lyrisme sentimental* qui célèbre la chanson populaire et montre son influence sur la poésie symboliste. Néanmoins, alors que Gourmont adopte un point de vue historique sur la double tradition savante et populaire, R. de Souza part de la situation critique de la « poésie vivante », la poésie symboliste, en butte à une « incompréhension volontaire » :

> Jamais opposition entre novateurs et traditionnalistes ne fut plus marquée qu'aujourd'hui. [...] De gentils trouvères parisiennants, munis de leur plume, tels les sorciers de jadis de leur baguette de coudrier, marchent à la découverte

1 Sous le pseudonyme de J. Drexelius, Gourmont propose des comptes rendus d'ouvrages portant sur le folklore dans *le Mercure de France*, dans une rubrique intitulée *Romania, Folklore*.

2 « Littérature Hongroise : "Folk-Lore" », *Mercure de France*, septembre 1891, p. 176-178.

> de chansons populaires comme de sources pures qui doivent vivifier et rajeunir le lyrisme de France. *Et l'on ne s'aperçoit point que les poètes dits « symbolistes »* [...] *sont ceux qui, précisément, ont su le mieux faire profiter l'art de l'enseignement populaire*[1].

À partir des *Ballades* de Paul Fort et de poèmes de Francis Vielé-Griffin, il met en évidence le travail d'« interprétation du sens populaire » par les poètes symbolistes, qui aboutit à « l'alliance entre le primitif et le raffiné ». Il note par exemple chez Viélé-Griffin « les refrains naïfs et primitifs que nous transmet à travers les siècles une mémoire confuse », « thèmes éternels de la vie humaine[2] ».

En choisissant d'intégrer cette étude de 1892 à son essai, Gourmont fait du peuple le principe vital de la langue et de la poésie. En 1905, pour la seconde édition de l'*Esthétique*, il défait ce lien et réaffirme la prééminence de l'élite littéraire « professionnelle » sur le peuple, niant, en particulier, que la chanson puisse être le produit du génie populaire anonyme. Dans son post-scriptum, le critique revient sur l'hypothèse, qu'il posait dans la première phrase, de l'existence de deux courants dans la tradition littéraire, l'un écrit et savant, l'autre oral et populaire : « J'abandonnerai volontiers la théorie du double courant. La source littéraire est sans doute unique. *Le peuple n'a inventé ni ses chansons, ni ses contes*. Il les a reçus jadis, exactement comme aujourd'hui, de la main des poètes et des conteurs de profession » (p. 226). Ce revirement est à rapprocher de l'autre apostille que Gourmont ajoute dans l'édition de 1905. Dans les toutes dernières lignes de son chapitre sur la métaphore, il dénie au « Peuple », en tant qu'entité collective, toute capacité à *créer* des métaphores : « ni les mots ni les idées ne peuvent être sérieusement considérés comme le produit naturel de cet être mythique qu'on appelle le Peuple » (p. 183). Après avoir développé une réflexion linguistique sur la métaphore, le critique revient *in fine* à un cadre de pensée et à des catégories qui sont celles de la littérature puisqu'il convoque la notion d'« auteur » et définit la métaphore comme « création personnelle » (p. 183). Cette palinodie met en lumière le point de vue foncièrement *littéraire* de Gourmont et réaffirme avec éclat la scission symboliste entre l'usage poétique et l'usage commun de la langue, que l'auteur avait estompée dans l'édition de 1899. Elle fait aussi écho aux débats

1 Robert de Souza, *La poésie populaire et le lyrisme sentimental*, Mercure de France, 1899, p. 29.
2 *Ibid.*, p. 100.

scientifiques contemporains, particulièrement ceux qui portent sur l'origine des chansons de geste. À l'instar du médiéviste Joseph Bédier qui au même moment récuse la création collective des épopées et postule que toute œuvre a un auteur[1], l'auteur de l'*Esthétique* affirme en 1905 : « Les contes ont un auteur, les images verbales ont un auteur » (p. 183).

Au-delà de ce chapitre, c'est en réalité tout l'essai qui est traversé par la question complexe des rapports entre le lettré et le peuple. *L'Esthétique de la langue française* donne à voir une tension forte entre deux représentations du peuple[2]. Certes, la linguistique de Gourmont prolonge la tradition romantique de célébration du « génie du peuple » : celui-ci incarne une *nature* qu'il faut protéger des méfaits de « l'école primaire », de l'enseignement de la grammaire, de l'orthographe et des langues étrangères, puisque « la connaissance d'une langue étrangère est en général un danger grave pour la pureté de l'élocution et peut-être aussi pour la pureté de la pensée » (p. 102). À ce peuple authentique, dont la langue pure, simple et poétique communique avec la culture du « lettré » s'oppose le peuple inauthentique, présenté par Gourmont comme une fabrication de l'État. Produit du régime républicain, « abruti par les écoles primaires » (p. 127), il est aussi le principal lecteur des journaux et de la « basse littérature ». L'auteur écrit ainsi dans « La Déformation » au sujet des enfants du peuple : « Ils parlent comme les livres, comme les mauvais livres, et dès qu'ils ont à dire quelque chose de grave, c'est au moyen de la phraséologie de cette basse littérature morale et utilitaire dont on souille leurs cerveaux tendres et impressionnables. » (p. 128) Aux « mots anciens qui sont beaux comme des plantes sauvages et de même origine naturelle et spontanée » (mots des métiers ou de la vénerie), Gourmont oppose le vocabulaire du système métrique et celui des poids et mesures, « monstres créés par la Révolution » (p. 84). Cette dénonciation de la langue révolutionnaire se prolonge dans ses multiples attaques contre toutes les formes du discours démocratique : « le style du *Journal des débats* », « les locutions chères au parlementarisme » dans « Le Cliché » (p. 245) ou la langue barbare des « Primaires » et les effets désastreux de la Révolution française sur le style dans *La Culture des idées* : « Il semble que le dédain

1 Voir en particulier J. Bédier, *Légendes épiques, recherches sur la formation des chansons de geste*, Champion, 1908.

2 Sur cette question, on se reportera à Julien Schuh, « Gourmont et l'art populaire », *(Re)lire Remy de Gourmont* – 1915-2015, Garnier, 2016.

du style soit une des conquêtes de 89[1] ». En dernière instance, c'est à l'aristocrate lettré qu'il revient de régenter la langue, parce qu'il est le garant de son authenticité et de sa pureté.

LE CLICHÉ À LA CROISÉE DES SAVOIRS

L'essai sur le cliché, l'un de ceux qui font encore aujourd'hui la notoriété de l'*Esthétique de la langue française*[2], se relie par ses tout premiers mots aux deux chapitres qui précèdent, consacrés au vers : « il n'y a pas de différence essentielle entre la phrase et le vers ; *le vers n'est qu'un mot*, comme le mur n'est qu'un bloc. Ni du mur, ni du vers, ni de la phrase on ne peut retirer une pierre ou un mot, que le bloc ne se fende et croule. » (p. 227) La critique du cliché comme bloc infrangible trouve donc un appui inattendu dans la définition mallarméenne du vers comme « mot[3] » dans *Crise de vers*. La question du cliché avait été posée pour la première fois par Gourmont dans « Du style ou de l'écriture » (1899) à partir de la réfutation des positions d'Antoine Albalat[4] dans *L'Art d'écrire enseigné en vingt leçons*. En dépit d'intuitions justes sur sa structure (« les clichés sont de véritables mots à sens complexe »), Gourmont ne propose aucune approche linguistique du cliché[5]. Malgré son effort de typologie

1 « Du style et de l'écriture », *La Culture des idées*, *op. cit.*, p. 8.

2 A. Herschberg-Pierrot place en ouverture de *Stéréotypes et clichés* (Nathan, 1997) une citation de l'*Esthétique* sur la transformation en clichés des « images nouvelles » du *Télémaque*.

3 Gourmont écrivait dans le chapitre sur le vers libre : « Voilà ce qu'est le vers : un mot » (p. 196).

4 « Enfin le cliché véritable [...] se reconnaît à ceci que l'image qu'il détient en est à mi-chemin de l'abstraction, au moment où, déjà fanée, cette image n'est pas encore assez nulle pour passer inaperçue et se ranger parmi les signes qui n'ont de vie et de mouvement qu'à la volonté de l'intelligence. Très souvent, dans le cliché, un des mots a gardé un sens concret et ce qui nous fait sourire c'est moins la banalité de la locution que l'accolement d'un mot vivant et d'un mot évanoui. » (*La Culture des idées*, *op. cit.*, p. 29-30)

5 En revanche, Bréal s'est penché, dans son *Essai de sémantique*, sur les processus d'usure sémantique à l'œuvre dans le figement : Le linguiste attribue au mot une existence personnelle et continue à travers toutes les associations et les combinaisons où il entre. Mais, dans la réalité, dès que le mot est entré dans une formule devenue usuelle, nous ne percevons plus que la formule... Ce n'est pas le mot qui forme pour notre esprit une unité distincte, c'est l'idée. Si l'idée est simple, peu importe que l'expression soit complexe ; notre esprit n'en percevra que la totalité ». (*Essai de sémantique*, *op. cit.*, p. 322-323)

– le cliché (« matérialité de la phrase ») *vs* le lieu commun (« banalité de l'idée ») –, et alors même qu'il le définit spécifiquement comme une forme *verbale*, jamais le critique ne s'interroge sur ses diverses structures morpho-syntaxiques ou sémantiques. Dans l'*Esthétique*, le cliché est abordé selon trois principales perspectives : littéraire, psychologique et idéologique. La disqualification du cliché en littérature relève d'une attitude qui pose comme valeur suprême *l'originalité* du style, ce que Gourmont appelait en 1892 dans « Le Symbolisme » « la nouveauté invue et inouïe[1] » : « un style original est le signe infaillible du talent, puisque, en art, tout ce qui n'est pas nouveau est négligeable » (p. 240). Cette dépréciation présuppose une conception de la littérature coupée de toutes les formes impures des discours « démocratiques », discours scolaires, journalistiques, politiques ou « littérature industrielle ». Ce qui donne son unité aux diverses approches gourmontiennes sur la stéréotypie est son extrême sensibilité à la vie et à la mort des « images », à l'obsolescence des styles, bref aux multiples formes du travail du *temps* sur la langue et sur la langue littéraire qui le conduit à souligner constamment le statut historique et relatif du cliché. Cette question sera à nouveau au cœur du *Problème du style*[2] en 1902 : certaines images, « jadis charmantes », « ont aujourd'hui le ridicule des vieux visages fardés. » Il suffit, dit Gourmont,

> d'ouvrir [...] *Télémaque* de Fénelon, ce témoin précieux d'un moment de la langue française : les pavots du sommeil [...] secouer le joug de la tyrannie – fouler aux pieds les idoles [...] sont des expressions qui exigent le sourire, et qui ne peuvent plus se proférer qu'avec ironie, mais elles furent jeunes, éloquentes et sérieuses (p. 244).

D'un certain point de vue, la dénonciation du cliché par Gourmont poursuit la critique romantique de l'ornement conventionnel et ennoblissant, telle qu'on la trouve, par exemple, sous la plume de Hugo, au sujet des tragédies néoclassiques, dans la préface de *Cromwell*[3] en

1 *Le Chemin de velours*, *op. cit.*, p. 208.

2 Comme le rappelle Gourmont dans les notes qu'il ajoute pour l'édition de 1905, *Le Problème du style* prend la suite de la dernière étude de l'*Esthétique*. « Il a pour but, dit-il, de rectifier et de compléter » l'étude sur le cliché qui figure dans l'*Esthétique de la langue française* et l'étude intitulée « Du style ou de l'écriture » (février 1899) dans *La Culture des Idées*. (*op. cit.*, p. 36)

3 « En somme, rien n'est si *commun* que cette élégance et cette noblesse de convention. Rien de trouvé, rien d'imaginé, rien d'inventé dans ce style. Ce qu'on a vu partout, rhétorique, ampoule, lieux communs, fleurs de collège, poésie de vers latins. Des idées d'emprunt

1827, puis en 1854-1855 dans « Réponse à un acte d'accusation ». Mais Gourmont, dans sa disqualification du cliché, met l'accent sur le lien qui l'unit à une forme dégradée de la rhétorique, celle que véhicule l'École : le cliché est le produit de la formation rhétorique traditionnelle tournée vers l'apprentissage du style. Jusqu'aux réformes de Jules Ferry en 1880 (mais selon Gourmont, elles n'ont pas modifié l'enseignement en profondeur), l'art d'écrire a été au cœur de l'enseignement des Humanités. Fondé sur la mémoire et sur l'imitation (deux notions qui vont faire l'objet d'une véritable refonte définitionnelle par le critique), l'enseignement est orienté vers l'acquisition d'automatismes d'expression[1] :

> L'éducation, telle qu'elle est pratiquée *depuis trois siècles sans modifications sérieuses*, développe particulièrement le goût de la phrase toute faite ; et il importe peu qu'elle soit latine ou seulement française, puisque les auteurs français dont on « orne la mémoire » des enfants sont des succédanés des auteurs latins et leurs meilleurs traducteurs. Dans l'un ou l'autre ordre, le principe est de cultiver la mémoire verbale aux dépens de la mémoire visuelle. (p. 236)

C'est précisément en s'attachant à cette faculté de la *mémoire* au cœur de la pédagogie des Humanités qu'il va soustraire le cliché à l'approche historique qui était la sienne, en l'envisageant dans la perspective de la psychologie de Théodule Ribot, auteur, en 1881, des *Maladies de la mémoire.* Négligeant le cliché comme fait de langue pour l'envisager comme mécanisme cérébral, Gourmont propose une psychopathologie du cliché. Il le rapporte à l'aphasie ou « amnésie des signes », c'est-à-dire à la désintégration de l'élaboration linguistique *volontaire* : « le style du cliché » sera donc « une des formes de l'amnésie verbale élevée à la puissance littéraire » (p. 232).

Si Gourmont disqualifie le cliché du point de vue de la *représentation*, il lui reconnaît un rôle positif dans la *communication* littéraire. Le

---

vêtues d'images de pacotille. Les poëtes de cette école sont élégants à la manière des princes et princesses de théâtre, toujours sûrs de trouver dans les cases étiquetées du magasin manteaux et couronnes de similor, qui n'ont que le malheur d'avoir servi à tout le monde. Si ces poëtes ne feuillettent pas la Bible, ce n'est pas qu'ils n'aient aussi leur gros livre, le *Dictionnaire des rimes*. C'est là leur source de poésie, *fontes aquarum.* » (Victor Hugo, *Préface de* Cromwell, *Œuvres Complètes*, Club français du livre, 1967-1972, t. III, p. 74)

1 Dans la réflexion de Gourmont, la référence aux Humanités classiques est indissociable de la polémique avec Antoine Albalat. Présent dans « Du style et de l'écriture » puis dans *Le Problème du style*, Albalat n'apparaît pas dans l'*Esthétique*.

stéréotype inscrit dans le style la dimension commune de la langue sans laquelle celui-ci ne serait qu'un idiolecte « incompréhensible[1] » :

> Sans images abstraites, la littérature, identique à la vie, serait, comme la vie, incompréhensible ; elles représentent les points lumineux d'un poème, d'un paysage ou d'une figure. Le style de Mallarmé doit précisément son obscurité, parfois réelle, à l'absence quasi totale de clichés, de ces petites phrases ou locutions ou mots accouplés que tout le monde comprend dans un sens abstrait, c'est-à-dire unique. Les abstractions sont bien vraiment les lumières du style. (p. 242)

La réhabilitation gourmontienne du cliché s'appuie sur des données psycho-linguistiques. Le stéréotype permet la condensation et la schématisation : il fixe des données immédiatement communicables et assimilables par les sujets parlants, il « résume » et « abrège par un signe connu » dit Gourmont. La réflexion du critique sur le rôle de cliché dans la communication littéraire – de la littérature de masse jusqu'à Mallarmé – trouve un appui dans la psychologie sociale de Gabriel Tarde. Comme l'a montré Anne Herschberg-Pierrot, c'est dans *Les Lois de l'imitation* (1890) que Gourmont a découvert une valorisation du cliché comme liant social[2]. Ni le nom de Tarde, ni le titre de son ouvrage n'apparaissent dans l'*Esthétique* ; on trouve cependant sous la plume de Gourmont la formule tardienne de « besoin d'imitation » corrélée à la mention des « foules » :

> Les professions qui comportent l'usage constant de la parole ou de l'écriture sont des conservatoires tenaces de clichés. On sait le rôle politique de la Sphère, de l'Hydre, du Spectre. Les sphères sont nombreuses et leur nombre augmente à mesure que, dans les médiocres foules parlementaires, s'accroît, par défaut d'intelligence, *le besoin de l'imitation.* (p. 244)

Avec Tarde, le principe d'imitation définie comme « action à distance d'un esprit sur un autre » rend compte de tous les rapports sociaux. Il écrit en 1895 :

---

1 De même, Gourmont rachète le lieu commun au nom de la vérité dont il est porteur : « le lieu commun est plus et moins qu'une banalité, c'est une banalité mais parfois inéluctable ». *La Culture des idées*, *op. cit.*, p. 77.

2 A. Herschberg-Pierrot, « Clichés fin-de-siècle », *Rhétorique et discours critiques*, Groupe d'étude en histoire de la langue française, Éditions Rue d'Ulm, 1990. – Le nom de Gabriel Tarde apparaît aussi dans sa virulente critique de la sociologie dans *Le Problème du style*.

> Mais je lui ai laissé (au mot imitation) un sens toujours très précis et caractéristique : celui d'une action à distance d'un esprit sur un autre, et d'une action qui consiste dans une reproduction quasi photographique d'un *cliché cérébral* par la plaque sensible d'un autre cerveau. Est-ce que si, à un certain moment, la plaque du daguerréotype devenait consciente de ce qui s'accomplit en elle, le phénomène changerait essentiellement de nature ? – J'entends par imitation toute empreinte de photographie inter-spirituelle, pour ainsi dire qu'elle soit voulue ou non, passive ou active. Si l'on observe que, partout où il y a un rapport social quelconque entre deux êtres vivants, il y a imitation en ce sens (soit de l'un par l'autre, soit d'autres par les deux, comme, par exemple quand on cause avec quelqu'un en parlant la même langue, en tirant de nouvelles épreuves verbales de très anciens clichés), on m'accordera qu'un sociologue était autorisé à mettre en vedette cette notion[1].

Parce qu'il repose dans son principe même sur l'imitation et sur la circulation, le cliché fonctionne ici comme *métaphore* du rapport social. Comme chez Gourmont, l'imageant des procédés de reproduction de masse d'un modèle (qu'il se décline en « cliché », « daguerréotype », « photographie inter-spirituelle » ou « épreuve ») relie le plan psycho-physiologique (l'action réciproque des « cerveaux » les uns sur les autres) au domaine de la langue : parler la même langue, c'est « tirer de nouvelles épreuves verbales de très anciens clichés ».

L'étude de Gourmont, d'abord développée dans une perspective littéraire (le refus de la banalité au nom de l'originalité et de la nouveauté), s'ouvre dans sa dernière partie à la dimension idéologique et politique du cliché. Elle est à cet égard représentative des enjeux de la critique de la stéréotypie dans la seconde moitié du XIXe siècle tels que les a cernés A. Herschberg-Pierrot : « la problématique s'est élargie : elle ne concerne pas seulement une rhétorique vieillie, objet d'un débat littéraire sur l'individuel et le social, l'original et le commun, mais plus largement les enjeux sociaux et politiques de la répétition et du nombre[2]. » Gourmont s'en prend aux clichés propres à diverses « professions » : le journalisme, le « répertoire politique » et « le patriotisme professionnel ». L'ironie qui vise l'éloquence politique dans le roman du XIXe siècle (en particulier chez Flaubert dans *Madame Bovary* et *L'Éducation sentimentale*) se prolonge dans le rejet gourmontien de « la littérature parlementaire ». Dans le détail

1 G. Tarde, *Les Lois de l'imitation*, préface de la deuxième édition, 1895, Alcan, p. VIII-IX.

2 A. Herschberg-Pierrot, *Le Dictionnaire des idées reçues de Flaubert*, P.U. du Septentrion, 1995, p. 24.

même des exemples, la convergence avec Flaubert est frappante. « La Sphère, l'Hydre et le Spectre » font écho à la lettre écrite par Flaubert depuis Beyrouth à Frédéric Baudry le 21 juillet 1850 où le romancier ironisait sur les mêmes clichés : « Que dit-on en France ? Qu'y fait-on ? Et qu'y pense-t-on ? Que deviennent l'horizon, le timon, l'hydre, le volcan et les bases[1] ? » À la fin de son chapitre, Gourmont relève quelques clichés particulièrement comiques, des plus bénins, « "depuis nos malheurs", phrase doucereuse où on assimile la France à une vieille dame à cabas "qui a connu de meilleurs jours" » (p. 246), jusqu'aux plus ridicules : « C'est avec le fer rouge qu'il faut nettoyer ces écuries d'Augias » ; « le char de l'État est entravé dans les flots d'une mer orageuse » (p. 247). Gourmont s'inscrit là dans un discours d'époque sur le cliché que l'on retrouve par exemple chez Gustave Lanson en 1890 : « On blâme l'incohérence des métaphores : tout le monde connaît la fameuse phrase : "Le char de l'État navigue sur un volcan."[2] », comme chez Ferdinand Brunot qui relève en 1899 : « Voilà la question bien posée et vous allez voir qu'elle devait produire ses fruits » ou : « des armes dirigées contre la clé de voûte de nos institutions[3] ».

1 G. Flaubert, *Correspondance*, I, « Bibliothèque de la Pléiade », Gallimard, 1973, p. 653.

2 G. Lanson, *Conseils sur l'art d'écrire, principes de composition et de style*, Hachette, 1890, p. 196.

3 F. Brunot, dans le tome VIII de l'*Histoire de la langue* de Petit de Julleville, relève les mêmes clichés de l'éloquence politique que Gourmont : « Nous sommes en mars 1869 : le *sein* et la *grande échelle* font toujours fortune : cette nouvelle chambre qui aura puisé son mandat dans le sein du suffrage universel (Magnin, 20 mars); le remplacement se fait sur une grande échelle (De Tillancourt, 22 mars). Êtes-vous amateur de clichés ? Prenez le discours du maréchal Niel. Rien n'y manque : *ébranler l'édifice social, saper notre institution militaire, faire planer sur le pays la plus lourde des incertitudes* (20 mars). Êtes-vous friand d'images ? Voici : Il s'appuyait sur des rouages incapables de résister aux moindres épreuves (J. David, 31 mars). Voilà la question bien posée et vous allez voir qu'elle devait produire ses fruits (E. Picard, 31 mars); des armes dirigées contre la clé de voûte de nos institutions (Rouher, 2 avr.) » (« La langue et la vie », *Histoire de la langue et de la littérature française des origines à 1900*, *op. cit.*, p. 825).

RÉCEPTION ET POSTÉRITÉ DE L'*ESTHÉTIQUE*

En 1899, la réception de l'*Esthétique* s'est faite selon deux principales directions, linguistique et poétique d'une part, idéologique et politique de l'autre. Deux articles rendent compte de l'essai de Gourmont dans *Le Mercure de France*. Une singulière « Lettre philologique à Remy de Gourmont » signé Louis Denise paraît dans le numéro d'août 1899. L'auteur du compte rendu se montre réservé à l'égard des orientations les plus polémiques de l'essai : Gourmont s'élève « contre les apports helléniques du jargon scientifique avec une énergie inutile » et « la besogne » qu'il s'impose, « peigner ces hirsutes émigrants [les mots étrangers], est au dessus de toute volonté individuelle ». En novembre de la même année, le poète Robert de Souza, chroniqueur au *Mercure de France*, propose un compte-rendu approfondi mais réservé de l'essai. Il fait, dans un premier temps, l'éloge du projet de Gourmont, soulignant que « le conformisme académique, la fausse science de l'étymologie, les préjugés grammaticaux, le souci de la fixité ont fait perdre aux autorités littéraires le sens natif de la langue ». Mais il marque sa distance à l'égard de l'idéologie puriste et conservatrice de l'auteur. Il envisage, pour sa part, « avec moins de terreur » les « barbares pédantismes » parce qu'ils restent « en marge de la langue ». Au sujet des « infiltrations étrangères », il oppose à Gourmont l'argument que « celles qui demeurent répondent à un besoin ». Bref, « il n'est pas nécessaire pour la pureté de la langue d'être conservateur et nationaliste au même degré que M. de Gourmont ». Enfin, son ultime réserve, de taille, porte sur l'oubli de la syntaxe dans l'*Esthétique*. C'est en empruntant à Gourmont ses propres catégories, le « caractère de la langue », la « francisation » des mots étrangers, que R. de Souza met en évidence les lacunes de l'*Esthétique* : « L'ouvrage ne contient pas tout ce qu'on pourrait attendre de son titre. Car ce n'est pas le mot qui détermine l'esthétique d'une langue, c'est sa syntaxe, la nature de son mouvement et dans ce mouvement, les accents de position, ainsi que l'accent musical. » Et il ajoute : « Cet accent musical a une telle puissance que dans une phrase ayant le caractère syntaxique de la langue, il suffit à enlever toute valeur étrangère aux mots les moins français[1]. »

1 R. de Souza, « Littérature : *Esthétique de la langue française* », *Le Mercure de France*, novembre 1899, p. 494-498.

C'est sans doute pour réparer cette lacune que Gourmont ajoutera en 1905, à la fin du chapitre X, un court paragraphe sur la syntaxe du français « troublée dans sa logique » par l'anglais : « Sous l'influence de l'anglais, par exemple, l'adjectif tend à se placer avant le substantif ». Et de citer « le *Paris-Journal* » et « l'*Élysée-Palace-Hotel* ». Il conclut avec désinvolture : « Cette question est de psychologie, plus encore que de linguistique, et il convient de la réserver. » (p. 121)

L'intérêt idéologique et politique de la critique du cliché a été immédiatement perçu par les critiques de l'Action Française[1]. Dans la *Revue Philosophique* en décembre 1899, le critique Pierre Lasserre souligne l'utilité pédagogique de l'*Esthétique* pour l'enseignement de la littérature[2] mais s'intéresse surtout au chapitre sur le cliché. La critique du cliché pourrait, selon lui, servir le projet d'un « nettoyage » idéologique et la méthode de Gourmont pourrait être transposée avec bénéfice de la littérature au « champ de la réflexion philosophique, sociale, politique et morale » :

> Il y a des phraséologies qui par elles seules se révèlent à l'analyste mortes et inertes et trahissent suffisamment l'absence de vrais actes mentaux [...] Elles confèrent une apparence de réalité à des problèmes creux sur lesquels s'acharne le bavardage de l'élite intellectuelle. Procéder méthodiquement à cet examen, ce serait entreprendre un *nettoyage de l'idéologie moderne* comme M. de G. travaille au nettoyage du goût littéraire[3].

La même année, Charles Maurras rend compte de l'essai de Gourmont dans *La Revue encyclopédique* et fait l'éloge de ce « petit livre intelligent et dense », œuvre de la « sensibilité » de Gourmont plutôt que d'une « volonté ordonnée et systématique » : « Ces dix grands chapitres écrits de verve, avec une émotion et une ironie éloquentes, vivants, nerveux, bourrés de petits documents décisifs parlent à notre goût plus qu'à notre

1 Gourmont a échangé plusieurs lettres avec Charles Maurras. En février 1899, dans sa lettre à l'auteur de *Trois idées politiques*, il souligne « les nombreux points qui l'agréent sans mélange » dont « le mépris de la démocratie » (*Correspondance*, tome I (1867-1899) réunie, préfacée et annotée par Vincent Gogibu, éditions du Sandre, 2010, p. 405).

2 « Remarques pleines de bonhomie mais qui prennent une très haute portée si l'on songe à la hardiesse anti-pédante, au naturel profond et savoureux, à la forte réalité pédagogique des principes d'où elles sont déduites. Ce petit ouvrage mérite de devenir classique dans toutes les classes des belles-lettres des lycées et des universités. » (P. Lasserre, « Remy de Gourmont : *Esthétique de la langue française* », *Revue Philosophique*, décembre 1899, p. 656).

3 *Ibid.*, p. 657.

raison. » Il reconnaît en Gourmont une « force conservatrice et traditionnelle ». Soulignant la supériorité de l'auteur de l'*Esthétique* sur les savants dont il se réclame dans sa préface, il condamne l'esprit scientifique :

> Les savants n'osent concevoir que l'on puisse contrarier ni dévier la direction ou le sens d'une suite de phénomènes inachevés [...] En philologie notamment, si la langue se gâte, eh ! bien, l'homme pieux, le savant résigné n'a qu'à la regarder entrer en pourriture... Voilà du moins leur attitude comme leur sentiment. M. de Gourmont n'a goûté ni l'un ni l'autre. Il a surmonté leurs conseils. Il a cru que ses connaissances historiques et linguistiques devaient le secourir et le fortifier au lieu de le rendre perclus. Il les a donc énergiquement employées à combattre quelques causes de corruption que tel honorable romaniste de ses amis se fût peut être contenté de noter fort exactement[1].

Maurras approuve les propos de l'auteur de l'*Esthétique* sur les ravages de « l'enseignement primaire et du petit journal » qui « étendent le cercle des doctes et diminue le cercle du vrai peuple » :

> Les cuisinières provençales savent très bien dire *estrambouis* au lieu de *tramway* et demander à leur bouchère un *bistet* plutôt qu'un *bifteck* : ce n'est point l'activité linguistique des cuisinières qui se ralentit, c'est leur nombre qui baisse, c'est le vrai peuple qui s'en va. Les cuisinières cèdent leurs fourneaux à des chefs pourvus du certificat de grammaire, et ceux-ci céderont la place à des chimistes tout au moins agrégés de l'université [...] Ainsi la partie linguistique du problème de l'enlaidissement de la vie moderne se ramène à une question d'Économie et de Politique[2].

Reprenant les grandes thématiques néo-classiques et anti-romantiques de l'Action Française, Maurras cherche dans les différents chapitres de l'*Esthétique* les traces d'un Gourmont classique et traditionaliste, défenseur des valeurs d'ordre et de clarté, qui corrigerait les errements du chef de file symboliste héritier des Romantiques. Ainsi sur la langue de Racine :

> On peut voir M. de Gourmont déplorer, et non sans aigreur, la modicité du vocabulaire de Jean Racine, n'y prenez point garde, c'est le vieux naturel romantique qui reparaît ; voici ce que pense du fond de la question le vieux Gourmont mûri, traditionnel et classique que nous avons appris à aimer : « L'abondance des termes distincts est une pauvreté... Les langues viriles maniées par de solides intelligences tendent au contraire à restreindre le

1 Charles Maurras, « Critiques littéraires-*Esthétique de la langue française* », *La Revue encyclopédique*, 1899, p. 610.
2 *Ibid.*

> nombre de mots en attribuant à chaque mot conservé, outre sa signification propre, une signification de position[1]. »

Son goût pour les révolutions poétiques et sa tolérance coupable à l'égard de la « laideur » des vers de Kahn et de Régnier sont heureusement compensés par « quelques aphorismes vengeurs » sur le vers libre.

Dans la réception de l'*Esthétique* au XXe siècle, il faut accorder une place à part à Jean Paulhan dont l'œuvre compte plus de quarante références à Remy de Gourmont. Abonné très jeune au *Mercure de France*, Paulhan a lu tous les ouvrages de Gourmont et conservera, jusqu'à la fin de sa vie, son exemplaire de l'*Esthétique de la langue française.* De 1920 aux années soixante, la lecture de Gourmont a visiblement été pour lui une stimulation constante dans sa réflexion sur le langage et la rhétorique[2]. Son nom apparaît dans *Jacob Cow*, *Les Fleurs de Tarbes* ou *De la paille et du grain.* Ainsi, dans l'essai paru en 1921 et dédié à Valéry, *Jacob Cow le pirate : ou, Si les mots sont des signes*, Paulhan se livre à une critique approfondie de la théorie du fondement métaphorique du lexique. C'est le chapitre « La métaphore » de l'*Esthétique de la langue française* qui sert de point de départ à sa réflexion, chapitre où il décèle une instrumentalisation de la linguistique au profit de la littérature :

> On sait quelle faveur singulière rencontra la théorie suivant laquelle les mots sont des métaphores refroidies. Les critiques y virent une preuve de la doctrine qui leur tenait à cœur depuis quelque cent ans.
>
> On a déterminé, écrit Remy de Gourmont, l'origine du mot *briller*, c'est *beryllare*, scintiller comme le béryl. Que ne diraient pas les professeurs de belles-lettres, si quelque décadent forgeait, *briller* n'ayant vraiment plus qu'un sens abstrait, *émerauder* ou *topazer* ?
>
> Il s'agit ici de justifier les décadents, ailleurs les romantiques. Il n'est pas d'image, dira-t-on, si hardie que l'instinct populaire n'ait imaginé une image plus hardie encore et qui a réussi. Un professeur s'étonne que Jules Renard écrive : *elle agite ses petits bras de lézard*... Or la langue latine, d'une pareille audace, appelle lézard *lacertus*, le bras musculeux, parce que le tressaillement des muscles sous la peau est comparé à un lézard qui passe.

---

1 *Ibid.*

2 En février 1959, Paulhan répond à l'article de Noël Arnaud qui vient de publier « Remy de Gourmont dans la grande absence » (*Critique*, janvier 1959, n° 140). En mars de la même année, alors que l'*Esthétique* a été rééditée au Club du Meilleur Livre en 1955, Paulhan écrit à Robert Carlier : « Il y a plusieurs livres du Club dont la N.R.F. parlerait volontiers. N'est-il pas possible que je les reçoive et tout d'abord, par exemple, *l'Esthétique de la langue française* ? » (*Cf.* le catalogue *Autographes et manuscrits*, librairie J.-F. Fourcade, 2013, n° 252).

> Il n'y aurait point ainsi deux façons différentes de faire du langage ; mais le procédé dont use le bon écrivain est universel, ou peut s'en faut ; dans l'état actuel des langues européennes, « presque tous les mots sont des métaphores ». Que si l'on exige des détails ou des raisons, Bréal, Darmesteter nous offrent de longues suites de métaphores populaires, qui semblent nées par bandes : *Accoster* un passant, *aborder* une question, *échouer* dans une entreprise. [...] Bien. De quelques milliers d'observations pareilles, l'on conclut : dans aucune des langues dont nous pouvons étudier l'histoire, il n'y a de mot abstrait qui, si l'on en connaît l'étymologie, ne se résolve en métaphore.
>
> Je le veux ainsi et que la cause en soit dans « le besoin que nous portons en nous de représenter et de peindre par des images ce que nous sentons » ; mais enfin Bréal et Darmesteter n'oublient qu'une chose : c'est de montrer que nous avons bien à faire à des métaphores[1].

Dans la théorie métaphorique du langage, Paulhan décèle les effets de plusieurs « illusions ». D'abord, les linguistes Bréal et Darmesteter n'auraient pas vu que dans les réalisations du discours, les locuteurs *évitent* la métaphore parce que, le plus souvent, elle génère « un défaut d'entente[2] ». Ensuite, selon Paulhan, la perception de l'image dans le mot abstrait est caractéristique d'un rapport objectivant au langage qui est en propre celui du savant, capable de reconnaître *côte* dans *accoster* par exemple. En 1948, Paulhan puisera encore abondamment aux premiers chapitres de l'*Esthétique* consacrés au lexique pour son recueil *De la paille et du grain*. Cinquante ans après Gourmont, il pose la question de savoir « si la langue française est encore capable de se défendre, et d'habiller à sa guise les mots exotiques qu'elle accueille. » Il célèbre « l'accommodement » des mots étrangers en français, s'émerveille des formes francisées de *joquet, foute-balle et métingue* (qu'il trouve dans l'*Esthétique*) et oppose, à l'instar de Gourmont, le peuple aux « demi-savants[3] » : « vers 1910 le

1 J. Paulhan, *Jacob Cow le pirate*, *Œuvres Complètes*, t. 2, Tchou / Cercle du livre précieux, p. 135.

2 Dans une note préparatoire à *Jacob Cow*, parue dans la *NRF* le 1er mars 1920, Paulhan oppose à Bréal et à Darmesteter, auxquels il associe Gourmont, la théorie du linguiste « de nos jours, le plus scrupuleux et le plus savant », Antoine Meillet qui fut son directeur de thèse. Celui-ci est, selon Paulhan, le seul qui ait pris en compte la dimension *sociale* de la langue pour expliquer les changements de sens : « Le principe essentiel des changements de sens est dans l'existence de groupements sociaux à l'intérieur du milieu où une langue est parlée... Ces changements tiennent aux emprunts que fait la langue commune aux langues particulières de ces groupements » (J. Paulhan, « Optique du langage ou si les mots sont des métaphores usées », *NRF*, 1er mars 1920, p. 442-446).

3 Gourmont écrivait dans le chapitre VIII de la première partie : « D'autres enfin s'écrivent en anglais et se prononcent en français : *club*, *cottage*, *tunnel*, *jockey*, *dogcart* ; il est très probable

peuple prononçait bravement *métingue* comme *meringue* ou *fringues* – et Gourmont l'écrivait. Depuis lors... Les demi-savants ont chez nous bien du prestige, et Gourmont n'a pas trouvé de successeurs. Puis il y a eu les guerres[1]. » Dans son éloge de la créativité populaire, il reprend mot pour mot les arguments et les exemples de l'*Esthétique* :

> Pour tout ce qui a trait au langage, il est plus sûr (et plus agréable à la fois) de fréquenter le Port-au-Foin, les Halles et simplement les bistrots que la bonne société ou les soirées de famille. Quand le peuple invente un mot, c'est en général un mot plaisant et savoureux : c'est *coudée* ou *mal des ardents*. Quand les savants, ou les demi-savants inventent un mot, c'est un mot absurde et mal fabriqué : c'est *kilo* ou *eczéma*[2].

Enfin, après avoir dénoncé en Gourmont un « grand Inquisiteur » de la Terreur dans *Les Fleurs de Tarbes*, Jean Paulhan, dans son discours de réception à l'Académie Française le 27 février 1964, reprochera à l'illustre Compagnie, dont la première fonction est d'interroger le langage, de ne pas avoir su attirer les linguistes Darmesteter, Bréal, Meillet et ... Gourmont :

> Qu'est-ce que le langage, et que nous révèle-t-il sur l'esprit ? Telle est la question même qui vous soucie. Telle est votre fonction. Mais si j'ose le dire, on ne s'en douterait pas. Vous nous promettiez, il y a quelque trois cents ans, une Poétique, une Rhétorique. On ne les a jamais vues. Ce serait peu : vous semblez avoir pris à tâche de décourager tous ceux que leurs études, leur science, eussent mis à même de nous les donner. Vous n'avez appelé à vous ni le Darmesteter de la *Vie des mots*, ni le Bréal de la *Sémantique*, ni le Gourmont de l'*Esthétique de la langue française*. Tout près de nous, vous avez rebuté le modeste et tenace Meillet, maître des langues comparées, le malicieux et subtil Mario Roques [...], le jovial Brunot, ce puits de science.

Dans ce discours d'une étonnante audace, Paulhan poursuit la dénonciation de l'ignorance linguistique de l'Académie menée autrefois par les « exclus », Gourmont et surtout « la plus haute autorité en la matière », Ferdinand Brunot :

---

qu'ils auraient fini par devenir *clube cotage*, *tunel*, *joquet*, *docart*, si la Demi-Science et le Respect n'étaient d'accord pour s'opposer à leur déformation. » (p. 107)

1 J. Paulhan, *De la paille et du grain*, *Œuvres Complètes*, Tchou / Cercle du livre précieux, t. 5, p. 319.

2 *Ibid.*, p. 321.

> Il est très vrai que vous nous avez donné en 1931, à défaut de Poétique ou de Rhétorique, une Grammaire. On ne l'a pas bien accueillie. Elle n'était pas plus tôt sortie des presses [...] que la plus haute autorité en la matière, doyen de la Faculté des Lettres, Membre de l'Institut, y relevait quelque trois cents fautes, bévues ou omissions. Il faut l'avouer, vous vous êtes peu défendus[1].

Ainsi, en l'intégrant à la communauté des linguistes et des philologues, Paulhan ramène *in fine* l'auteur de l'*Esthétique de la langue française* dans le camp de la Rhétorique ou de la Maintenance.

Néanmoins, dans *Les Fleurs de Tarbes*, ouvrage composé entre 1926 et 1941 et dont la première version paraît en 1936, Paulhan faisait de Gourmont l'un des représentants du régime littéraire de la « Terreur », dominé par les valeurs, romantiques et post-romantiques, de l'original, du nouveau et de l'individuel, et qui fait en leur nom le procès de la rhétorique. Pour le Terroriste, l'esprit est « opprimé par le langage » et « tout homme doit briser lorsqu'il veut atteindre à sa pensée authentique, une croûte de mots [...] dont les lieux communs, clichés, conventions, ne sont qu'une forme, la plus évidente[2] ». Les textes du critique du Mercure de France, et spécifiquement l'*Esthétique*, occupent une place très importante dans la première version des *Fleurs de Tarbes* parue dans la *NRF* en 1936, la seconde version réduisant notablement cette part[3]. Dans la section « Le danger des mots, ou la Terreur », Paulhan, en 1936,

1 J. Paulhan, « Discours de réception à l'Académie Française », *Œuvres Complètes*, Tchou / Cercle du livre précieux, t. 4, p. 385. – Paulhan pense ici aux cinglantes « observations » de Brunot, publiées en 1932 : « L'ouvrage que l'Académie vient de faire paraître a redonné à tant de vieilles erreurs une autorité nouvelle, il en a répandu tant d'autres, que la nécessité d'en préserver le public m'a paru urgente. » (*Observations sur la grammaire de l'Académie Française*, Droz, 1932, p. 7)

2 J. Paulhan, *Les Fleurs de Tarbes ou la Terreur dans les Lettres* [1941], éd. Jean-Claude Zylberstein, Gallimard, coll. « Folio-essais », 1990, p. 70.

3 Lorsqu'en 1952, dans ses *Entretiens avec Robert Mallet*, Paulhan revient sur le projet qui était le sien dans *Les Fleurs de Tarbes*, le premier nom qui surgit est celui de Gourmont, reconnu comme un critique génial : « J. P. *Pourquoi* nous interdit-on les clichés et les lieux communs (et l'imitation qui s'en suit) ? Je crois que la méthode dont je vous parlais nous permet de faire ici une première découverte. L'interdiction dont il s'agit a été longuement développée et justifiée, il y a quelque cinquante ans, par trois critiques dont un au moins n'était pas sans génie : Remy de Gourmont, Marcel Schwob et Albalat, et par un philosophe : Bergson. Eh bien ! Il suffit d'examiner leurs raisons et de les préciser, de les analyser à fond, pour s'apercevoir qu'elles se réduisent à une seule raison qui a trait au langage. R. M. Quelle raison ? J. P. Celle-ci : c'est que le style – et le sujet – banal, le cliché, le lieu commun trahit en tout cas une véritable démission de la pensée devant le langage dans ce qu'il a de plus matériel : de mécanique. Ce ne sont plus les idées qui dirigent les mots. Ce sont – par un

cite longuement l'*Esthétique de la langue française* et réfute la conception gourmontienne du cliché où il reconnaît une forme de haine du langage :

> Ainsi Albalat voit-il dans le style banal une façon de laisser-aller ou d'impuissance, Gourmont un signe de déchéance, et d'inattention. Et volontiers nous les voyons avec eux [...] Mais il faut mieux les écouter : « *Si l'on se permet une fois ces expressions toutes faites, dit Albalat, on se les permettra deux fois, trois fois et entraîné sur la pente on se laissera lier...* » À propos de la même pente, Gourmont : *Pour expliquer le cliché, il n'est besoin que la théorie de l'association ; un proverbe en amène un autre ; un cliché traîne après lui toutes ses conséquences et toutes ses guenilles verbales...* » Et encore : « *La forme du style qui nous occupe serait donc une des formes de l'amnésie verbale* ». [...] Le cliché serait le signe d'une pensée moins indolente que soumise à quelque élément étranger et mécanique : serve du langage, esclave des mots [...] Je ne sais si l'explication est exacte ; du moins est-elle claire et non moins banale, à vrai dire, que le cliché qu'elle combat. L'on voit ici la réflexion des critiques se fonder, et comme s'articuler sur le reproche le plus grave sans doute qui ait cours de notre temps ; c'est que l'auteur de lieux communs cède à la puissance des mots, au verbalisme, à l'emprise du langage, et le reste[1].

Paulhan se plaît à souligner les contradictions de l'auteur de l'*Esthétique* :

> Gourmont, qui tance d'abord l'auteur des lieux-communs sur sa facilité et son laisser-aller, lui fait grief un peu plus loin de son "lent et patient travail de truquage". [...] Il arrive à Gourmont de parler de la vive, de la violente sensibilité que révèle chez l'écrivain l'emploi du cliché, mais il lui arrive aussi de parler à ce même propos d'insensibilité et d'abstraction obstinée[2].

En 1941, Paulhan fera clairement basculer Gourmont du côté de la Terreur. Il lui intente, de toute évidence, un mauvais procès puisque celui-ci, dès l'*Esthétique*, a reconnu le rôle positif du cliché dans la communication littéraire. Gourmont rend compte de la « cristallisation sentimentale[3] » dont le cliché est le lieu par la métaphore valorisante du « cliché en diamant » :

étrange renversement – les mots qui soumettent les idées, les dirigent et les mènent à leur gré. » (J. Paulhan, *Œuvres Complètes*, t. 4, Tchou / Cercle du livre précieux, p. 507)

1 J. Paulhan, *Les Fleurs de Tarbes* (1936), *Œuvres Complètes III*, édité par Bernard Baillaud, Gallimard, 2011, p. 51.

2 *Ibid.*, p. 65-66.

3 Gourmont écrira en 1902 dans *Le Problème du style* : « tout mot, toute locution, les proverbes mêmes, les clichés vont devenir pour l'écrivain émotif des noyaux de cristallisation sentimentale. » (*op. cit.*, p. 39)

> Peut-être y a-t-il aussi des images inusables, des clichés en diamant, des phrases toutes faites depuis sans doute le commencement du monde et encore belles et jeunes ; trois ou quatre émotions particulièrement chères à l'homme se peuvent dire avec les mots les plus simples, les plus frustes, avec des locutions qui, proférées une fois, sont devenues définitives et comme pareilles à ces roses fées qu'on n'effeuillait pas sans punition [...] sans images abstraites, la littérature, identique à la vie, serait, comme la vie, incompréhensible (p. 242-243).

On pourrait également citer ce beau passage, antérieur, de *La Culture des idées*, sur le lieu commun, pain et vin des hommes et matière même de la littérature :

> Le lieu commun est plus et moins qu'une banalité : c'est une banalité, mais parfois inéluctable ; c'est une banalité, mais si universellement acceptée qu'elle prend alors le nom de vérité. La plupart des vérités qui courent le monde (les vérités sont très coureuses) peuvent être regardées comme des lieux communs, c'est-à-dire des associations d'idées communes à un grand nombre d'hommes et que presque aucun de ces hommes n'oserait briser de propos délibéré. L'homme, malgré sa tendance au mensonge, a un grand respect pour ce qu'il appelle la vérité ; c'est que la vérité est son bâton de voyage à travers la vie, c'est que les lieux communs sont le pain de sa besace et le vin de sa gourde. Privés de la vérité des lieux communs, les hommes se trouveraient sans défense, sans appui et sans nourriture[1].

Cette dernière phrase n'a pu que retenir l'attention de Paulhan, proche qu'elle est de certaines de ses formules dans *Les Fleurs de Tarbes* : « L'on ne voulait rompre qu'avec un langage trop convenu et voici que l'on est près de rompre avec tout le langage humain. [...] Horace disait des lieux qu'ils sont le pain et le sel des Lettres[2]. » Ainsi, la lecture travaillée par la contradiction de Gourmont par Paulhan fait écho à son propre débat interne, entre Rhétorique et Terreur, entre défense et méfiance à l'égard du lieu commun et, au-delà, du langage.

L'Esthétique de la langue française a suscité au XXe siècle l'intérêt de linguistes et de poéticiens. En 1929, dans sa *Grammaire des Fautes*, Henri Frei pose les bases de sa linguistique fonctionnelle en opposition à la linguistique normative : les fautes remplissent des fonctions et un grand nombre d'entre elles réparent les « déficits » du langage

1 *La Culture des idées*, *op. cit.*, p. 77.

2 J. Paulhan, *Les Fleurs de Tarbes*, *op. cit.*, p. 43.

correct[1]. Puisant dans le riche exemplier gourmontien, il cite abondamment l'*Esthétique de la langue française* où il trouve une formulation « préscientifique » de sa propre critique du discours normatif et puriste. Il y reconnaît aussi une approche fonctionnaliste avant la lettre. L'auteur de l'*Esthétique* affirme en effet que la « déformation » constitue la réponse à des « besoins » : « désespérant de jamais sentir la différence profonde qu'il y a entre *colorier* et *colorer*, le peuple s'en tire en fabriquant *couleurer* qui répond à tous ses besoins dans cet ordre d'idées » (p. 157). Dans sa *Grammaire des fautes*, Frei propose ainsi une relecture fonctionnaliste du corpus gourmontien, auquel il emprunte un peu plus qu'il ne le dit. Il cite « contumace » refait en « coutumance », « tête d'oreiller » pour « taie » et « bien découpé » pour « bien découplé » dans un développement sur « l'instinct analogique » très proche de celui de Gourmont, y compris dans sa formulation métaphorique. Cet instinct, dit-il,

> joue un rôle particulièrement important dans l'absorption par le langage populaire, des éléments savants, étrangers, ou relativement inconnus. Le français avancé cherche à s'assimiler ces éléments en *les pétrissant à la populaire*, c'est-à-dire en les ramenant à la norme la plus commune et la plus fréquente[2].

Lorsqu'il aborde le besoin de « différenciation phonique », il emprunte à nouveau à Gourmont, sans le citer, la dissimilation « corridor »-« collidor » puis, pour illustrer les phénomènes de métathèse et d'interversion, il mentionne « lusque » pour « luxe » et « fanferluche » pour « fanfreluche[3] » qu'il trouve dans le chapitre « La Déformation » de l'*Esthétique.* Il s'appuie sur l'exemple de la réfection populaire de « aérer » en « airer[4] » dans son analyse de la tendance populaire à restituer un radical reconnaissable par « besoin d'invariabilité ».

C'est aussi par son versant idéologique – son nationalisme, la défense des valeurs de « pureté » et de « beauté de forme » –, que l'esthétique de Gourmont a intéressé la critique linguistique du mythe du génie de

1 « La conception fonctionnelle fait dépendre la correction ou l'incorrection des faits de langage de leur degré de conformité à une fonction donnée qu'ils ont à remplir. » (Henri Frei, *La grammaire des fautes : introduction à la linguistique fonctionnelle, assimilation et différenciation, brièveté et invariabilité, expressivité*, Slatkine, 1929, p. 18)

2 *Ibid.*, p. 52.

3 Cité par H. Frei, *ibid.*, p. 103, 105.

4 *Ibid.*, p. 172.

la langue. Dans *De la langue française, essai sur une clarté obscure* (1997), Henri Meschonnic situe Gourmont dans l'histoire longue du discours du « génie de la langue française », réputée pour sa clarté, son élégance et sa pureté, et montre toute l'ambiguïté de la position de l'auteur de l'*Esthétique* qu'il inclut dans la catégorie des « crisistes ». Gourmont, en effet, reprend certains thèmes caractéristiques de ce discours de la crise, comme la pureté, et en exclut d'autres, comme la clarté. Il reconfigure de manière originale la notion classique de *pureté* en l'identifiant à l'origine, au « dictionnaire primitif » de la langue, alors même, comme le souligne Meschonnic, que le culte classique de la pureté « ne pouvait être un culte de l'origine, puisqu'on savait que cette origine était composée[1] ». Si l'on replace l'*Esthétique* dans cette tradition de défense de la pureté de la langue qui naît au XVIe siècle, il apparaît que son auteur promeut comme « purs » les mots populaires, alors qu'ils étaient perçus dans le discours classique comme impurs. Il rejette *a contrario* comme impurs et barbares les mots savants, le latin scolastique et surtout le grec. Le linguiste Bernard Cerquiglini s'est lui aussi intéressé à l'essai de Gourmont, qu'il associe dans une commune tradition française de « xénoglossophobie savante » aux *Deux Dialogues du nouveau langage françois italianizé et autrement desguizé* d'Henri Estienne (1578) et au pamphlet d'Étiemble *Parlez-vous franglais ?* (1964). Ces trois « croisades érudites contre l'invasion lexicale » résultent « d'une émotion patriotique et civique ; estimables en cela, elles souffrent néanmoins de se prévaloir de la Science. Exprimant la colère du citoyen, elles font également entendre l'ambition du clerc ». L'auteur en montre les ressorts idéologiques et politiques : « quand il enfile les chaussons du philologue, M. le comte de Gourmont, quoi qu'il en pense, chausse les bottes des adversaires déclarés de la Gueuse[2]. »

Enfin, la définition du cliché dans l'*Esthétique* a constitué le point de départ d'un nombre important de réflexions stylistiques ou linguistiques contemporaines sur la stéréotypie. La postérité de ce chapitre de l'*Esthétique* tient sans doute à l'effort définitoire et typologique de Gourmont, ainsi qu'à sa perspective large, à la fois littéraire, psychologique et idéologique. Dans *Les Discours du cliché* (1982), Ruth Amossy et Elisheava Rosen

1 H. Meschonnic, *De la langue française, essai sur une clarté obscure*, Hachette, 1997, p. 258.

2 B. Cerquiglini, « La révolte des clercs, Estienne, Gourmont, Etiemble contre l'invasion lexicale », *Revue belge de philologie et d'histoire*, t. 84, fasc. 3, 2006, p. 589-606.

empruntent leurs définitions à la distinction gourmontienne entre cliché et lieu commun : le premier est de nature « discursive, par opposition au lieu commun qui ne se laisse pas définir au niveau verbal[1] ». De même, les auteurs de *Stéréotypes et clichés* (1997) citent les analyses de l'*Esthétique*, essai emblématique du malaise du lettré à la fin du XIXe siècle[2]. Dès 1964, Michaël Riffaterre, dans son article « Fonction du cliché dans la prose littéraire », prenait comme point de départ de sa démonstration la disqualification gourmontienne du cliché :

> On ne s'est guère intéressé au cliché que pour y condamner à la suite de Remy de Gourmont l'expression « d'un cerveau anonyme et du parfait servilisme intellectuel ». En dépit de la critique qu'en a faite Jean Paulhan, l'attitude normative prévaut qui n'y voit qu'une faiblesse de style – banalité de forme, pensée dépourvue d'originalité[3].

M. Riffaterre pose dans cet article les bases d'une stylistique structurale du cliché : contre Gourmont, il montre que le cliché, au même titre que toutes les formes de son renouvellement, est *expressif* par contraste avec les contextes où il apparaît. Peu importe au stylisticien

> que le cliché suscite des réactions défavorables ou non, pourvu qu'il en suscite : c'est le propre de toute structure stylistique que de s'imposer à l'attention. Or le cliché est perçu comme tel : on peut donc se demander ce qui le rend efficace dans ce cas particulier de l'acte de communication linguistique qu'on appelle œuvre littéraire[4].

C'est précisément à cette question que répond Gourmont dans l'*Esthétique*. La faiblesse stylistique est aussi lumière du sens :

> Sans images abstraites, la littérature, identique à la vie, serait, comme la vie, incompréhensible ; elles représentent les points lumineux d'un poème, d'un paysage ou d'une figure. Le style de Mallarmé doit précisément son obscurité, parfois réelle, à l'absence quasi totale de clichés, de ces petites phrases ou locutions ou mots accouplés que tout le monde comprend dans un sens abstrait, c'est-à-dire unique. Les abstractions sont bien vraiment les lumières du style. (p. 242)

---

1 R. Amossy et E. Rosen, *Les Discours du cliché*, CDU Sedes, 1982, p. 15.

2 R. Amossy et A. Herschberg-Pierrot, *Stéréotypes et clichés*, Nathan Université, 1997, p. 13.

3 M. Riffaterre, « Fonctions du cliché dans la prose littéraire », *Cahiers de l'Association internationale des études francaises*, 1964, n° 16, p. 81-95, repris dans *Essais de stylistique structurale*, Flammarion, 1971.

4 *Ibid.*

C'est donc un Gourmont « entre deux siècles » que révèle son discours sur le cliché. Il est l'héritier du double courant critique du XIXe siècle : on retrouve sous sa plume à la fois la critique romantique des stéréotypes ornementaux et la dénonciation flaubertienne des clichés des discours démocratiques. Mais il porte aussi en germe les approches du stéréotype au XXe siècle par l'abandon du cadre rhétorique, l'infléchissement psychosociologique de la notion et l'intuition de l'efficacité pragmatique du stéréotype sur laquelle il reviendra dans *Le Problème du style.*

ESTHÉTIQUE DE LA LANGUE FRANÇAISE

Remy de Gourmont

PRÉFACE DE LA PREMIÈRE ÉDITION

Esthétique de la langue française, cela veut dire : examen des conditions dans lesquelles la langue française doit évoluer pour maintenir sa beauté, c'est-à-dire sa pureté originelle. Ayant constaté, il y a déjà bien des années, le tort que fait à notre langue l'emploi inconsidéré des mots exotiques ou grecs, des mots barbares de toute origine, de toute fabrique, je fus amené à raisonner mes impressions et à découvrir que ces intrus étaient laids exactement comme une faute de ton dans un tableau, comme une fausse note dans une phrase musicale. Il me sembla donc que, sans rejeter inconsidérément les observations (qualifiées mal à propos de règles) grammaticales, il fallait du moins ajouter un nouveau principe à ceux qui guident l'étude des langues, le principe esthétique. Voilà toute la première partie de ce livre, y comprises les notes sur la Déformation.

Le chapitre des métaphores pourrait tenir en vingt lignes, si on ôtait les exemples ; si on y mettait tous les exemples possibles, il demanderait vingt gros volumes. Il ne faut donc le regarder que comme une indication : il dira la possibilité d'un dictionnaire sémantique des langues de civilisation européenne. L'excuse de sa longueur, car il paraîtra long à beaucoup, c'est qu'en ces sortes de travaux il est défendu de demander à être cru sur parole ; cette nécessité justifie encore l'aridité d'une nomenclature empruntée à différentes langues étrangères.

Je pense d'ailleurs qu'il ne faut jamais hésiter à faire entrer la science dans la littérature ou la littérature dans la science ; le temps des belles ignorances est passé ; on doit accueillir dans son cerveau tout ce qu'il peut contenir de notions et se souvenir que le domaine intellectuel est un paysage illimité et non une suite de petits jardinets clos des murs de la méfiance et du dédain.

Je désire ajouter que ces études, car, sans être de la philologie, elles s'appuient constamment sur la philologie romane[1] et sur la linguistique

1 La philologie romane étudie la civilisation médiévale à travers les documents écrits, littéraires ou non. Le philologue exerce son activité à trois niveaux : il étudie les documents

générale[1], ont été aperçues de ceux dont l'approbation m'était nécessaire, alors que sans préparation apparente, je me hasardais à des questions auxquelles il est d'usage, entre littérateurs, de ne pas répondre. Ce n'est pas comme caution que je dis le nom de l'illustre Max Muller[2], maître des mythologies et des métaphores, ni celui de M. Gaston Paris[3], dont nous sommes tous les disciples, ce qui n'est pas une raison pour qu'il ait approuvé autre chose dans mon *Esthétique* que le soin avec lequel j'ai défendu les principes que m'ont donnés ses travaux ; c'est plutôt en manière de dédicace, et alors je n'oublierais pas M. Antoine Thomas[4], qui aime passionnément la langue française et qui l'a suivie jusqu'en ses plus mystérieuses métamorphoses. M. Gaston Paris me permettra de citer ici quelques lignes de son écriture, car elles sont une critique et elles disent ma pensée même, depuis que je les ai lues : « Sur quelques points (comme ce qui regarde l'orthographe) je ne serais pas tout à fait d'accord avec vous, et en thèse générale je ne sais si dans l'évolution linguistique on peut faire autre chose qu'observer les faits ; mais après

dans leur réalité matérielle (critique du support), sous l'aspect linguistique et dans leur dimension littéraire. En France, le sens du mot est restreint à la philologie textuelle.

1 Avant Saussure, l'usage du terme de « linguistique générale » est souvent polémique : il permet de remettre en cause la grammaire comparée à laquelle il est reproché d'étudier le langage exclusivement dans son développement phonétique. Gourmont pense sans doute ici à l'*Essai de Sémantique (science des significations)* de Michel Bréal (1897) avec lequel il dialogue tout au long de l'essai et qu'il citera dans son chapitre sur les métaphores. Bréal présente son projet de sémantique comme une alternative au comparatisme allemand.

2 Friedrich Max Müller (1823-1900) est l'auteur de *La science du langage* et de *Nouvelles leçons sur la science du langage*. Il est aussi l'initiateur de la mythologie comparée qu'il fonde, sur la « science du langage » : le mythe naît du langage et, plus précisément, du vocabulaire. À partir d'un certain nombre de racines, qui constituent les « centres spécifiques » du langage, l'homme a formé l'ensemble des mots qui lui était nécessaires par un jeu d'association d'idées qui relève à la fois de la logique et de l'imagination. Ses travaux sur la mythologie et le langage ont influencé des écrivains comme Leconte de Lisle, Mallarmé (*Les Dieux Antiques*), Valéry et Apollinaire.

3 Les travaux du philologue Gaston Paris (1839-1903) se situent dans la tradition historique et comparatiste des grammairiens allemands Franz Bopp et Jacob Grimm ; il a traduit la *Grammaire des langues romanes* de Friedrich Diez. Dans les années 1880, il a publié de nombreuses éditions de textes médiévaux : mystères, chroniques, romans en vers, épopées.

4 Comme G. Paris, Antoine Thomas (1857-1935) est un philologue ; il a été l'élève de Paul Meyer et de Gaston Paris à l'École des Hautes-Études. Il sera professeur de philologie romane et de littérature médiévale à la Sorbonne. Un an avant l'*Esthétique de la langue française*, il a publié des *Essais de philologie française* (Paris, Émile Bouillon, 1898), qui rassemblent une série de recherches étymologiques que cite Gourmont dans son chapitre sur la métaphore.

tout dans cette évolution même toute volonté est une force et la vôtre est dirigée dans le bon sens. » Ma pensée c'est cela même, c'est que je ne suis qu'une force, aussi petite que l'on voudra, qui voudrait se dresser contre la coalition des mauvaises forces destructives d'une beauté séculaire. Je n'ai à ma disposition ni lois, ni règles, ni principes peut-être ; je n'apporte rien qu'un sentiment esthétique assez violent[1] et quelques notions historiques : voilà ce que je jette au hasard dans la grande cuve où fermente la langue de demain.

R. G.
23 mars 1899.

---

1 Gourmont reprend ici allusivement la thématique symboliste de l'adoration du mot développée dans « L'Ivresse verbale » en 1892 : « je les aime [les mots] en eux-mêmes, *pour leur esthétique personnelle*, dont la rareté est un des éléments ; la sonorité en est un autre. Le mot a encore une forme déterminée par les consonnes ; un parfum, mais difficilement perçu, vu l'infirmité de nos sens imaginatifs. » (*Le Chemin de Velours*, Mercure de France, 1902, p. 240)

ESTHÉTIQUE DE LA LANGUE FRANÇAISE

Le caractère est le style d'une langue. Chaque langue a son caractère qui se révèle par les sonorités, par les formes verbales ; c'est dans les mots qu'il met d'abord son empreinte obscure et profonde.
GUILLAUME DE HUMBOLDT[1].

Je défendrai toujours la pureté de la langue française.
MALHERBE[2].

1 Cette citation de Wilhelm von Humboldt (1767-1835), l'un des fondateurs de la linguistique historique, est tirée de l'ouvrage *Sur le caractère national des langues* (1822). Le *caractère* des langues est pour Humboldt « la clef de voûte de la recherche linguistique ». Défini comme « l'esprit qui s'installe dans la langue et l'anime comme un corps qui se serait formé à partir de lui », il s'appréhende à partir des textes et spécialement des textes littéraires. Le choix de Humboldt soutient le projet d'une *esthétique* de la langue dans la mesure où il envisage les langues comme des créations littéraires. Leur formation est un processus de création poétique collective où s'exprime l'esprit d'un peuple.

2 Poète de cour et réformateur de la langue, François de Malherbe (1555-1628) développe des conceptions linguistiques qui préfigurent le classicisme. Boileau le célèbre dans son *Art Poétique* : « Marchez donc sur ses pas ; Aimez sa pureté / Et de son tour heureux imitez la clarté ». Ferdinand Brunot a publié, peu de temps avant l'*Esthétique de la langue française*, *La Doctrine de Malherbe d'après son commentaire sur Desportes*, Masson, 1891 (Armand Colin, 1969). Par sa grand-mère maternelle, Gourmont est un descendant de Malherbe.

CHAPITRE PREMIER

Beauté physique des mots. – Origines des mots français. – Les doublets. – Le vieux français et la langue scolastique. – Le latin réservoir naturel du français.

On ne s'est guère intéressé jusqu'ici aux mots du dictionnaire que pour en écrire l'histoire, sans prendre garde à leur beauté propre, de forme, de sonorité, d'écriture. C'est qu'on a cru sans doute que, dégagés de l'image ou de l'idée qu'ils contiennent, les mots n'existeraient plus qu'à l'état d'articulations vaines. La phonétique elle-même n'a pu rester complètement indifférente à la signification des mots dont elle analysait les éléments, et c'est ainsi qu'elle est arrivée à établir l'origine et la filiation de presque tous les vocables de la langue française. Mais on conçoit très bien, et il y a une phonétique pure qui, faisant abstraction de toute sémantique[1], constate simplement la généalogie des sons, leurs mutations, leurs influences réciproques. L'esthétique du mot, telle que j'essaierai de la formuler pour la première fois, aura d'abord ce point de contact avec la phonétique qu'elle ne s'occupera que par surcroît du sens verbal[2], tout à fait insignifiant dans une question de beauté physique : la

1 On reconnaît ici l'écho des débats virulents qui opposaient alors Michel Bréal aux phonéticiens. En 1897, l'auteur de l'*Essai de sémantique* dénonce à plusieurs reprises l'exclusivité accordée aux lois phonétiques dans l'explication des changements linguistiques. Il écrit par exemple : « La recherche dont il s'agit est de celles qui exigent une connaissance intime et directe du sujet : il n'en est pas ici comme de la phonétique ou de la morphologie. Les modifications survenues dans le corps du langage, telles que le retranchement d'une lettre ou d'une syllabe, la soudure d'une nouvelle flexion, le remplacement d'une désinence par une autre, frappent les yeux à première vue ; mais les observations dont s'occupe le sémantiste se dérobent un peu plus au regard. » (*Essai de sémantique-Science des significations*, Hachette, 1897, p. 307-308) Antoine Thomas répliquera aussitôt aux critiques de Bréal dans « La Sémantique et les lois intellectuelles du langage » en prenant la défense de la phonétique : « la phonétique existe donc par elle-même, indépendamment du sens des mots ; mais la sémantique est dans la dépendance étroite de la phonétique, qui lui fournit la matière première qu'elle met en œuvre. » (*Essais de philologie française*, E. Bouillon, 1897, p. 170).

2 Gourmont définit une nouvelle discipline, « l'esthétique », à laquelle il veut donner un statut scientifique. Elle se fonde sur les mêmes présupposés que la phonétique puisqu'elle envisage le vocable dans sa matérialité, sans considération pour son sens. Le critique prend donc parti dans la controverse initiée par Michel Bréal qui, dès la première page de son

signification d'un mot ni l'intelligence d'une femme n'ajoutent rien ni n'enlèvent rien à la pureté de leur forme. Pureté[1] : voilà le déterminatif[2][3].

Il y a dans la langue française et dans toutes les langues novolatines, trois sortes de mots : les mots de formation populaire, les mots de formation savante, les mots étrangers importés brutalement ; *maison*, *habitation*, *home*, sont les trois termes d'une même idée, ou de trois idées fort voisines ; ils sont bien représentatifs des trois castes d'inégale valeur qui se partagent les pages du vocabulaire français[4]. Notre langue serait pure si tous ses mots appartenaient au premier type, mais on peut supposer, sans prétendre à une exactitude bien rigoureuse, que plus de la moitié des mots usuels ont été surajoutés, barbares et intrus, à ce que nous avons conservé du dictionnaire primitif : la plupart de ces vocables conquérants, fils bâtards de la Grèce ou aventuriers étrangers[5], sont d'une laideur intolérable et demeureront la honte de notre langue si l'usure ou l'instinct populaire ne parviennent pas à les franciser. Leur nombre croissant pourrait faire craindre que le français fût en train de perdre son pouvoir d'assimilation, jadis si fort, si impérieux ; il n'en est rien, mais la demi-instruction, si malheureusement répandue, oppose à cette vieille force l'inertie de plusieurs sophismes.

Essai de sémantique, condamnait la stérilité de « la phonétique tout court », que Gourmont nomme, de son côté, « la phonétique pure ».

1 La notion polémique de *pureté* apparaît dès la première phrase de la préface, identifiée à la « beauté » de la langue (p. 55). Elle est à nouveau mise au premier plan par l'exergue emprunté à Malherbe. Michel Bréal voit dans la pureté le premier des « préjugés » qui « embarrassent la route » du linguiste.

2 Vaugelas, qui ne pouvait avoir qu'un sens instinctif de la pureté des mots, a le sens de leur beauté. Il loue en ces termes insidieux : « il est beau et doux à l'oreille. » NDA

3 Ce mot appartient à la terminologie de la linguistique générale (où il est synonyme de déterminant) mais aussi de la linguistique comparée qui parle, par exemple, de « déterminatif de racine » pour désigner un élément qui est attaché à la racine du mot.

4 Cette tripartition est exposée dans le *Dictionnaire étymologique de la langue française* d'Auguste Brachet (1870), principale source lexicographique de Gourmont : « la langue française comprend deux grandes couches de mots superposées : l'une antérieure au douzième siècle, œuvre inconsciente du peuple [...] l'autre postérieure au douzième siècle, et formée d'un côté, des éléments empruntés aux langues modernes, de l'autres des mots savants empruntés aux langues anciennes. On peut donc répartir les mots français en trois catégories, éléments d'origine populaire, éléments d'origine savante, éléments d'origine étrangère. » (*Dictionnaire étymologique de la langue française*, Paris, Bibliothèque d'éducation, 1870, p. XXXIX)

5 Dans l'*Esthétique*, qui prétend au statut de texte scientifique, Gourmont censure considérablement sa xénophobie. Un an plus tard, dans « La destinée de langues », elle éclatera dans un discours catastrophiste et raciste sur la langue française devenue « crachoir international » (voir notre introduction, p. 15).

Cependant les mots du second et du troisième type peuvent avoir acquis, par le hasard des formations ou des déformations, une certaine beauté analogique[1] ; ils peuvent être tels qu'ils aient l'air d'être les frères véritables des véritables mots français ; cette pureté extérieure, qui ne fait point illusion au phonétiste, doit désarmer le littérateur ; il nous est parfaitement indifférent, en vérité, que *hélice*, *agonie*, *gamme* soient des mots grecs ; rien ne les différencie des plus purs mots français ; ils se sont naturellement pliés aux lois de la race et leur fraternité est parfaite avec *lice*, *dénie*, *flamme*, véridiques témoins. Il y a aussi un grand nombre de termes abstraits qui, quoique d'une physionomie assez barbare, nous sont indispensables, tant que le vocabulaire n'aura pas subi une réforme radicale ; dès qu'on touche aux abstractions, il faut écrire en gréco-français ; cet essai sera, et est déjà plein de mots que je répudie comme écrivain, mais sans lesquels je ne puis penser. On ne peut les supprimer, mais on peut tenter de les rendre moins laids : cela sera l'objet d'un des chapitres que j'ai le dessein d'écrire.

Pareillement, et avec moins d'hésitation encore, il faut respecter la plupart des mots latins qui sont entrés dans la langue sans passer par le gosier populaire, ce terrible laminoir. Ils sont mal formés ; on n'a pas tenu compte, en les transposant, des modifications spontanées que la prononciation leur aurait fait subir si le peuple les avait connus et parlés ; on les jeta brutalement dans la langue, sans écouter aucun des conseils de l'analogie et on infesta ainsi le français de la finale *ation*, qui peu à peu a détruit le pouvoir de *aison*, finale normale, moins lourde et plus définitive. De *potionem* le peuple a fait *poison* et les savants *potion* ;

1 Ce syntagme est typique de l'éclectisme gourmontien qui mêle jugements esthétiques et notions scientifiques. L'*analogie* désigne en linguistique un processus d'homogénéisation et d'intégration qui pousse les locuteurs à rendre un système moins irrégulier (par exemple *vous disez* pour *vous dites*). En phonétique historique, l'analogie justifie l'existence de formes anomales, contredisant les règles habituelles d'évolution. M. Bréal consacre un chapitre entier à l'analogie dans sa *Sémantique* : « Poussée trop loin, l'analogie rendrait les langues trop uniformes et, par suite, monotones et pauvres. [...] Mais c'est grâce à l'analogie que l'enfant, sans apprendre l'un après l'autre tous les mots de la langue, sans être obligé de les essayer un à un, s'en rend maître dans un temps relativement court. C'est grâce à elle que nous sommes sûrs d'être entendus, sûrs d'être compris même s'il nous arrive de créer un mot nouveau. » (*Sémantique*, *op. cit.*, p. 86) Alors même que l'analogie est au cœur d'un grand nombre de phénomènes linguistiques analysés par Gourmont (étymologie populaire, déformations, contaminations), le critique donne un sens *faible* à ce terme : c'est pour lui une simple ressemblance phonétique entre deux mots, en dehors de tout référence au système linguistique.

le peuple fut plus ingénieux et plus personnel, étant ignorant. Mais *potion* était utile, l'idée générale contenue dans *potionem* ayant disparu du mot populaire[1]. La nécessité qui a fait doubler *émoi* par *émotion* est beaucoup moins évidente, et l'on ne voit pas bien que la langue qui avait *émouvoir* ait fait, en acceptant *émotionner*, une acquisition très importante ni très belle.

Poison et *potion* ; on appelle *doublets* ces mots de forme différente et de souche unique ; le second est venu doubler le premier, soit à une époque assez ancienne, soit au cours des siècles ou tout récemment. Ils n'ont presque jamais la même signification et c'est l'excuse du mauvais ; excuse assez faible, car, comme je l'expliquerai plus loin, un seul mot peut, sans qu'aucune confusion soit à craindre, porter jusqu'à dix ou douze sens différents.

C'est ainsi que la langue ayant tiré du latin *capitale* la forme *cheptel* a fait, avec le même mot, la forme *capital*. Voici quelques exemples de doublets que je n'emprunte pas à l'opuscule de Brachet[2], quoiqu'ils s'y trouvent certainement :

Latin	*Vieux français*	*Français moderne*
Monasterium	Moutier	Monastère
Ministerium	Métier	Ministère
Paradisus	Parvis	Paradis
Hospitale	Hôtel	Hôpital
Augurium	Heur	Augure

1 Elle a également disparu de *potion* pour se partager entre *breuvage* et *boisson*. NDA

2 « L'opuscule » d'Auguste Brachet est le *Dictionnaire des doublets ou Doubles formes de la langue française*, Librairie A. Franck, 1868. – L'auteur écrit au début de cet ouvrage : « On appelle doublets les doubles dérivations d'un même mot (telles que *raison* et *ration*, venant l'un et l'autre de *rationem*), qui répondent d'ordinaire à deux âges différents dans l'histoire de notre langue, et auxquelles l'usage a attribué, malgré leur communauté d'origine, des sens distincts et spéciaux. Ce nom leur fut donné au XVIIe siècle par un conseiller au présidial de Bourges, Nicolas Catherinot, qui, le premier, observa un certain nombre de ces doublets, et en publia, en 1683, une liste fort incomplète sans pouvoir donner les raisons de ce singulier phénomène. Depuis le XVIIe siècle, une science nouvelle est née ; la philologie comparée a constaté que les mots ont une croissance et une histoire, qu'ils subissent, comme les plantes et les animaux, des transformations régulières, enfin que là comme partout la loi règne, et qu'on peut sûrement formuler des règles de dérivation d'une langue à l'autre : nous avons exposé d'ailleurs les traits principaux de cette histoire naturelle du langage (du moins en ce qui concerne la langue française). » (A. Brachet, *Dictionnaire des doublets*, *op. cit.*, p. 7-8)

Unionem	Oignon	Union[1]
Crypta	Grotte	Crypte
Fistula	Fêle[2]	Fistule
Decima	Dîme	Décime
Articulum	Orteil	Article
Navigare	Nager	Naviguer
Strigilem	Etrille	Strigile

Souvent, le sens s'étant perdu de la fécondité naturelle du français, un savant en quête d'un qualificatif, d'un dérivé est remonté au mot latin au lieu d'interroger le mot français :

Natalis	Noël	Natalité
Ostrea	Huître	Ostréiculture
Ranuncula	Grenouille	Renonculacées[3]
Oxalia	Oseille	Oxalique
Medulla	Moëlle	Médullaire[4]
Auricula	Oreille	Auriculaire
Gracile	Grêle	Gracilité
Dies dominica	Dimanche	Dominical
Pediculum	Pou	Pédiculaire
Pneuma	Neume	Pneumatique

On doit avoir l'impression rien qu'à parcourir ces deux listes très écourtées, que si les mots de la seconde colonne sont français, ceux de la troisième ne le sont pas, ou très peu ; ils ne sont pas davantage latins, puisque jamais en aucun pays ils n'ont été prononcés tels que le dictionnaire nous les offre aujourd'hui. Ils n'en sont pas moins, sauf le dernier, fort estimables ; leur présence dans la langue est devenue presque un

1 Il y a deux *unio-nem*, l'un disant oignon, l'autre union. Ce n'est donc pas là un doublet véritable ; mais si le vieux français avait tiré un mot de *unionem* (unir), nous dirions, sans rire : *L'oignon fait la force*. NDA

2 Actuellement, canne des verriers, pour prendre et souffler le verre. NDA

3 A pu être tiré de renoncule. NDA

4 Il n'est pas très rare de lire : la *moëlle médullaire*. Il ne faut pas trop rire, ni trop blâmer cela. Le langage d'usage n'a pas à tenir compte du sens étymologique des mots. Voir plus loin, à la fin du chapitre II. « *Éphémères amours qui ne durez qu'un jour* », dit le livret de Galathée ; cela fait rire les pédants, mais *éphémère* ne veut dire, en français, que « de brève durée ». NDA

ornement en même temps qu'une garantie de solidité depuis que tant d'autres causes de destruction sont venues l'assaillir et, partiellement, la vaincre.

Nous ne comprenons plus, sans études préalables, le vieux français ; la tradition a été rompue le jour où les deux littératures, française et latine, se trouvèrent réunies aux mains des lettrés ; les hommes qui savent deux langues empruntent nécessairement, quand ils écrivent la plus pauvre, les termes qui lui manquent et que l'autre possède en abondance. Or, à ce moment, le français paraissait aussi pauvre en termes abstraits que le latin classique, tandis que le latin du moyen âge, enrichi de toute la terminologie scolastique, était devenu apte à exprimer, avec la dernière subtilité, toutes les idées ; ce latin médiéval a versé dans le français toutes ses abstractions ; la philosophie et toutes les sciences adjacentes s'écrivent toujours dans la langue de Raymond Lulle[1]. *Identité, priorité, actualité* sont des mots scolastiques. Cet apport, continué par les siècles, a presque submergé le vieux français. On en était arrivé à croire, avant la création de la linguistique rationnelle, que ces mots latins étaient les seuls légitimes et que les autres représentaient le résidu d'une corruption extravagante ; mais la corruption elle-même a des lois et c'est pour ne pas les avoir observées qu'on a si fort gâté la langue française.

Il n'est pas bien certain, en effet, que le vieux français fût aussi dénué qu'on l'a cru : si les innovateurs avaient connu leur propre langue aussi bien qu'ils connaissaient le latin, auraient-ils négligé *afaiture* pour *construction*, ou *semblance* pour *représentation* ? La nécessité n'explique pas tous ces emprunts ; la vanité en explique quelques autres : il a toujours paru aux savants de tous les temps qu'ils se différenciaient mieux de la foule en parlant une langue fermée à la foule. Dans l'histoire du français, il faut tenir compte du pédantisme. Sur près de deux mille mots purement latins en *sion* et *tion*, il n'y en a pas vingt qui puissent entrer dans une belle page de prose littéraire ; il y en a moins encore qu'un poète osât insérer dans un vers. Ces mots, et une quantité d'autres, appartiennent moins à la langue française qu'à des langues particulières qui ne se haussent que fort rarement jusqu'à la littérature, et si on ne

1 Penseur chrétien du XIIIe siècle (1232-1315), Raymond Lulle se consacre à la diffusion d'un système de pensée qu'il appelle l'*Art*, reçu par illumination divine, qui intègre tous les savoirs et qui est destiné à convertir les infidèles par la voie de la raison. Il écrit ses textes en latin mais aussi en catalan. Pour Gourmont, « la langue de Raymond Lulle » est synonyme de « barbarie » scolastique.

peut traiter certaines questions sans leur secours, on peut se passer de la plupart d'entre eux dans l'art essentiel, qui est la peinture idéale de la vie.

D'ailleurs les mots les plus servilement latins sont les moins illégitimes parmi les intrus du dictionnaire. Il était naturel que le français empruntât au latin, dont il est le fils, les ressources dont il se jugeait dépourvu et, d'autre part, quelques-uns de ces emprunts sont si anciens qu'il serait fort ridicule de les vouloir réprouver. Il y a des mots savants dans la *Chanson de Roland.* Au point de vue esthétique, si *imperméabilisation* et *prestidigitateur* par exemple, manquent vraiment de beauté verbale, il y a moins d'objections contre beaucoup de leurs frères latins, et d'autres, fort nombreux, sont très beaux et très innocents[1]. Tout en regrettant que le français se serve de moins en moins de ses richesses originales, je ne le verrais pas sans plaisir se tourner exclusivement du côté du vocabulaire latin chaque fois qu'il se croit le besoin d'un mot nouveau, s'il voulait bien, à ce prix, oublier qu'il existe des langues étrangères, oublier surtout le chemin du trop fameux *Jardin des Racines grecques*[2]. Le mal que ce petit livre a fait depuis deux siècles aux langues novo-latines est incalculable et peut-être irréparable.

1 *Innocent* est un mot de formation savante, qui remonte au XIe siècle. Du latin *innocentem* le peuple aurait fait *ennuisant.* NDA

2 *Le Jardin des Racines Grecques* (1657) est un célèbre ouvrage pédagogique du grammairien de Port-Royal, Claude Lancelot. Il présente les dérivés, un traité des particules indéclinables, et un recueil des mots français tirés de la langue grecque. Il a fait l'objet de multiples rééditions ainsi que d'une mise en vers.

CHAPITRE II

Le sens du mot déterminé par sa fonction et non par son étymologie. – Les mots détournés de leur sens premier. – Les mots à sens nul et les mots à sens multiples. – Le mot est un signe et non une définition.

Sans compter les dérivés, la langue française contient environ quatre mille mots latins de formation populaire ; il n'y a qu'à contempler le Dictionnaire de Godefroy[1] pour apprendre que ces quatre mille mots ne sont que des témoins échappés à un grand naufrage. Les mots primitifs d'origine germanique sont encore dans le vocabulaire au nombre de plus de quatre cents[2] ; on compte dans la même couche ancienne, mais tout à fait à la surface, une vingtaine de mots grecs importés par les Croisés, au XIIIe siècle ; la langue française ayant à ce moment un grand pouvoir d'assimilation, leur origine est méconnaissable ; radicalement francisés, ils sont devenus *chaland*, *chicane*, *gouffre*, *accabler*, *avanice*. La part du grec dans la langue française originale est équivalente à celle du celtique, nulle[3] ; elle est au contraire importante, autant que déplorable, dans le français moderne.

On a fort bien dit que le nom n'a pas pour fonction de définir la chose, mais seulement d'en éveiller l'image. C'est pourquoi le souci des

---

1 Frédéric Godefroy (1826-1897), *Dictionnaire de l'ancienne langue française et de tous ses dialectes, du IXe au XVe siècles, avec une préface : De l'étude méthodique des langues anciennes et des langues vivantes*, Meulan, De Belcourt (1881-1902). – La mention de F. Godefroy montre l'éclectisme des références linguistiques de Gourmont. En effet, les auteurs qu'il invoque comme cautions scientifiques, Paul Meyer, Gaston Paris ou Michel Bréal, n'ont jamais accordé la moindre reconnaissance aux travaux de ce lexicographe. Cet ostracisme est sans doute lié aux idées politiques développées par Godefroy dans les articles qu'il publiait parallèlement à ses recherches lexicographiques dans les journaux catholiques comme *la Patrie*, *l'Univers*, *la Revue du monde catholique*.

2 « À côté de la langue populaire romaine, qui constitue le fond de la nôtre, le français a admis, lors de sa formation, un nombre considérable de mots allemands, introduits par les Barbares dans la langue gallo-romane. On peut reconnaître trois couches successives dans ces importations [...] Ces trois catégories comprennent ensemble 450 mots environ. » (A. Brachet, *Dictionnaire étymologique*, p. XLIV)

3 Gourmont suit de très près le propos d'A. Brachet : « On peut répéter pour le grec ce que nous disons de la langue celtique : son influence sur le français moderne est tout à fait insignifiante. » (*Ibid.*, p. XLIII)

fabricateurs de tant d'inutiles mots gréco-français apparaît infiniment ridicule[1]. Lorsqu'on inventa les bateaux à vapeur, il se trouva aussitôt un professeur de grec pour murmurer *pyroscaphe* ; le mot n'a pas été conservé, mais il figure encore dans les dictionnaires. N'importe quel assemblage de syllabes était apte à signifier *bateau à vapeur* aussi bien que *pyroscaphe*, puisque, même avec la connaissance du grec, il nous est impossible de découvrir dans cette agglutination de termes l'idée de « bateau qui marche au moyen d'une machine à vapeur » ; trouvé dans les papyrus calcinés d'Herculanum, il serait légitimement traduit par *brûlot*[2]. Ces équivoques sont inévitables lorsqu'on veut substituer au procédé légitime de la composition ou de la dérivation le procédé, tout à fait enfantin, de la traduction. Tous ces mots empruntés au grec ont d'abord été pensés et combinés en français ; et absurdes en français, ils ne le sont pas moins en grec.

La filiation d'un mot, même du latin au français, n'est presque jamais immédiatement perceptible ; très souvent le mot français a une signification tout à fait différente de celle qu'il supportait en latin ; bien plus, à quelques siècles, et même à quelque cinquante ans de distance, un mot français change de sens, devient contradictoire à son étymologie, sans que nous nous en apercevions, sans que cela nous gêne dans l'expression de nos idées ; d'identiques sonorités expriment des objets entièrement différents, soit qu'elles aient une origine divergente, soit qu'un mot ait assumé à lui seul la représentation d'images ou d'actes disparates[3]. Il n'y a que des rapports vagues, purement métaphoriques,

1 M. Antoine d'Abbadie imaginant un nouveau *théodolite* l'appela *aba*, « mot qui a l'avantage d'être court et sans étymologie ». (*Bulletin de la Société de Géographie*, sept. 1878.) – À propos de *théodolite*, notons qu'il se trouve dans les dictionnaires entre *théodicée* et *théogonie ;* cela donne envie de le traduire par *route de Dieu.* NDA

2 Les indigènes du Gabon, qui ne savent pas le grec, ont nommé le bateau à vapeur *bateau fumée*, ce qui est fort joli. (*Voyages* d'Alfred Marche.) En 1860, on appelait encore à Genève la locomotive, *la jument noire*. Les Africanders la disent : *vuurwa*, voiture à feu, et : *ysterpaad*, cheval de fer. NDA

3 Les trois mots *poële* du français viennent de trois mots latins différents, *pallium*, *patellan* et *pensilem.* Les trois mots *grâce* (pitié, don, beauté) représentent le seul mot *gratia.* On compterait en français environ quinze cents mots dont le son se retrouve, avec des variantes orthographiques, dans un ou plusieurs autres mots. Le même son a quelquefois jusqu'à huit ou dix sens différents, de sorte qu'avec quinze cents sons la langue a fait au moins six mille mots. – Appelés jadis homonymes, ces mots sont dits maintenant homophones. Il y a un très riche *Nouveau dictionnaire des mots homonymes* par le sieur Delion-Baruffa (À Sedan, an XIII). NDA

entre un grand nombre de mots français anciens et le mot latin dont ils sont la transposition populaire : de *frigorem* (froid) à *frayeur*, de *rugitus* (rugissement) à *rut*, ou de *pedonem* (piéton) à *pion*, de *gurges* (gouffre) à *gorge*, de *marcare* (marteler) à *marcher*[1], il y a si loin que la phonétique seule a pu identifier ces vocables divergents[2]. Les mots *chapelet*[3] et *rosaire* ont passé du sens de *chapeau* et de *couronne de roses* à celui de *grains enfilés*, et c'est de ce dernier sens brut que dérivent nécessairement, aujourd'hui, toutes leurs significations métaphoriques, amoureuses ou pieuses. *Chapelle* provient de la même racine que chapelet et signifie proprement un petit chapeau ; *poutre* vient de *pulletrum* et Ronsard l'employa encore dans le sens de *cavale*[4].

Certains écrivains, amateurs d'étymologies, sont très fiers quand ils ont fait rétrograder un mot français vers la signification stricte qu'il avait en latin ; c'est un plaisir dangereux dont on abusa au seizième siècle. Des mots tels que *montre*, *règle*, ne possèdent d'autre sens que ceux que leur donne la phrase où ils figurent ; *cahier*, voulant dire un assemblage de quatre choses, n'est représentatif d'un objet déterminé que parce que nous ignorons son origine ; le mot d'où il est né, *quaternus*, a reparu en français moderne sous la forme médiocre de *quaterne*. M. Darmesteter a analysé dans sa *Vie des Mots* douze significations du mot *timbre*[5], qui vient

1 La totalité de ces exemples se trouve dans le *Dictionnaire étymologique* de Brachet.

2 Voir plus loin l'étude sur *la Métaphore*. Voici la généalogie d'un mot d'argot : *se pagnoter*, se mettre au lit : Ital. *pagnotta*, petit pain. Ce nom fut donné à des soldats maraudeurs vers 1544 : *soldat pagnotte*. On trouve ensuite : *mont pagnotte*, forteresse bien pourvue où l'on ne craint rien (XVIIe siècle) ; d'où *pagnoterie* (Voltaire), négligence, paresse ; d'où le verbe moderne. Ainsi de *petit pain*, on a fait logiquement : se coucher. NDA

3 A. Brachet écrit : « Chapelet du latin *cappa*, [...] ancien français chapel [...] L'ancienne forme avait un diminutif *chapelet*, petite coiffure qui consistait ordinairement en une couronne de fleurs. Le chapelet de roses, couronne ou guirlande, que l'on plaçait sur la tête de la Vierge et que l'on appelle proprement *rosaire*, a servi plus tard à désigner une sorte de guirlande servant à la prière, faite de grains enfilés et qui ressemble à la couronne, au rosaire, au chapelet de la Vierge. » (*op. cit.*, p. 125-126)

4 La *cavale* est une jeune jument non encore saillie. *Cf.* dans le premier quatrain de l'« Odelette à une jeune maîtresse » de Ronsard : Pourquoi, comme une jeune Poutre, / De travers guignes-tu vers moi ? / Pourquoi, farouche, fuis-tu outre, / Quand je veux approcher de toi ?

5 Arsène Darmesteter, *La Vie des mots étudiée dans leurs significations*, Paris, Delagrave, 1887, p. 45 et p. 81. – Il reprendra cet exemple du mot *timbre* dans l'introduction de son *Dictionnaire général de la langue française du commencement du* XVIIe *siècle jusqu'à nos jours* (1890-1900), rédigé en collaboration avec Adolphe Hatzfeld : « *Timbre*, du latin *tympanum* (latin populaire *timbanum*), a voulu dire primitivement *tambourin* ; ensuite il a

de *tympanum*; il y en a d'autres[1], mais quel qu'en soit le nombre, nous ne les confondons jamais, pas plus que nous ne sommes troublés par la distance qu'il y a entre *canon*, au sens d'arme, et *canon*, au sens populaire de verre : quel travail s'il nous fallait retrouver dans les douze ou quinze significations de *timbre* l'idée de *tambour* et dans *calmar* l'idée de *roseau.* Le mot arrive quelquefois à un sens absolument contradictoire avec son étymologie : un exemple assez connu mais curieux est celui de *cadran*, venu de *quadrantem*, qui avait pris la signification de *carré.* Le verbe *tuer* vient littéralement du latin *tutari* (protéger)[2].

Il faut donc sourire de la prétention de certains savants. Un mot n'a pas besoin de contenir sa propre définition. Dans l'instrument nommé *télescope*, l'idée de *voir de loin* n'est aucunement essentielle, mais si on la croyait nécessaire, le mot *longue-vue* était bien suffisant, et capable de porter, comme *lunette*, une double ou une triple signification. Le *télescope* aurait pu encore, sans aucun danger, être appelé *tube* ou *tuyau*; c'est ce dernier nom qu'il eût sans doute reçu[3], si le peuple avait été appelé à le

signifié une cloche sans battant sur laquelle on frappe avec un marteau, puis la sonorité particulière aux différents instruments de musique; il a été employé au sens de bassin; on a donné ce nom, dans les armoiries, au casque qui surmonte l'écu; enfin, il a désigné la marque de l'État sur le papier dont on doit se servir pour certains actes. Où est le lien de ces significations variées? Nous le trouvons dans la signification primitive du mot : tambour de forme hémisphérique. De ce premier sens, par une série d'extensions analogues à celles que présente le mot *bureau*, sortent les sens qui suivent : la calotte de métal qu'un marteau fait résonner, la manière dont résonnent les diverses sortes d'instruments et le caractère de la sonorité, qui résulte de la combinaison des harmoniques avec le son fondamental. » (*Dictionnaire général de la langue française*, p. V)

1 Par exemple, celle de : coffre où l'on conserve les carafes frappées. Le mot anglais, *smart*, qui fut un instant à la mode à Paris, n'a pas moins de treize significations différentes : 1 Cuire (les yeux me cuisent). 2 Sentir, éprouver, ressentir une cuisson. 3 Éprouver une vive douleur, souffrir. 4 Porter la peine (il lui en cuira). 5 Cuisson, douleur cuisante. 6 Douleur poignante. 7 Cuisant, douloureux, poignant, vif. 8 Spirituel, piquant, caustique, mordant. 9 Vif, rude, vigoureux. 10 Vif, bon, fort. 11 Vif, leste, alerte. 12 Habile, capable. 13 Elégant, pimpant, coquet, ruban, chapeau coquets. NDA

2 *Tulari, tutari focum* (protéger, puis étouffer le feu), *étouffer, tuer*; ainsi a-t-on reconstitué l'histoire singulière de ce mot qui dit exactement le contraire de ses syllabes primitives. On dit encore en Normandie, *tuer le feu*; dans le centre de la France et au Canada, *tuer la chandelle.* Malherbe a écrit : « C'est que la terre était brûlée / S'ils n'eussent tué ce flambeau. » Défendre (il en était déjà de même du latin *defendere*) veut dire à la fois repousser et protéger. Le mot *caracoler* est l'espagnol *caracol*, escargot; le passage s'est fait par l'idée de *spirale.* M. Mulot, l'ingénieur qui creusa le puits artésien de Grenelle, la sonde s'étant brisée, imagina pour la retirer un instrument nouveau qu'il baptisa *caracole.* NDA

3 « Les premiers télescopes avaient reçu le nom modeste et clair de cylindres. » Flammarion, *Vie de Copernic*, 1872. NDA

baptiser[1]. Comme *jumelles*, mot populaire, presque argotique, est joli, comparé à *microscope*, *stéréoscope*, d'une barbarie si savante et si triste ! Au pédant qui invente *binocle*, l'instinct heureux de l'ignorant répond par *lorgnon* ; à *cycle*, *tricycle*, *bicycle* et tous leurs dérivés l'ouvrier qui forge ces machines oppose *bécane* : il n'a point besoin du grec pour lancer un mot d'une forme agréable, d'une sonorité pure et conforme à la tradition linguistique[2].

1 Par *peuple*, en linguistique, il faut entendre, sans distinction de classe, de caste, ou de couche, l'ensemble du public, tel que livré à lui-même et usant de la parole sans réflexion analytique. NDA

2 *Bécane*, mot de la langue des serruriers, semble parallèle à *béquille* (quille à bec, canne à bec). *Bécane* serait la forme contractée de *bec-de-cane*, également terme de serrurerie. NDA

CHAPITRE III

Le gréco-français. – Les mots à combinaisons étymologiques. – Les mots composés français. – Le grec industriel et commercial. – Le grec médical. – Le grec et la dérivation française. – Le grec et le français dans la botanique, l'histoire naturelle, la sociologie – Les dieux grecs.

Le grec, assez peu senti pour qu'on ose y toucher sans scrupule, offre aux fabricants de mots nouveaux une facilité vraiment excessive.

Au lieu d'interroger la langue française, d'étudier le jeu de ses suffixes, le mécanisme de ses mots composés, on a recours à un lexique dont la tolérance est infinie et qui se prête aux combinaisons agglutinatives[1] les plus illogiques et les plus inutiles. Avec deux signes (un peu retors, il est vrai), avec, par exemple, le mot *chum* (cloche) et un déterminatif, les Chinois disent : « Son que produit une cloche dans le temps de la gelée blanche » ; avec trois signes ils disent : « Son d'une cloche qui se fait entendre à travers une forêt de bambous[2]. » Voilà sans doute l'idéal de tous ceux qui ignorent que, grâce à ce délicieux système, il faut une quarantaine d'années pour s'assimiler les « finesses » de ce langage immense mais immobile[3].

1 Le terme *agglutinatif* est emprunté à la linguistique. Selon Saussure, « l'agglutination consiste en ce que deux ou plusieurs termes originairement distincts, mais qui se rencontraient fréquemment en syntagme au sein de la phrase, se soudent en une unité absolue ou difficilement analysable. » (*Cours de linguistique générale*, Payot, 1979, p. 242) C'est W. Humboldt qui en 1836 a proposé le terme de *langue agglutinante*. Les langues agglutinantes s'opposent aux langues synthétiques et aux langues isolantes. Dans les exemples qui suivent, empruntés au chinois, un seul « mot », constitué de morphèmes « agglutinés », est l'équivalent d'un groupe nominal expansé en français.

2 Callery, *Dictionnaire de la langue chinoise*. Spécimen, 1842. NDA

3 Cet exemple est sans doute une réminiscence des ouvrages de Humboldt. Dans sa *Lettre à Monsieur Abel-Rémusat sur la nature des formes grammaticales en général et sur le génie de la langue chinoise en particulier* (7 mars 1826), Humboldt souligne les limites rhétoriques et esthétiques de la langue chinoise liées à cette capacité agglutinative, qui exclut le développement d'un art oratoire et la construction de longues périodes : « presque toutes les phrases chinoises sont très courtes, et même celles qui, à en juger par les traductions, paraissent longues et compliquées, se coupent facilement en plusieurs phrases très courtes et très simples ». (Jean Rousseau, Denis Thouard (éd.), *Lettres édifiantes et curieuses sur la langue chinoise. Un débat philosophico-grammatical entre Wilhelm von Humboldt et Jean-Pierre Abel-Rémusat*, Presses Universitaires du Septentrion, 1999, p. 150)

Tout est prévu également par le gréco-français ; à la cloche chinoise il peut opposer, dans un genre plus sévère, *icthyotypolite* ou *épiplosarcomphale*.

Il est très mauvais, même dans la plupart des sciences, d'avoir des mots qui disent trop de choses à la fois ; ces mots finissent par ne plus correspondre à rien de réel, les mêmes combinaisons ne se représentant que fort rarement à l'état identique ; s'il s'agit de phénomènes stables il faut les qualifier soit par un mot net et simple, soit par un ensemble de mots ayant un sens évident dans la langue que l'on parle. L'abondance des termes distincts est une pauvreté, par la difficulté que tant de sonorités étrangères trouvent à se loger dans une mémoire et aussi parce que chacun de ces mots, réduit à une signification unique, est en lui-même bien pauvre et bien fragile. On arrive à ne coordonner qu'un assemblage énorme et disparate de vases de terre presque entièrement vides. Les langues viriles maniées par de solides intelligences tendent au contraire à restreindre le nombre des mots en attribuant à chaque mot conservé, outre sa signification propre, une signification de position[1]. Ainsi le langage devient plus clair, plus maniable, plus sûr ; il donne, avec le moindre effort, le rendement le plus haut. Il ne s'agit pas de bannir les termes techniques, il s'agit de ne pas traduire en grec les mots légitimes de la langue française et de ne pas appeler *céphalalgie* le *mal de tête*[2].

Le français, tout aussi bien que le grec et certaines langues modernes, se prête volontiers aux mots composés ; on en relève plus de douze cents dans les dictionnaires usuels qui ne les contiennent pas tous, et il s'en forme tous les jours de nouveaux. Plusieurs méthodes ont été employées pour joindre deux idées au moyen de deux mots qui prennent un rapport constant ; celle qui semble aujourd'hui le plus en usage consiste à unir deux substantifs en donnant au second la valeur d'un adjectif ; elle

---

1 Gourmont emprunte ici à Bréal qui souligne le rôle déterminant de « la signification de position » du mot dans le phénomène de la polysémie : « Il n'a pas été donné de nom, jusqu'à présent, à la faculté que possèdent les mots de se présenter sous tant de faces. On pourrait l'appeler *polysémie*. Comment cette multiplicité des sens ne produit-elle ni obscurité ni confusion ? *C'est que le mot arrive préparé par ce qui le précède et ce qui l'entoure*, commenté par le temps et le lieu, déterminé par les personnages qui sont en scène [...]. Il suffit de tomber à l'improviste dans une conversation commencée, pour voir que les mots sont un guide peu sûr par eux-mêmes, et *qu'ils ont besoin de cet ensemble de circonstances*, lequel, comme la clé en musique, fixe la valeur des signes. » (*Sémantique*, *op. cit.*, p. 314-315)

2 Noter que l'expression française, avec ses trois mots, est plus courte que l'unique mot grec. Les Grecs écrivent <κεφαλαργια>, ce qui est beaucoup moins difficile à prononcer ; cette forme est citée par Max Muller (*Nouvelles leçons*, I, p. 225, de l'édition française), à propos des changements de *l* en *r*. NDA

est infiniment vieille et sans doute contemporaine des langues les plus lointaines que nous connaissions. On peut se figurer un langage sans adjectifs ; alors pour dire un homme *rapide* (qui-court-vite) on dit un homme *cheval* (un coureur jadis reçut ce sobriquet) ; si le second terme passe définitivement à l'idée générale de rapidité, la langue, pour exprimer l'idée de cheval, lui substitue un autre mot ; les langues bien vivantes ne sont jamais embarrassées pour si peu. Certains noms de couleurs en sont restés à la phase mixte, tantôt substantifs, tantôt adjectifs : teint *brique*, cheveux *acajou*, la Revue *saumon*[1] ; mais tout substantif français peut être employé adjectivement : le champ de la composition des mots selon ce système est donc illimité[2]. On forme encore beaucoup de nouveaux mots en faisant suivre d'un nom un verbe à l'impératif singulier ou un substantif verbal ; cette méthode a enrichi la langue française depuis l'origine : *coupe-gorge, tire-laine, pèse-goutte, hache-paille.* Les combinaisons sont nombreuses par lesquelles se façonnent les mots composés ; ce n'est pas ici le lieu de les expliquer, mais on peut conseiller, en principe, à tous les innovateurs d'avoir toujours sous la main les deux livres admirables de Darmesteter sur la formation actuelle des mots nouveaux et des mots composés[3]. On vient d'inventer un appareil que l'on a bien voulu dénommer *cinézootrope* ; que nos aïeux n'ont-ils su le grec aussi bien

1 Cavallotti avait fondé un journal appelé *Gazzettino rosa*, nous disons de même une *femme châtain*. Noms récents de couleurs : bronze, puce, carmélite, prune, olive, chamois, souris, paille, crème, feuille-morte, loutre, chaudron, ardoise, ivoire, raisin de corinthe. NDA

2 Mots récents ainsi formés : *cheval-vapeur, idées-forces.* NDA

3 Ces « deux livres admirables » de Darmesteter sont le *Traité de la formation des mots composés dans la langue française, comparée aux autres langues romanes et au latin*, Émile Bouillon, 1874, et *De la création des mots nouveaux dans la langue française et des lois qui la régissent*, F. Vieweg, 1877. – A. Darmesteter consacre un chapitre entier à la formation latine et grecque dans le second. Bien que Gourmont qualifie cet ouvrage d'« admirable », le point de vue de Darmesteter est fort différent du sien car porté par sa foi dans le progrès. La composition, source inépuisable de formations lexicales nouvelles, suit les « immenses progrès de la science » : « Des sciences nouvelles sont créées ; notre siècle a vu fonder la géologie, l'anthropologie, la philologie, la sociologie, pour ne citer que les plus importantes ; et chacune d'elles apporte ses termes techniques. Le mouvement industriel suit le mouvement scientifique, les chemins de fer, la télégraphie, la photographie, la galvanoplastie, ont besoin de termes spéciaux. Ainsi grandit à l'infini cette nomenclature spéciale qui vient s'ajouter à la langue commune. Cette langue artificielle est prise d'un peu partout, [...]. Mais c'est le grec qui a l'honneur de lui fournir les éléments les plus importants. La richesse du grec, ses remarquables qualités de précision et de netteté, son égale puissance de composition et de dérivation, le désignaient naturellement aux savants du siècle dernier et de nos jours qui y puisaient et qui y puisent toujours à pleines mains. » (*De la création des mots nouveaux*, *op. cit.*, p. 234)

que les photographes (encore un joli mot) et le *tournebroche* s'appellerait pompeusement l'*obéliscotrope*[1] !

Cinézootrope appartient au grec industriel et commercial : c'est une langue fort répandue, qui se parle au Marais et qui s'écrit dans les prospectus. Selon cet idiome, un *empailleur* devient un *taxidermiste* et un vitrier un *vitrologue* ; le *papier-cuir* devient du papier *skytogène*[2] et toute pommade est *philocome*[3] comme tout élixir *odontalgique*[4]. Beaucoup de ces barbarismes sont assez fugitifs, mais il en demeure assez pour infecter même la langue commerciale qu'on aurait pu croire à l'abri du *delirium græcum.* C'est que l'auteur d'une invention souvent insignifiante croit ennoblir son œuvre en la qualifiant d'un mot qu'il achète et qu'il ne comprend pas[5] ; c'est aussi que les commerçants connaissent le goût du peuple pour les mots savants ; en prononçant des bribes de patois grec ou latin, la commère se rengorge et la femme du monde sourit, pleines de satisfaction. Un marchand d'appareils photographiques a baptisé sa boutique, *Photo-Emporium* ; il vend des vitagraphes et des *kromskopes !* Tel industriel se vante d'être le créateur du cuir *pantarote.* Celui-ci trafique orgueilleusement d'huiles qu'il dénomme : *enginer-auto* et *moto-naphta*[6] ! Voilà les résultats de l'instruction vulgarisée sans goût. Il y a là quelque chose de honteux, mais le grand point est de parler français le moins possible et d'avoir l'air, en prononçant des syllabes barbares, d'avouer un secret.

---

1 Οβελισκος veut dire broche ou brochette. NDA

2 Sans doute pour *scytogène* σκυτος. NDA

3 Littéralement *qui-soigne-sa-chevelure* ; le mot est donc absurde. On peut cependant interpréter : *ami de la chevelure.* La forme est, en tout cas, meilleure que celle que représentent *bibliophile*, *œnophile*, etc. Alexis Pieron, qui savait le grec, les appelait des « ordures lexicographiques », *Voltaire et ses maîtres*, p. 93. S'il avait connu *goudrophiliste !* Ainsi *le Figaro* du 22 août 1903 appelle les partisans des routes goudronnées. NDA

4 Même remarque ; le sens direct est : *qui-fait-mal-aux-dents.* – Pour dire l'art de restaurer les livres, Nodier conseille sérieusement *bibliuguiancie.* NDA

5 L'inventeur qui a décoré sa lanterne du nom de *biographe* ignorait peut-être l'existence antérieure de ce mot dans l'usage français ; il ignorait encore bien plus que βιος signifie surtout la vie humaine et ne possède pas l'idée générale de vie qui est tenue par ζων ou φυσις – Le mot français *biologie* veut dire en grec *biographie.* NDA

6 Il y a pire : voici, peut-être, les chefs-d'œuvre de la sauvagerie linguistique : « *vacuum cleaner*, nettoyage par le vide », et « *come pilo*, détruit poils et duvets ». *Come* est le mot anglais qui veut dire manger ; *pilo* est une création. Tous les industriels ne sont pas délirants. Un sieur Olry appelle un de ses produits *olryaline*, ce qui est bien ; un élixir contre les névralgies se dénomme *névraline ;* enfin le catalogue Potin (1903) nous offre ces nouveautés vraiment charmantes et françaises : *nettine* (eau à nettoyer) et, merveille de simplicité, *lampaline* (marque d'un pétrole). Il y avait dejà *luciline*, qui est convenable. NDA

Les médecins de Molière parlaient latin, les nôtres parlent grec. C'est une ruse, qui augmente plutôt leur prestige que leur science. Ils commencèrent à user sérieusement de ce stratagème au dix-huitième siècle ; du moins ne voit-on, avant cette époque, même dans Furetière[1], que peu de termes médicaux tirés du grec. Peu à peu ils se mirent à divaguer dans une langue qu'ils croyaient celle d'Hippocrate et qui n'est qu'un jargon d'officine. Les vieux noms des maladies, tels que *pourpre*, *grenouillette*, *poil*[2], *taupe*, *écrouelles*, *échauboulures*, *tortue*, *ongle*, *clou*, *fer-chaud*, *fic*, *thym* (verrue) furent chassés ; chassées aussi les appellations populaires comme : *mal S. Antoine*, *mal rose*, *mal des Ardents*, trois noms de l'érysipèle ; comme *mal d'aventure*, pour panaris, *mal S. Main*, pour la gale, *mal de mère*, pour hystérie ; comme *mal caduc*, *haut mal et mal S. Jean*, pour épilepsie. Cependant Villars les cite encore[3] ainsi que les noms vulgaires des instruments de chirurgie : *bec de cygne*, *bec de cane*, *bec de grue*, *bec de lézard*[4], *bec de perroquet*, *bec de corbeau*, *bec de bécasse*, *pélican*, *érigne*, *feuille de myrte*, etc. Il nous apprend que le sieur Mauriceau, accoucheur, ayant inventé un instrument, l'appela *tire-tête*. Ce médecin osait encore parler français. J'ignore le nom de l'actuel *tire-tête*, mais je suis sûr que ce nom commence par *céphalo*[5]. Malgré ce retardataire la nomenclature médicale s'ornait de vocables décisifs. On avait décidé de nommer *acrochordons* les verrues, *emprosthotonos* les convulsions, *lipothymie* la pâmoison, *alexipharmaques* les contre-poisons, *anacathartiques* les expectorants, *eccoprotiques* les purgatifs, *anaplérotiques* les cicatrisants ; il y eut des médicaments *antihypocondriaques*, à savoir : l'ellébore noir, la scolopendre, l'hépatique, le senné, le safran de mars, les capillaires et l'extrait *panchimagogue*[6]. Ce

---

1 Antoine Furetière (1616-1688) est l'auteur du *Dictionnaire universel contenant généralement tous les mots français tant vieux que modernes* qui paraîtra en Hollande en 1690, préfacé par Pierre Bayle.

2 Maladie du sein dont le nom était, il est vrai, dû à une erreur assez ridicule. NDA

3 *Dictionnaire françois-latin des termes de médecine et de chirurgie* par Élie Col de Villars ; Paris, 1753. – Il cite aussi de curieux noms de bandages : épi, doloire, fanons, œil, épervier, etc. NDA

4 Comme on se figure difficilement le *bec* d'un lézard, voici l'article de Col de Villars : « Bec de lézard, s. M. *Rostrum lacertinum*, i. s. n. C'est aussi [comme le bec de grue] une espèce de tire-balle ou de pincettes dont les lames qui forment la partie antérieure sont applaties. » NDA

5 Nom médical de *tête*, en composition. *Cerveau*, *cervelle*, trop clairs, de trop bonne langue, sont remplacés par *encéphale*, en composition, *encéphalo*, tête par *céphalo*. NDA

6 Une liste des anciens qualificatifs thérapeutiques a été reproduite, d'après la *Pharmacie*, dans la *Chronique médicale* du 1er mai 1904. NDA

fut un grand progrès d'avoir appelé *histérotomotocie* l'opération césarienne, *scolopomacherion* le bec de bécasse et *méningophylax* un couteau à pointe mousse pour la chirurgie de la tête[1], et *axonge* le saindoux.

Les médecins modernes n'ont presque rien inventé de plus absurde, mais ils ont inventé davantage, et renouvelé à la fois leur science et l'art d'en voiler la faiblesse au vulgaire. Le Dr Bazin, qui avait du mérite, aurait rougi de ne pas appeler un cor, *tylosis*[2]. La petite maladie des paupières qu'Ambroise Paré[3] nommait ingénument des *grêles*, ses héritiers l'ont baptisée *chalazion* ; ce mot était technique dans la médecine grecque, mais grêles χαλαζα le traduit fort bien, image pour image. « Les médecins, dit avec sagesse M. Brissaud[4], sont coupables de conserver – et surtout d'inventer des formes bâtardes, métissées de grec et de latin, dans les cas où le fond de notre langue suffirait amplement » ; et il cite le mot excellent de *cailloute*, nom d'une phtisie particulière aux casseurs de *cailloux*, ou provoquée par des poussières minérales ; les *nosographes*, le trouvant trop clair et trop français, l'ont biffé pour écrire *pneumochalicose.* Mais n'avaient-ils pas déjà substitué *phlébotomie* à *saignée !* Voici sans observations[5] une liste de mots français avec leur nom correspondant en patois médical ; on jugera de quel côté sont la raison et la beauté :

---

1 « Qui dirait que le styloscratohyoïdien soit un petit muscle qui ne sert (lui dixième) qu'à remuer un très petit os ? Un nom si grand et si grec ne semble-t-il pas promettre un agent qui remuerait toute notre machine ? Et je suis persuadé que, quant aux vaisseaux omptalomésenteriques, un simple petit monosyllable aurait pu remplir avec honneur toutes les fonctions de ce magnifique terme. (Fragment inédit de Montesquieu, *l'Hémicycle*, juillet 1901.) NDA

2 Le Professeur Brissaud, *Histoire des expressions populaires relatives à la médecine* (1888), livre fort intéressant et qui m'a été des plus utiles pour ce chapitre sur le grec médical. NDA

3 Ambroise Paré (1510-1590) est considéré comme le père de la chirurgie moderne. Il est l'auteur des *Dix livres de la chirurgie* et des *Traités de la peste, de la petite vérole et rougeole.* NDA

4 Édouard Brissaud (1852-1909), célèbre neurologue, est l'auteur d'une *Histoire des expressions populaires relatives à l'anatomie, à la physiologie et à la médecine*, Paris, Chamerot, 1888. NDA

5 Ils étaient bien curieux, les mots spéciaux employés par les anciennes matrones (sages-femmes), surtout ceux qui s'appliquaient à la partie du corps féminin, plus spécialement de leur ressort. En voici quelques-uns, dont on ne peut, malheureusement, donner ici la traduction, ni en langage vulgaire, ni en langage scientifique : *barres* (perpétué dans l'expression *barrée*), *lippion*, *entrepet*, *pouvant*, *lippendis*, *balunaus*, *baboles*, *halérons*, *entrechat*, *barbideau*, *guilboquet*, *guillemard*, *dame du milieu*, etc. – L'ancienne médecine usait couramment, pour ces régions anatomiques de mots qui sont aujourd'hui tombés dans le langage bas. On peut s'en assurer en parcourant l'*Anatomie* de Mondin (1532). Les bouchers, anatomistes journaliers, ont conservé certaines expressions intéressantes ; ils appellent

Adéphagie	Fringale
Adénoïde	Glanduleux
Agrypnie	Insomnie
Adynamie	Faiblesse
Omoplate	Palette, Paleron (restés comme termes de boucherie)
Ombilic	Nombril
Pharynx	Avaloir (*vieux français*)
Zygoma	Pommette
Thalasie	Mal de mer
Épilepsie	Haut-mal
Asthme	Court-vent
Ephélides	Son (taches)
Ictère	Jaunisse
Naevi	Envies
Phlyctène	Ampoule
Ecchymose	Bleu, Meurtrissure, Sang-meurtri (*vieux français*)
Myodopsie	Berlue (latin : *bislucere*)
Diplopique	Bigle
Apoplexie	Coup de sang
Thermo-héliosie	Coup de soleil[1].

On pourrait continuer, car le vocabulaire gréco-français est fort abondant. Les lexiques spéciaux contiennent environ trois mille cinq cents mots français tirés du grec, mais ils sont tous incomplets ; il est vrai que l'un de ces ouvrages attribue au grec la paternité d'une quantité de vocables purement latins, ou allemands, comme *pain* et *balle.* L'auteur, pour l'amour du grec, fait venir *bogue,* une sorte de poisson, de Βοαω, qui veut dire crier : c'est peut-être aller un peu loin[2] ! Mais le nombre exact de ces mots importe peu ; il y en aura toujours trop, bien qu'ils meurent

l'utérus la *portière*, et le fœtus, l'*enfant de chœur*. Croyant à une relation directe entre la moelle et la génération, ils appellent la moelle : *amourette*. NDA

1 À *daltonisme*, on a essayé récemment, et c'est peut-être fait, de substituer *dyschromatopsie*. « *Goutte*, ce nom peu scientifique méritait de naître dans un siècle barbare… » Guilbert, cité par la *Chronique médicale*, 1er octobre 1900. NDA

2 Un autre étymologiste n'a-t-il pas dit sérieusement ; *anas*, canard, vient de *a-nando*, ne nageant pas ! NDA

assez rapidement. Rien ne se fane plus vite dans une langue que les mots sans racines vivantes : ils sont des corps étrangers que l'organisme rejette, chaque fois qu'il en a le pouvoir, à moins qu'il ne parvienne à se les assimiler. *Prosthèse*, terme grammatical, – élégante traduction de *greffe* ! – a échoué sous la forme *prothèse* chez les dentistes qui bientôt n'en voudront plus. Déjà les médecins qui ont de l'esprit n'osent plus guère appeler *carpe* le *poignet* ni décrire une écorchure au pouce en termes destinés sans doute à rehausser l'état de duelliste, mais aussi à ridiculiser l'état de chirurgien. Si beaucoup de mots nécessaires à la médecine et à l'anatomie (celui-ci même, par exemple) sont irremplaçables, il faut tout de même tenter de les rendre moins laids en les francisant complètement et non plus seulement du bout de la plume ; nous examinerons ce point.

De l'usage des termes grecs dans les sciences médicales, on donne cette explication qu'il est impossible de tirer tel dérivé nécessaire de tel mot français. Que faire de *oreille* par exemple, ou de *œil* ? Mais du mot *œil* l'ancienne langue a été tiré *œillet*, *œillade*, *œillère*[1] ; de *oreille*, elle a tiré *oreillon* (*orillon*, dans Furetière), *oreillard*, *oreiller*, *oreillette*, *oreillé* (terme de blason). *Oreillon*, c'est pour le peuple toute maladie interne de l'oreille ; cela vaut *otite*, il semble. *Œil* était tout disposé à donner bien d'autres rejetons : *œiller*, *œilliste*, *œillage*, *œillon*, *œillard*, etc. ; et *oreille* : *oreilliste*, *oreilleur*, *oreillage*. Qui même peut affirmer que ces termes ne sont pas usités en quelque métier ?

Mais le médecin des yeux eût rougi de s'appeler *œilliste*, comme le médecin des dents s'appelle *dentiste* ; déjà la qualification d'*oculiste*, insuffisamment barbare, humilie ses prétentions : il est *ophtalmologue*. Il y a aussi des *otologues*, des *glossologues* et peut-être des *onyxologues*[2].

Comme la médecine, la botanique, dont les éléments premiers, les noms vrais des plantes, sont pourtant de forme populaire, a été ravagée par le latin et par le grec[3]. Là, il n'y a aucune excuse, car toutes les plantes

1 *Œillette*, anciennement *oliette*, se rattache à *oleum*, *olium*, huile. NDA

2 Littré, consulté sur la valeur d'une nouvelle dénomination scientifique tirée du grec, conseilla de la remplacer par un composé de mots français (10 avril 1876). *Catal. des Autographes* de la collect. Benj. Fillon. C'était peut-être *poïkilotherme*, à température variable, ou *mistakostrepsomanie*, manie de caresser sa moustache ! La *Revue de linguistique* (15 avril 1904) a relevé les mots suivants qui qualifient des médications plus ou moins charlatanesques : *kinésithérapie*, *automassotherapie*, *hydronassothérapie*, etc. NDA

3 Arsène Darmesteter écrit : « Au dix-huitième siècle, notre langue est décidément conquise par le grec. Jusqu'alors elle n'avait reçu qu'un certain nombre de termes de médecine et de chirurgie, et quelques termes de philosophie, ceux-ci venus directement de la scolastique. Mais l'immense développement que prennent dès lors et les sciences naturelles et

ont un nom original et rien n'obligeait les botanistes français à accepter la ridicule nomenclature de Linné, alors que la nomenclature populaire est d'une richesse admirable. Pour le seul mot *clematis vitalba* ou *clématite*, en véritable français, *viorne*, du latin *viburnum*, il n'y a pas dans la langue et dans les dialectes moins d'une centaine de noms[1 2] ; en voici quelques-uns, parmi lesquels on pouvait choisir : *aubevigne*, *vigne blanche*, *vignolet*, *fausse vigne*, *veuillet*, *vioche*, *vigogne*, *viorne*, *vienne*, *vianne*, *viaune*, *liaune*, *liane*, *viène*, *vène*, *liarne*, *iorne*, *rampille*, et des mots composés très pittoresques : *barbe de chèvre*, *barbe au bon Dieu*, *cheveux de la Vierge*, *cheveux de la Bonne Dame*, *consolation des voyageurs*[3]. À quoi bon alors le mot clématite (qui n'est d'ailleurs pas laid) ? Quel est son rôle si ce n'est celui de négateur de tous ceux qu'il a l'orgueil de remplacer ? Elle est singulière la légendaire pauvreté d'une langue où l'on pourrait dans l'écriture d'un paysage nommer trente fois une plante sans répéter deux fois le même nom ! Mais une langue est toujours pauvre pour les demi-savants[4]. Que d'images pleines de grâce dans ces noms que le peuple donna aux fleurs ! Ainsi l'*adonis aestivalis* ou *autumnalis* est appelé : *goutte de sang*, *sang de Vénus*, *sang de Jésus* ; l'*anémone nemorosa* est la *pâquerette*, la *demoiselle*, la *Jeannette*, la *fleur des dames* ; la *pulsatilla vulgaris* est la *coquelourde*, la *coquerelle*, le *coqueret*, la *coquerette*, la *clochette*, le *passe-velours*, la *fleur du vent*. Cette *coquerelle*, des botanistes ont osé la dénommer *alkékange*, mot dont la laideur est trop évidente[5]. L'*ortie de mer* est devenue l'*acalèphe* ; le *chardon*, une *acanthe*, et

---

leurs nomenclatures charge le lexique scientifique d'un nombre presque infini de mots nouveaux. C'est la botanique avec la nomenclature de Linné et la classification de Jussieu qui ouvrent la route. » (*De la création des mots nouveaux*, *op. cit.*, p. 232)

1 E. Rolland, Flore populaire, tome 1er. NDA

2 Commentaire de la note de l'auteur. Eugène Rolland (1896-1914) est un folkloriste français auteur de la *Flore populaire ou histoire naturelle des plantes dans leurs rapports avec la linguistique et le folklore*, Paris, Rolland. (Cet ouvrage a été réimprimé par Maisonneuve et Larose en 1967). Il s'agit d'un recueil systématique des noms populaires donnés aux plantes, complété par des proverbes, devinettes, contes et superstitions qui les concernent. L'ambition lexicographique de Rolland était immense, puisqu'il souhaitait couvrir toute l'Europe, le nord de l'Afrique et l'Asie occidentale. Il a finalement restreint son domaine aux régions de langue gallo-romane à partir du volume IV.

3 Les Anglais disent aussi : *Traveller's joy*, parce que la viorne annonce un village prochain. NDA

4 Il ne faut pas confondre cette opulence imaginative ou verbale, qui témoigne de la vitalité d'une langue, avec l'indigente richesse dont on a parlé plus haut, qui ne met en circulation que de la fausse monnaie. NDA

5 C'est l'arabe *al-kakendj*. Au XVIe siècle, Nicot dit *alcange*. Hadrianus Junius le cite comme synonyme de *halicacabus* et lui donne pour correspondants en français (XVIe siècle) : *coquerets*,

l'*épine-vinette*, une *oxyachante* ; l'âne qui broute en remuant les oreilles reçoit la qualification pompeuse d'*acanthophage.*

Le fourreau dans lequel s'insèrent les tiges fragmentées des *poligonées* était appelé *jambière.* Et c'est cela ; on tire sur la tige et elle se sépare en plusieurs tronçons qui sortent comme une épée du fourreau, comme une jambe de la botte. Mais le vrai savant n'est pas satisfait : alors il cherche le mot virgilien *ocrea.*

Tum læves ocreas electro auroque recocto.

Cela ne suffit pas encore. Il y ajoute un *h.* Voici, *ochréa.* La langue de la botanique contient toute une partie exquise ; j'en veux citer quelques exemples pour prouver qu'on peut créer des mots nouveaux et cependant rester dans la beauté linguistique. Noms généraux des graines et fruits :

Sorose (ananas).
Cônes (pomme de pin).
Sycône (figue),
Drupe (pomme, pêche).
Samare (graine de l'orme).
Peponide (melon, cornichon).

Noms des feuilles, forme et parties :
Pétiole, tige de la feuille.
Fronde (feuilles de la fougère).
Feuilles *sessiles*, sans pétiole.
– *pennées*, dont les nervures figurent une plume.
Feuilles *lancéolées*, aiguës.
– *palmées*, qui ressemblent à une main (marronnier).
– *heltées*, en forme de bouclier (capucine).
– *hastées*, en forme de lance.
– *sagittées* – de flèche.
– *lyrées*, en plusieurs lobes (laiteron).

Limbe, la feuille étendue.
Noms des fleurs, forme, parties, assemblage.
Corolle.
Calice.

---

coulebobes, alquequanges, baguenaudes. NDA

Capitule (fleur de la marguerite, du souci).
Corymbe (groupe des fleurs du cerisier).
Ombelle (– de la ciguë).
Panicule (– de l'avoine).
Spadice (fleur de l'arum).
Thyrse (grappe du lilas).
Inflorescence, ensemble de la fleur composée.
Hampe florale, pédoncule de la fleur.

Autres mots : aubier, coulants, tigelle, gemmule, etc.

Sous le nom de *zoologie*, l'histoire naturelle s'est glorifiée, comme la botanique, d'un mépris complet pour la langue populaire et raisonnable : l'*espadon* est promu à la dignité de *xiphias* et le *raveçon* devient un *uranoscope*, de sorte qu'on doute si ce poisson n'est pas plutôt une lunette d'approche ; les *fourmiliers* sont des *oryctéropes* ; les *crabes*, des *ocypodes* ; les *chauves-souris*, des *chéiroptères* ; traduit bien soigneusement en gréco-français, le fourmi-lion[1] devient le *myrméléon*.

Il y a un oiseau que Buffon appelle *courlis de terre* ou *grand pluvier* ; Belon, pour le mieux caractériser, adopte le terme populaire, *jambe enflée*[2], lequel est fort juste, puisque ce pluvier est remarquable par un renflement particulier de la jambe au-dessus du genou. Une telle bonhomie a choqué les naturalistes modernes et ils ont traduit soigneusement en grec *jambe enflée*, ce qui a donné le mot charmant *œdienème*. Ce sont les mêmes ravageurs qui baptisèrent brutalement *orthorrhynque* le miraculeux *oiseau-mouche*, la petite chose ailée par excellence, et dont on disait jadis qu'il vole sans jamais se reposer, qu'on croyait dénué de pattes, parce que les Indiens qui le capturaient les enlevaient si adroitement que toute trace de la blessure avait disparu ! Une histoire naturelle pour les enfants commence ainsi un chapitre : « Le nom du *chœropotamos* vient de deux mots grecs, *choiros*, porc, et *potamos*, rivière. » N'est-elle pas amusante cette explication, qui répète sans doute littéralement le raisonnement du savant inventeur de ce mot grotesque ? Mais ni le savant ni personne n'ont jamais songé combien il

---

1 Sur ce mot voir plus loin, p. 176. NDA

2 La description du grand pluvier, vulgairement appelé courlis de terre, se trouve dans le tome 8 de *l'Histoire Naturelle des oiseaux*. La référence à Belon figure dans ce texte de Buffon. Gourmont commentera le style du naturaliste dans le chapitre XI du *Problème du style* (1902), « La Légende de M. Buffon ».

serait simple, clair et logique, et économique de dire, avec naïveté : *porc de rivière*. Ensuite les Grecs pourront traduire cela en grec, les Anglais en anglais, les Allemands en allemand ; cela ne nous regarde pas.

Tandis que les savants donnaient sans goût à des crabes, à des vers marins les noms de Maïa, d'Hermione, de Galatée, ils ne pouvaient souffrir que les marins appelassent *chaudron* un dauphin à très grosse tête : ils le baptisèrent de ce nom funambulesque : *globicéphale* ! Il y a un saurien d'Égypte que l'on appela longtemps, parce qu'il se défend avec sa queue écailleuse et piquante, fouette-queue ; il a fallu traduire cela en grec : *uromastix*. Fauvette *à tête-noire*, cela est bien vulgaire ; on dira *mélanocéphala*. Comme c'est simple. Un charançon est appelé par les paysans de Provence, allusion à son gros bec, *becaru* : la science dit *rynchite*, et pour plus de sûreté, comme il vit sur la vigne (Fabre, *Souvenirs entomologiques*), elle ajoute *betuli* (du bouleau). Un insecte qui rappelle la cigale est appelée *cicadelle* et, parce qu'il répand une bave abondante, *cicadelle mousseuse*. Le savant intervient et dit : *aphrophora*. Un autre renchérit et dit : *aphrophora spumaria*, ce qui donne, remis en français : *porte-écume écumeuse* (Fabre, VII, 221). Qui reconnaîtrait le cousin sous ce nom grand comme une montagne : *Monodontomerus Cupreus* ?

Outre sa nomenclature, où je veux encore relever quelques mots galants tels que *chondroptérygien* et *macrorrhynque* (comment des créatures humaines ont-elles pu émettre de tels sons[1], volontairement ?), l'histoire naturelle possède une langue générale dont elle a malheureusement imposé l'usage aux historiens et aux critiques. En voici un aperçu :

Anthropozoologique[2] Oryctographie

1 En astronomie, le terrible *sizygie* est à peu près impossible à prononcer ; on le croirait inventé pour quelque « jeu de société », comme *Gros gras grain d'orge, quand te dégrogragraindorgeriseras-tu* ?. NDA

2 J'ai relevé ce mot et le suivant, car il s'agit de les prendre en des livres de littérature, dans une étude de M. Faguet sur les fables de La Fontaine. Je prends la plupart des autres dans un excellent livre de M. Jean Laumonier, *la Nationalité française. II. les Hommes* et dans *l'Année sociologique*, publication estimée. On les trouverait également épars en des centaines, en des milliers d'ouvrages récents et jusque dans les romans à prétentions scientifiques. Beaucoup sont usuels : ils n'en sont pas meilleurs. Cette liste montrera l'étendue et la gravité du mal qui opprime la langue française. Nodier disait déjà, en 1828 : « La langue des sciences est devenue une espèce d'argot moitié grec, moitié latin... Il faut prendre garde de l'introduire dans la littérature pure et simple... » Le mal est fait. Le même Nodier fait remarquer, quoique bien respectueux du grec, combien il est ridicule et impropre de dire en français *alphabet* au lieu de *abécé* ou *abécédaire*, selon les cas. (*Examen critique des Dictionnaires.*) NDA

Anthropomorphique
Anthropolologie (?)
Anthropopithèque
Dolichocéphale
Mésaticéphale
Brachycéphale
Hyperdolychocéphalique
Brachychéphalisante
Bi-zygomatique
Eugénésique
Microorganisme
Microbiologie
Bio-sociologique
Chorographie
Paléoethnologie
Mammalogique
Leptorrhinienne
Néanderthaloïdes
Thériomorphisme
Antipsychie
Hypocoriotique
Ulotrique
Léiotrique
Dulçaquicole[1]

Quelques-uns de ces mots sont d'une laideur neutre et bête ; les autres sont hideux à dégoûter de la science et de toute science. Buffon cependant, qui avait du génie, a écrit sur l'homme tout un volume, encore scientifiquement valable[2], et dans une langue qu'un enfant de douze ans comprend à la première lecture. La notion contenue dans *hyperdolychocéphale* n'est pas de celles dont l'importance puisse justifier la méchanceté du mot.

Le grec admettait des combinaisons de lettres que nous ne pouvons plus juger, la prononciation ancienne nous étant inconnue ou mal connue. C'est pourquoi aucun mot grec, ni même les noms propres, ne peut être transposé littéralement en français. J'ignore comment les Grecs articulaient Ηρακλης, mais certainement ils ne disaient pas *Hèraklès*. Hercule n'est pas une transcription beaucoup moins exacte. Du XIVe au XVIIe siècle, le français, alors si puissant, avait dompté et réduit au son de son oreille presque tous les noms grecs historiques. C'est de cette époque que datent *Troie*, *Ulysse*, *Hélène*, *Achille*, *Cléopâtre*, *Thèbes*, qu'on a voulu réformer plus tard et arracher de la langue en les écrivant *Troiè*, *Odysseus*, *Hélénè*, *Akhilleus*, *Cléopatrè*, *Thébè*. Quant à la nécessité de différencier Ποσειδων d'avec Neptunus, elle est certaine ; là, on pourra peut-être innover, mais en se souvenant que notre langue est latine et que la transcription latine de ποσειδων

1 Celui-ci est de M. Vaillant (*C. R. Acad. des Sciences*, 1902, p. 977). Il veut remplacer « d'eau douce » : poissons *dulçaquicoles*. NDA

2 Le troisième volume de l'*Histoire naturelle* de Buffon est consacré à l'histoire de l'homme.

est *Posidion*[1]. Il faut beaucoup de tact et beaucoup de prudence pour franciser des mots grecs, sans offenser à la fois le grec et le français.

1 Nom de plusieurs villes et, en particulier, nom ancien de Catomeria, dans l'île de Chio : Posidion. – Sur la transcription des noms grecs en français, se reporter aux idées si raisonnables de du Bellay, Défense et illustration de la langue française, p. 128 de l'édit. Person. Par quelle aberration accuse-t-on encore Ronsard, d'après Boileau, de faire parler grec et latin à sa muse, lui qui, au contraire francise délibérément tous les noms de l'Antiquité ? – ... Antinoüs, qu'en langage françois / Pour le bien appeler on dirait l'Antinois. / (Vers inédits, 1853). – Tel est son système. De Anubis, il fait Anube ; d'Antinos. Antinée, etc. NDA

CHAPITRE IV

La langue française et la Révolution. – Le jargon du système métrique. – La langue traditionnelle des poids et mesures. – La langue des métiers : la maréchalerie, le bâtiment, etc. – Beauté de la langue des métiers, dont l'étude pourrait remplacer celle du grec.

Victor Hugo se vantait d'avoir libéré tous les mots du dictionnaire[1]. Il songeait aux mots anciens qui sont beaux comme des plantes sauvages et de même origine naturelle et spontanée. Mais son génie d'anoblir les moindres syllabes eût échoué devant les monstres créés par la Révolution[2] ; il eût échoué et il eût reculé devant *millilitre*, *décistère* et *kilo* !

Je n'ai pas qualité pour juger des avantages offerts par le système métrique, ni pour affirmer que la routine des Anglais ait entravé leur développement commercial et restreint leur expansion dans le monde. Il ne s'agit en cette étude que de la beauté verbale et je dois me borner à chercher si le mot *grain* est moins beau que le mot *décigramme*, si l'extraordinaire *kilo* n'est pas une perpétuelle insulte au dictionnaire français[3].

1 Voir les vers célèbres de Victor Hugo dans « Réponse à un acte d'accusation » (*Les Contemplations*, Nelson, 1856) : Je mis un bonnet rouge au vieux dictionnaire. / Plus de mot sénateur ! plus de mot roturier ! ; – Gourmont renvoie l'argument de la « laideur » de langue révolutionnaire à celui qui célèbre la Révolution dans la langue : « Grâce à toi, progrès saint, la Révolution / Vibre aujourd'hui dans l'air, dans la voix, dans le livre. / Dans le mot palpitant le lecteur la sent vivre. »

2 Il y a une création contemporaine de la Révolution qui a généralement échappé à toute critique, c'est, dans le Calendrier républicain, les noms des mois de l'année. Et en effet la beauté de ces douze mots est vraiment originale ; on ne peut rien reprendre dans leur sonorité et presque rien dans leur forme. Ce presque rien concerne *nivôse, vendémiaire, messidor et thermidor*, mots qui n'ont aucun sens en français, tandis que *brumaire*, par exemple, ou *prairial*, ou *ventôse* sont de tout point parfaits. Ah ! que l'auteur de cette merveille n'a-t-il été chargé de la nomenclature du système métrique ! Peut-être, aussi bien, n'avait-il que cela à dire dans sa vie, car si c'est le même Fabre d'Églantine qui imagina les *primidi, duodi, tridi*, il faut avouer que là il ne fut pas très heureux. D'ailleurs, malgré leur grâce ou leur langueur, ni *prairial*, ni *brumaire* n'auraient pu, de longtemps, évoquer tout ce qu'il y a pour nous dans le triste octobre ou dans le clair mai : Tunc etiam mensis madius florebat in herbis. (XIIe siècle.) NDA

3 Francis Wey s'est amusé à substituer, en des phrases de conversation, certains de ces mots aux mots traditionnels, décagramme, par exemple, à *once* : « Elle ne pèse pas un décagramme ! » Ils ont fini cependant par entrer dans la littérature, au moins

Cette abréviation, plus laide encore que le mot complet, est fort usitée ; *kilo* et *kilomètre* sont même à peu près les deux seuls termes usuels que le système métrique ait réussi à introduire dans la langue, puisque *litre* sous cette forme et sous celle de *litron* existait déjà en français[1]. En 1812, devant la répugnance bien naturelle du peuple, on dut permettre le retour des anciens mots proscrits qui s'adaptèrent désormais à des poids et à des mesures conformes à la loi nouvelle. Il restait à adoucir la théorie, comme on avait adouci la pratique et à faire rentrer dans l'enseignement primaire les termes français chassés au profit du grec ; on ne l'a pas osé et l'on continue à enseigner dans les écoles toute une terminologie très inutile et très obscure. Aujourd'hui comme durant tous les siècles passés, le vin se vend à la *chopine*, au *demi-setier*, au *verre*, et dans les provinces les vieux mots *pots*, *pinte*, *poisson*, *roquille*, *demoiselle* et bien d'autres sont toujours en usage ; *pièce*, *foudre*, *velte*, *queue*, *baril*, *pipe*, *feuillette*, *muid*, *tonneau*, *quartaut* n'ont point capitulé devant *hectolitre*, ni *boisseau*, ni *barrique*, ni *hotte*. En Normandie le mot *hectare* est tout à fait incompris, hormis des instituteurs primaires : là, comme sans doute dans les autres provinces, le champ du paysan s'évalue en *acres*, *arpents*, *journaux*, *perches*, *toises*, *verges* et *vergées*. Les marins en sont restés à la *lieue*, à la *brasse*, au *mille*, au *nœud*, et plusieurs corps de métier, notamment les imprimeurs, pratiquent uniquement le système duodécimal, soit sous les noms de *point*, *ligne*, *pouce* et *pied*, soit au moyen d'un vocabulaire spécial.

---

dans la mauvaise ; je lis dans une feuilleton : « Bon Dieu : que c'est embêtant d'avoir des kilogrammes de sommeil contre les paupières ! 3 ». – D'autre part, *l'once* a repris faveur dans les pharmacies. NDA – Commentaire de la note de l'auteur. Francis Wey (1812-1882), diplômé de l'École des Chartes, est Inspecteur général du Département des Archives à Paris. Romancier, auteur de drames, de récits de voyage et d'essais de critique d'art, il s'est intéressé à la langue dans ses *Remarques sur la langue française au dix-neuvième siècle sur le style et la composition littéraire*, Firmin-Didot, 1845, et dans *l'Histoire des révolutions du langage en France*, Firmin-Didot, 1848. Il y analyse le premier cas de « crise du français ». La citation de Gourmont provient du premier ouvrage : « Quant à introduire dans le langage ordinaire ces termes pédantesques, il y faut renoncer. Jugez plutôt de leur effet. On dit vulgairement à la vue d'une jeune fille qui danse avec légèreté : Elle ne pèse pas une once… Elle ne pèse pas une livre. Essayez de dire : – Elle ne pèse pas un décagramme ou un demi-kilogramme, et admirez les charmes de cette expression. » (*Remarques*, *op. cit.*, p. 69) Les termes de son rejet sont très proches de ceux de Gourmont ; il stigmatise dans ces pages « la laideur, la dureté de ces vocables métis… » (*Ibid.*, p. 68)

1 *Litre*, au sens de bande de couleur noire, est identique à *liste* (anciennement *listre*, du vieux haut-allemand *lista*). Le litron était la seizième partie du boisseau ; son étymologie est incertaine. NDA

Qui entendit jamais prononcer le mot *stère* ? Les bûcherons qui mesurent encore le bois au lieu de le peser se servent plus volontiers de la *corde*, et les auvergnats, de la *voie*. Cette racine inusitée n'en a pas moins fructifié : elle a donné *stéréotomie*, *stéréoscope*, *stéréotypie*, mots élégants et qui ont le mérite de prouver qu'il ne peut y avoir aucun rapport rationnel entre la signification et l'étymologie. Les pauvres enfants auxquels on a fait croire que les syllabes du mot *stère* contiennent l'idée de solide ne sont-ils pas tout disposés à comprendre *stéréoscope* ? Heureusement que, moins respectueux que leurs maîtres, ils oublient bientôt ces mots absurdes ; les ouvriers *stéréotypeurs* n'ont pas tardé à imposer *clichage* et *cliché*.

En dehors du système officiel, *mètre* a été d'une terrible fécondité ; allié tantôt à un mot grec, tantôt à un mot latin, car tout est bon aux barbares qui méprisent la langue française, il donna une quantité de termes inutiles et déconcertants tels que *chronomètre*, *microchronomètre*, *taxamètre* qui vient d'entrer officiellement en lutte avec *compteur*, *anthropométrie*. Ce dernier mot est d'autant plus mauvais qu'il ne dit rien de plus que *mensuration*, doublet du vieux *mesurage*, malheureusement dédaigné. On a présenté pour l'Exposition une grande carte des récifs et des profondeurs des côtes de France ; ce titre donnerait une bien médiocre idée des talents de l'auteur ; aussi a-t-il dénommé sa carte *lithologico-isobathométrique*. Voilà qui est sérieux.

Le système métrique pouvait très bien se concilier avec le vocabulaire traditionnel ; c'est ce qui est advenu dans la pratique de la vie, et encore que les lois (singulières tracasseries !) défendent d'imprimer le mot *sou* dans une indication de prix, peu de gens se sont encore résignés à appeler ce pauvre sou proscrit autrement que par son nom unique et vénérable. Comme les Poids et Mesures, la plupart des métiers ont eu à subir l'assaut du gréco-français, mais la plupart ont assez bien résisté, opposant au pédantisme la richesse de leurs langues spéciales, créées bien avant la vulgarisation du grec. Sauf quelques mots par lesquels d'académiques vétérinaires voulurent glorifier leur profession, la maréchalerie se sert d'un dictionnaire entièrement français, ou francisé selon les bonnes règles et les justes analogies ; parmi les plus jolis mots de ce répertoire peu connu figurent les termes qui désignent les qualités, les vices ou la couleur des chevaux ; *azel*, *aubère*, *balzan*, *alzan*, *bégu*, *cavecé*, *fingart*, *oreillard*, *rouan*, *zain*. Récemment la racine ιπποϛ est venue donner naissance, d'abord à l'*hippologie* (qui n'est autre que la *maréchalerie*), puis à l'*hippophagie* ; les palefreniers sont devenus très probablement des *hippobosques* et enfin, ceci est plus certain, la colle faite avec la peau du cheval a pris le nom magnifique d'*hippocolle.* Ce mot n'est-il pas un peu trop gai pour sa signification ?

La vénerie et le blason possèdent des langues entièrement pures et d'une beauté parfaite ; mais il m'a semblé plus curieux de choisir comme type de vocabulaire entièrement français celui d'une science plus humble, mais plus connue, celui de l'ensemble des corps de métier nécessaires à la construction d'une maison. Que l'on parcoure donc « le Dictionnaire du constructeur, ou vocabulaire des maçons, charpentiers, serruriers, couvreurs, menuisiers, etc.[1] » et l'on verra que tous les outils, tous les travaux de tous ces ouvriers ont trouvé dans la langue française des syllabes capables de les désigner clairement. La lente organisation d'une telle langue fut un travail admirable auquel tous les siècles ont collaboré. Elle est faite d'images, de mots détournés d'un sens primitif et choisis pour un motif qu'il est souvent difficile d'expliquer. Voici quelques-uns de ces termes dont plusieurs sont familiers à tous sous leur double signification : *marron*, *talon*, *barbe*, *jet-d'eau*, *valet*, *chevron*, *poutre*, *dos-d'âne*, *poitrail*, *corbeau*, *œil-de-bœuf*, *gueule-de-loup*, *tête-de-mort*, *queue-de-carpe*, et tous noms d'engins destinés à soulever des fardeaux : *bélier*, *mouton*, *moufle*, *grue*, *chèvre*, *vérin*. Le nom de *jet-d'eau* donné à une sorte de rabot est fort joli par l'image évoquée des copeaux qui surgissent au-dessus du contre-fer ; il semble nouveau dans cette signification[2], mais la langue des métiers toujours vivante et si inconnue est en perpétuelle transformation. Je ne suis pas éloigné de songer qu'il serait plus utile de faire apprendre aux enfants les termes de métier que les racines grecques[3] ; leur esprit comprendrait mieux une matière plus assimilable, et si l'on joignait à cela des exercices sur les mots composés et les suffixes, peut-être prendraient-ils plus de goût et quelque respect pour une langue dont ils sentiraient la chaleur, les mouvements, les palpitations, la vie.

1 Par L.-Pernot (1829). NDA

2 Il figure avec un autre sens dans le dictionnaire de Pernot, ainsi que *gueule-de loup* et *riflard*, autres outils de menuisier. NDA

3 « Furetières avait raison de regretter le nom énergique d'*orgueil*, employé par les ouvriers pour désigner l'appui qui fait dresser la tête du levier, et que les savants appelaient du beau nom d'*hypomoclion.* » Marty-Laveaux, *De l'enseignement de notre langue* (1872). – On se souvient des conseils donnés par Ronsard dans son *Art poétique :* « Tu practiqueras bien souvent les artisans de tous mestiers… » NDA

CHAPITRE V

Les mots gréco-français jugés d'après leur forme et leur sonorité. – Comment le peuple s'assimile ces mots. – Rejet des principes étymologiques. – L'orthographe et le « fonétisme ».

Tout n'est pas mauvais dans les récents langages techniques. Naguère, obligée à des abréviations par la longueur hostile de certains vocables, la chimie a dû adopter, pour signifier tout un ensemble de combinaisons complexes, tel suffixe assez heureux. Sur l'analogie de *vitriol* nous avons vu naître *aristol*, *formol*, *menthol*, *goménol*, mots très acceptables et d'une bonne sonorité. Ainsi, après avoir réprouvé les très anciens termes *couperose*, *nitre*, *esprit-de-sel*, *vitriol*, pour leur substituer sulfate de cuivre, azotate de potasse, acide chlorhydrique, acide sulfurique, les chimistes ont dû, tout comme les alchimistes, négliger dans le mot nouveau la notation des éléments combinés dans la matière nouvelle. Ce retour à l'instinct est un grand progrès linguistique. Des suffixes en *ose*, la chimie et la médecine ont créé les mots dont *glucose*, *amaurose* sont des types assez bons et qui démontrent qu'avec un peu de goût la formation savante serait maniable sans danger pour la langue. Enfin tous les vocabulaires techniques ont trouvé dans le grec des mots faciles à franciser et immédiatement acceptables ; je citerai *glène*, *galène*, *malacie*, *lycée*, *mélisse*, en renvoyant aux premières pages de cette étude où l'on trouvera les raisons de leur beauté analogique.

Ils ont une forme heureuse, mais par hasard ; et pourtant tout mot grec aurait pu devenir français si l'on avait laissé au peuple le soin de l'amollir et de le vaincre.

Asthme figure dans la langue depuis plusieurs siècles, ainsi que la *phthisie* (ou *phtisie*, avec une incorrection), mais l'usage les avait très heureusement déformés en *asme* et en *tésie*[1] ; c'est d'ailleurs pour nos organes une nécessité que cet adoucissement. Les almanachs de l'école

1 *Étique*, déformation de *hectique*, est resté dans la langue. On trouve aussi *tisie*. Hadrianus Junius traduit *tabes* par l'*éticque* ou *tisie*. En Normandie (environs de Granville), la formule orale « il est phtisique » est devenue « il est tisique », puis « il est isique ». La *térébenthine* était devenue joliment *tourmentine* (*Dictionnaire* de Wailly). NDA

de Salerne[1] avaient encore popularisé *apoplexie*, *paralysie*, *épilepsie*, *anthrax*, mais la langue ne les avait admis qu'avec des modifications considérables : *popelisie*, *palacine*, *épilencie*, *antras*, mots excellents et très aptes à signifier clairement les maladies qu'ils représentent[2].

Voici, d'ailleurs, une liste de mots d'origine grecque, francisés, allégés ou déformés, soit au moyen âge, soit dans les derniers siècles. Quelques-uns n'ont pu achever leur évolution, les étymologistes étant survenus, qui les ont redressés.[3]

Allopice	pour Alopécie (LANFRANC, XIVe s.)
Courine	– Cholérine (ancien français)[3].
Cistole	pour Systole (d'Aubigné).
Cisme	– Schisme (XIIe s.).
Chite	– Schiste (XVIIIe s. Au XVIe s., on trouve *sciste*).
Chile	– Chyle (Guy de Chauliac).
Espère	– Sphère (*Roman de la Rose*).
Équinoque	– Équinoxe (parler des marins de Granville).
Farmacie	– Pharmacie (Mandeville).
Flebotome	– Phlebotomie (XIVe s.)
Fisicien	– Physicien (*Roman de la Rose*).
Fusique	– Physique (*Enéas*).
Hémeroïdes	– Hémorrhoïdes (*Théâtre italien*, 1698 : *Isabelle médecin*).
Iponisie	– Hypocrisie (*Ibid.*, *Métamorphoses d'Arlequin*).
Hidrogène	– Hydrogène (Guiton de Morveau)

1 L'École de Salerne est la plus ancienne école de médecine d'Europe. De la chute de l'Empire Romain au XIVe siècle, elle dispensa un enseignement théorique et pratique de médecine et de chirurgie, fondé sur l'étude des textes anciens mais aussi sur l'examen des malades. Les « almanachs » dont parle Gourmont sont des textes souvent collectifs et anonymes. Le plus célèbre est *La Médecine selon le régime sanitaire de l'école de Salerne (Flos medicinæ vel regimen sanitatis Salernitanum)*. Rédigé vers 1060 en vers latins, il expose des préceptes médicaux, assortis de règles de morale et d'hygiène élémentaire.

2 Au XVIIe siècle, le français tendait à s'assimiler même certains mots maniés par les seuls lettrés. Une mazarinade porte ce titre : Rymaille des plus célèbres *Bibliotières* (bibliothèques). On a dit et on dit encore, en Normandie, au Canada : *Eclipe* pour éclipse, *catéchime*, pour catéchisme. Le peuple de Paris essaie de donner une forme aux mots grecs ; il prononce : *chirurgie* et *chérugie*, *panégérique*, *farmacerie*, *plurésie*, *rachétique*, *rumatisse*, *cangrène*, *cataplâsse*, *cataclisse*, etc. La tendance à réduire les finales *isme* et *asme* à *ime* ou *isse* et *âme* ou *asse* est toujours active en français. NDA

3 *Cf. surgien*, de *chirurgianus* ; *charaut*, de *cataracte* ; *évier*, de *aquarium*, etc. NDA

Ipotame – Hippopotame (ancien français)
Ipocrite – Hypocrite (Chrétien de Troyes).
Idre – Hydre (Bestiaire de Gervaise « Une beste est idres clamée »).
Laituaire – Electuaire (Chrétien de Troyes, *Roman de Cligès*).
Litargie – Léthargie (XIIIe s.).
Métridal – Mithriadatial (XVe s.)
Morfose – Métamorphose (Contes populaires. Les lettrés qui les recueillent écrivent : *morphose*).
Morue[1] pour Hémorrhoïdes (XVe s.).
Orison – Horizon (XVIIe s.).
Orquis – Orchis (*Dict. Hist. Nat.* de Guérin).
Odion – Oïdium (parler de la Saintonge).
Patétique – Pathétique (XVIe s.).
Pédagoge – Pédagogue (N. Oresme).
Paralisin – Paralysie (XIIIe s. « Cele maladie del cors cui li medecin par un gréjois non apelent *paralîsin* »).
Paralisme – Paralogisme (ancien français).
Polipe – Polype (Brunetto Latini).
Polipode – Polypode (XIIIe s.).
Populéon – Populeum (XIIIe s.).
Poligone – Polygone (Cotgrave).
Polièdre – Polyèdre (Furetière).
Presbiterie – Presbytère (*Rois*).
Presbite – Presbyte (Furetière).
Pimain – Pygmée (XIVe s.).
Piramide – Pyramide (XIIe s.).
Pirètre – Pyrètre (XIIIe s.).
Perrique – Pyrrhique (XIVe s.).
Rinocerons – Rhinocéros (XIIIe s.).
Reume – Rhume (XIIIe s.).
Rettoricien – Rhétoricien (N. Oresme).
Reubarbe – Rhubarbe (XVe s.).
Rum – Rhum (XVIIe s.).

1 Cette fois la déformation est un peu forte. NDA

Rabdomance pour Rhabdomancie (*Dictionnaire de l'Académie*, 1768).

Sinayoge – Synagogue (*Chanson de Roland*).

Sicamor – Sycomore (XIIe s.).

Sillabe – Syllabe (D°).

Sinonime – Synonyme (D°).

Soffime – Sophisme (D°).

Silogime – Syllogisme (XIIIe s.)

Sassifrage – Saxifrage (D°).

Soffistre – Sophiste (D°).

Sinderese – Syndérèse (XIV s.).

Silvestre – Sylvestre (D°).

Silvain – Sylvain (Clément Marot).

Sicophant – Sycophante (XVe s.).

Sincope – Syncope (D°).

Strategeme – Stratagème (D°).

Sylfe – Sylphe (XVIe s.).

Sinodoche – Synecdoche (D°).

Scheme – Schéma (Ronsard).

Sistématiser – Systématiser (*Dictionnaire de Trévoux*).

Tesme – Thème (*Roman de la rose*).

Teorique – Théorique (XIIIe s.).

Termes – Thermes (D°).

Tym – Thym (D°).

Thorace – Thorax (XIVe s.).

Tiriacal – Thériacal (XVe s.).

Teoricien – Théoricien (XVIe s.).

Teoreme – Théorème (Rabelais).

Termomètre – Thermomètre (Chapelain).

Termidore – Thermidor (cité par G. Lenôtre).

Ydromelle – Hydromel (XVe s.).

Ydrofobie – Hydrophobie (Mandeville).

Ypogras – Hypocras (XIVe s.).

Yeune – Hyène (*Bestiaire divin*, de Le Clerc, XIIe s.).

Ycciofage – Ichthyophage (XIVe s.).

Nous sommes devenus trop respectueux et trop timides pour que l'on puisse conseiller aujourd'hui de soumettre à un traitement trop radical les mots gréco-français du répertoire verbal ; il faut cependant trouver à leur laideur quelques palliatifs.

Le premier remède sera de rejeter tous les principes de l'orthographe étymologique et de soulager les mots empruntés au grec de leurs vaines lettres parasites[1]. Un mot étranger ne peut devenir entièrement français que si rien ne rappelle plus son origine ; on devra, autant que possible, en effacer toutes les traces. Les mots latins francisés par le peuple n'ont souvent gardé aucun signe de leur naissance ; on n'aperçoit pas, au premier coup d'œil, *libella* dans *niveau*, *catellus* dans *cadeau*, *pulverem* dans *poudre*, *patella* dans *poêle*, *aboculus* dans *aveugle*[2]. Ces déformations, qui sont très régulières, si elles ne peuvent plus servir d'exemples pour l'incorporation actuelle des mots étrangers, enseigneront cependant le mépris de ce qu'on appelle les lettres étymologiques.

Je ne crois pas qu'il soit possible ni utile de modifier la forme des mots latins anciennement francisés par les érudits, ni, sous prétexte d'alignement, de biffer certaines lettres doubles, de remplacer les *g* doux et les *ge* par les *j*, ni enfin de faire subir à l'orthographe aucune des modifications radicales et maladroites préconisées par les « fonétistes[3] ». Il faut accepter la langue sous l'aspect que lui ont donné quatre siècles d'imprimerie, et que le journal vulgarise depuis cinquante ans. Nul ne peut consentir, qui aime la langue française, à écrire *fam*, *ten*, *cor*, *om*, pour *femme*, *temps*, *corps*, *homme*. Si l'on voulait réaliser la prétention des réformistes et écrire les mots exactement comme ils se prononcent, chaque lettre n'ayant qu'une valeur et chaque son étant représenté par une

1 Dans le chapitre suivant, Gourmont expose son projet de réforme de l'orthographe des mots d'origine grecque : « Les mots grecs imposés au dictionnaire français perdraient une partie de leur laideur pédante si on les soumettait à une simple opération de nettoyage. [...] Il faut remplacer les *ph* par des *f*, les *y* par des *i* et écrire par *qu* les *k* et les *ch* durs. » (*infra.*, p. 94). Cette question sera approfondie dans « La langue française et les grammairiens » en août 1900, dans *Le Problème du style* (1902).

2 Sur l'histoire d'*aboculus*, voir Antoine Thomas, *Revue des Idées*, tome Ier, p. 440. NDA

3 Dans la continuité des lois Ferry, c'est le phonéticien Paul Passy (1859-1940) qui lance le mouvement de réforme orthographique en 1887. Il est à l'origine d'une pétition présentée à l'Académie Française pour obtenir une simplification de l'orthographe. En 1886, il crée l'Association phonétique internationale afin d'établir un alphabet phonétique applicable à toutes les langues ; il publiera l'*Alphabet phonétique international* en 1888. Son organe d'expression est *Dhe fonetic ticer* puis *Le metr fonetic* rédigé en transcription phonétique. P. Passy en est l'éditeur. Socialiste et protestant, Passy est, au plan idéologique, très éloigné de Gourmont puisqu'il conçoit l'enseignement comme une mission alliant engagement social et foi chrétienne.

lettre unique, il ne faudrait pas moins de 50 signes différents attribués à 27 consonnes et à 23 voyelles pures ; sans compter les voyelles nasales, ce qui porterait à 58 le chiffre total des lettres de l'alphabet français. M. Paul Passy se sert de 42 signes dans sa *Méthode phonétique* élémentaire ; c'est suffisant, mais non scientifique. Une analyse un peu minutieuse des sons de la langue française ne pourrait s'établir à moins d'une centaine de lettres ; et il faudrait constamment refondre cet alphabet modèle, car les sons changent : tantôt une lettre perd un son, tantôt elle en gagne un autre. Le bref alphabet latin, par ses combinaisons infinies, est apte à rendre toutes les nuances de la voix et toutes les demi-nuances d'une prononciation infiniment variable : on ne fait pas entendre les deux *tt* dans *littéral*, *littérature*, mais on en fait peut-être entendre un peu plus d'un seul, un et une fraction impondérable[1]. Quel signe pourra fixer l'insaisissable nuance ? Est-on sûr que *bèle* soit l'exact équivalent phonétique de *belle*, que *frè* remplace *frais* ? L'*e* muet, quoiqu'il ne se prononce plus dans la plupart des cas, a gardé une valeur de position ; il est impossible, comme le veulent les phonétistes, de le supprimer de la langue française[2]. L'orthographe ne doit pas plus se conformer à la prononciation que la prononciation à l'orthographe.

---

1 Lettres doubles et accents sont, il est vrai, des restitutions ou des inventions modernes. L'ancien français les ignorait. NDA

2 Cette question de l'*e* muet est au croisement de deux grandes problématiques chez Gourmont : celle du vers et celle de l'orthographe. Voir *infra* le chapitre sur le vers libre. Gourmont écrira en avril 1902 dans « Le problème de l'*e* muet » : « Les poètes français, s'ils ne veulent pas continuer à être victimes du désaccord entre la parole et l'écriture, qu'ils fassent les aveugles, qu'ils oublient les chimères de l'orthographe et qu'ils n'écrivent rien sans consulter l'oracle – l'oreille. » (*Le Problème du style*, *op. cit.*, p. 190).

CHAPITRE VI

Réforme des mots grecs-français. – Les lettres parasites et les groupes arbitraires (ph, ch). – Liste de mots grecs réformés. – La Cité verbale et les mots insolites. – Dernier mot sur le « fonétisme ». – La liberté de l'orthographe.

Il n'y a à cette heure que deux réformes à faire dans l'orthographe : l'une concerne les mots grecs ; l'autre, les mots étrangers.

Les deux questions sont distinctes. Je parlerai des mots étrangers dans un autre chapitre.

Les mots grecs imposés au dictionnaire français perdraient une partie de leur laideur pédante si on les soumettait à une simple opération de nettoyage.

Il faut supprimer : toutes les lettres qui ne se prononcent pas ; toutes celles qui aspirent inutilement la consonne qu'elles précèdent ; il faut aussi remplacer les *ph* par des *f*, les *y* par des *i* et écrire par *qu* les *k* et les *ch* durs[1].

La suppression des lettres purement parasitaires est en train depuis la seconde moitié du XVIIe siècle. M. Gréard l'a reconnu dans un rapport sur la réforme de l'orthographe[2] : si l'on écrit *rapsode*, *trésor*, *trône*, il n'y a aucun motif raisonnable d'écrire *chrome*, *rhododendron*, *thésauriser*[3].

1 Sur le *ch* dur, Vaugelas, très respectueux de l'étymologie est cependant intraitable. Il veut que « chaque lettre soit maîtresse chez soi », c'est-à-dire qu'on n'écrive pas *ché* une syllabe qui doit se prononcer *qué*, parce que le *ch* français n'a qu'un seul et unique son. L'honnête Vaugelas appelle le *ch* dur un piège tendu à toutes les femmes et à tous ceux qui ne savent pas le grec. NDA

2 En 1893, Octave Gréard (1828-1904), Recteur de l'Académie de Paris et membre de l'Académie Française, a présenté un rapport sur la réforme de l'orthographe à l'Académie. En dix chapitres, il expose un projet de réforme portant sur le trait d'union, les mots d'emprunt, les pluriels en *x* des mots *caillou*, *pou*, *genou*... et les lettres grecques. Ses propositions fort modérées, inspirées de Firmin-Didot et de Littré, visent à régulariser et non à bouleverser l'orthographe. Elles resteront lettre morte.

3 À Paris, le peuple a résolu la question, en ce qui touche à ce dernier mot ; il dit *trésoriser*, sans malice, mais qu'elle est bonne, cette leçon de l'instinct ! C'est également la forme qu'emploie toujours Restif de la Bretonne ; par exemple : *Paysan perverti.* Lettre LXIII. NDA

Les consonnes aspirantes seraient plus difficiles à éliminer. Cependant *phtisie* est inadmissible et *ftisie* ne l'est guère moins ; il faudrait ici se guider sur l'analogie, sur l'italien, sur l'ancienne langue[1], et dire *tisie.*

Remplacer *ph* par *f* : la réforme est faite pour *fantôme*, *fantaisie* ; elle s'appliquera à tous les mots analogues avec la même facilité[2]. Les *y* deviendront très aisément des *i*, et l'on écrira *sinfonie*, *sinonime*, *stile*, comme on écrit déjà *cimaise.*

J'ose à peine dire que *kilo*, *kyste* deviendraient français sous la forme *quiste*, *quilot*[3] ; cela est trop évident et trop simple pour qu'on l'admette. Peut-être redoutera-t-on pareillement d'écrire *arquiépiscopal.* Devant *a*, *o*, *u*, le *qu* deviendrait naturellement *c* : *arcange.*

Voilà toutes mes propositions touchant la réforme des mots grecs. J'estime qu'en diminuant la laideur de ces mots elles augmenteraient d'autant la beauté de la langue française[4].

Quel rajeunissement pour ces vocables barbares (j'en nommerai quarante) d'avoir été taillés comme des vieux arbres trop chargés de bois mort ! Souvent il suffira d'une lettre de moins pour que le mot rentre dans les conditions normales de la beauté linguistique. Sans doute aucun élagage, si rigoureux qu'il soit, ne donnera aux mots grecs la pureté de lignes qu'ils auraient acquise en passant par la forge populaire. De φυλακτηριον nous ne pouvons plus faire sortir que *filactère*, qui garde un air un peu gauche, surtout si on le compare au vieux *filatire*[5] que le pèlerin Richard avait au XIIe siècle tiré des mêmes syllabes :

> A crois, a filatires, a estavels de cire,
> Les encensiers aportent, si vont le messe dire.

---

1 Voir la note page 88.

2 La valeur phonétique du *ph* latin remplaçant le φ est controversée. On voit ce φ devenir *b* : *balœna*, de <φαλαινα>, baleine. NDA

3 Sur environ 30 mots à *k* initial, un date du XIIIe siècle, *kyrielle*, qui est dans le *Renart ;* un du XIVe, *kermesse* (du flamand *kerkmisse*) ; deux du XVIe, *kermès* (de l'arabe *kirmiz*), *kyste* (A. Paré) ; un du XVIIe *kiosque* (du truc *kiouchk*), écrit d'abord *kioch*, par son importateur, Thévenot. Le reste, dont 7 pour la progéniture de l'infâme *kilo*, est de formation récente. Firenzuola, dans son *Disacciamento delle nuove lettere*, a montré l'inutilité du *k* en italien. Il proteste aussi contre l'*x*, qui n'est jamais que *cs* ou *gs* ; les Toscans l'ont converti en *ss*. NDA

4 Sur le principe même des modifications orthographiques, se reporter à la *Préface.*

5 *Reliquaire*, venu de l'idée de préservation. De la même idée le gréco-français a fabriqué *prophylaxie.* NDA

Voici des mots, avec leur état en italien :

Thyrse	Tirse	Tirso
Porphyre	Porfire	Porfirio
Nymphe	Nimfe, Ninfe[1]	Ninfa
Zéphyr	Zéfir	Zèfiro Zèffiro
Saphique	Safique	Saffico
Symphyse	Sinfise, Simfise	Sinfisi
Sympathique	Sinpatique	Simpatico
Typographie	Tipografie	Tipografia
Orthographe	Ortografe[2]	Ortografia
Esthétique	Estétique	Estetica
Technique	Tecnique	Tecnico
Thrasybule	Trasibule	
Typhon	Tifon	Tifone
Polythéisme	Politéisme	Politeismo
Philosophie	Filosofie	Filosofia
Phosphore	Fosfore	Fosforo
Phtisie	Tisie	Tisi
Gymnosophiste	Gimnosofiste	Ginnosofista
Hydrophobie	Hidrophobie[3]	Idrofobia
Hydrothérapie	Hidrothérapie	Idroterapia
Ichthyophage	Ictiofage	Ittiofago
Isthme	Isme	Ismo
Asthme	Asme	Asma
Kilogramme	Quilogramme	Chilogrammo[4]
Lycanthropie	Licantropie	Licantropia
Métaphysique	Métafisique	Metafisica
Mythologie	Mitologie	Mitologia
Ophthalmie	Oftalmie	Oftalmia
Autochtone	Autoctone	Autoctono
Chlorose	Clorose	Clorosi

1 On peut conserver l'*M*. NDA

2 Les phonétistes emploient le mot *grafie*. NDA

3 On peut conserver l'*h* initiale de ces mots commençant en grec par *u*, non par respect pour le grec, mais pour varier les formes. NDA

4 *Ch* italien équivaut à notre *qu* (dans *qualité*). NDA

Chrysanthème	Crisantème	Crisantemo
Christianisme	Cristianisme	Cristianismo
Cynocéphale	Cinocéfale	Cinocefalo
Syllabe	Sillabe	Sillaba
Dithyrambe	Ditirambe	Ditirambo
Ecchymose	Equimose	Ecchimosi
Euphrosyne	Eufrosine	Eufrosina
Phrase	Frase	Frase
Thym	Tym[1]	Timo

On voit qu'il s'agit seulement de franciser des mots insolites, de les achever au moyen de retouches, de les polir par le sacrifice de quelques excroissances. Il y a loin de ces petits travaux de jardinage au bouleversement entrepris par certains réformateurs que l'ignorance du vieux français rend tout à fait impropres à concilier la beauté traditionnelle avec la beauté d'utilité. Le mot étant un signe, et rien de plus, doit avoir les caractères du signe, la diversité et la fixité des formes. Sans doute on peut écrire *poto*, *rato*, *gato*, *morso*, *nivo*, sous prétexte que dans ces mots le son final est rendu plus nettement et plus clairement par *o* que par *eau*. Dans l'absolu, c'est vrai ; mais les langues ne sont pas dans l'absolu, puisqu'elles vivent, se meuvent, s'accroissent, meurent.

Il y a dans les langues une beauté visible que l'on diminue en introduisant dans la cité verbale des figures étrangères, des voix dissonantes. Les mots grecs : il semble que, vomis par les cartons de Flaxman[2], des guerriers vêtus d'un seul casque à balai fassent la cour à des marquises ou à des grisettes ; qu'ils rentrent dans leurs cartons, qu'ils réintègrent leurs musées et continuent, rouges autour des vases noirs, leurs éternels gestes, ou que, résignés à la loi du milieu, ils se fassent, par le costume et par l'accent, les fils du peuple où ils se sont introduits. Mais cette beauté du vocabulaire, on ne la diminue pas moins en proscrivant la variété individuelle dans la permanence du type, et c'est là l'erreur des

1 Concession aux habitudes de l'œil ; mais la forme rationnelle est certainement *tin*. De même j'écrivais volontiers *lys*. On a dit de l'*y* : « C'est la plus jolie lettre de l'alphabet français. » Soit, mais c'est comme si l'on disait que le vin de Malaga est le meilleur vin de France. L'*y* a cependant eu sa valeur et son rôle, à un certain moment. Les familles italiennes établies dans le midi se francisaient d'un coup, en substituant l'*y* à l'*s* final de leur nom. NDA

2 John Flaxman (1755-1826) est un sculpteur et dessinateur anglais néoclassique.

phonétistes et le danger de leurs théories. Si, pour ne pas changer d'exemple, tous les sons en *o* étaient rendus par l'unique lettre *o*, outre que la langue perdrait un de ses caractères particuliers qui est de ne posséder aucune syllabe finale terminée par un *o*, il en résulterait une monotonie insupportable. Il faut encore observer que le signe *eau* contient une force secrète rigoureusement attachée au groupe des trois lettres qui le déterminent ; il représente à la fois le son *o* et le son *el*[1]. *Niveau* est, tout aussi bien que l'italien *livello*, la figure exacte du latin *libella* ; il a été *nivel*, et, comme tel, a donné *niveler* ; mais sa forme *niveau* l'aurait donné tout aussi bien, comme *taureau* a suggéré récemment *taurelle*.

Il y a des réformateurs plus modérés et dont le but, purement utilitaire, est de rendre le français plus accessible aux étrangers[2] ; leurs principes sont ceux qui ont guidé jadis l'Académie espagnole quand elle simplifia la vieille orthographe[3] ; j'ai donné les motifs à la fois de science et d'esthétique qui ne me permettent pas de les accepter. Je considère comme intangibles la forme et la beauté de la langue française, et si je livre à la serpe la plupart des mots grecs et des mots étrangers, c'est précisément pour leur donner la beauté qui leur manque.

Une orthographe fixe est nécessaire. La permanence des signes imprimés a certainement été un grand progrès. Il est évident que cette permanence n'est pas grandement troublée quand on supprime un des *p* d'*appréhension* ou quand on transforme en *è* le second *é* d'*événement* ; le seul danger est qu'une licence n'en amène une autre et que l'orthographe ne devienne tellement personnelle que la moindre lecture exige un travail

1 Sauf exception. NDA

2 Gourmont reprendra cet argument lorsqu'il commentera le texte de la réforme de 1900 dans « La langue française et les grammairiens » : « On a songé aux étrangers et aux "protégés", aux petits Allemands et aux petits Kabyles. Cela est gentil et courtois. Avant d'aller plus loin, on fera bien de songer que, s'il est bon de plaire à autrui, il est meilleur encore de ne pas se nuire à soi-même. » (*Le Problème du style*, *op. cit.*, p. 220). Sur cette question, voir Nina Catach, « La bataille de l'orthographe autour de 1900 », *Histoire de la langue française*, 1880-1914, tome 14, Paris, éditions du CNRS, p. 237-251.

3 En 1906, Gourmont fera à nouveau référence à la réforme de l'orthographe espagnole dans « La dispute de l'orthographe » ajouté à la seconde édition du *Problème du style* : « Quand l'Espagne, au dix-huitième siècle, adopta une orthographe qui peut passer pour rationnelle et qui est, tout au moins, simple et logique, il n'y avait peut-être pas dix Espagnols sur cent qui eussent l'habitude de quelque lecture. Une réforme ne troublait que le petit nombre, et au petit nombre, surtout s'il se pique de belles-lettres, on peut toujours faire entendre raison. » (*Le Problème du style*, *op. cit.*, p. 275)

de déchiffrement. M. Anatole France a défendu le droit à la « faute d'orthographe[1] » sous toutes ses formes et avec toutes ses fantaisies : c'est une question absolument différente. Il est aussi déraisonnable d'exiger de tous la connaissance de l'orthographe que la connaissance du contre-point ou de l'anatomie comparée. L'étude des formes verbales n'en est pas moins légitime, ainsi que le souci de la conservation de la pureté qui détermine leur caractère et leur race.

1 Le 3 octobre 1900, Anatole France publie un article dans *Le Figaro* où il prône un assouplissement de l'orthographe. *Cf.* dans *Le Problème du style* : « Il est évident, et c'est l'avis d'Anatole France, qu'il est absurde d'enseigner l'orthographe » (*op. cit.*, p. 282). Sur ce point voir Yannick Portebois, *Les Saisons de la langue. Les écrivains et la réforme de l'orthographe de l'Exposition universelle de 1889 à la Première Guerre mondiale*, Paris, Honoré Champion, 1998.

CHAPITRE VII

Le latin, tuteur du français. – Son rôle de chien de garde vis-à-vis des mots étrangers. – Les peuples qui imposent leur langue et les peuples qui subissent les langues étrangères – Peuples et cerveaux bi-lingues.

Le français, depuis son origine, a vécu sous la tutelle du latin. Sa naissance a été latine ; son éducation a été latine ; et jusque pendant sa maturité, si on doit supposer qu'il la vit depuis trois siècles, l'appui et les conseils du latin l'ont suivi pas à pas : le latin a toujours été la réserve et le trésor où il a puisé les ressources qu'il n'osait pas toujours demander à son propre génie. C'est un fait, mais non une nécessité. Les langues une fois formées peuvent se suffire à elles-mêmes ; quoique l'on n'ait pas d'exemple certain, parmi les parlers civilisés, d'une telle scission et d'un tel isolement, on supposera très logiquement que le dialecte de l'Ile-de-France, tout d'un coup privé du latin, se soit développé et ait atteint sa parfaite virilité à l'abri de l'influence extérieure. Si le latin avait péri au Xe siècle, le français, sans être radicalement différent de la langue que nous parlons aujourd'hui, tout en possédant le même fonds de mots usuels, tout en usant d'une pareille syntaxe, aurait cependant évolué selon d'autres principes. Il est très probable qu'il serait devenu presque entièrement monosyllabique[1], suivant sa tendance initiale toujours combattue par la présence du latin, et d'un latin particulier dont la tendance contraire allongeait les mots par l'accumulation des suffixes.

Sous cette forme supposée, la langue française aurait eu un caractère très original, très pur, et peut-être faut-il regretter la longue tutelle qu'elle a subie au cours des siècles. Peut-être ; à moins que la présence du latin n'ait été au contraire particulièrement bienfaisante ; à moins que, comme un vigilant chien de garde, le latin, posté au seuil du palais verbal, n'ait eu pour mission d'étrangler au passage les mots étrangers et d'arrêter ainsi l'invasion qui, à l'heure actuelle, menace très sérieusement

1 Cette tendance au monosyllabisme est liée au remplacement progressif des désinences latines par des prépositions et des mots-outils. Ce phénomène d'usure a été contré par le rétablissement de lettres étymologiques et par la création par dérivation affixale de mots polysyllabiques.

de déformer sans remède et d'humilier au rang de patois notre parler orgueilleux de sa noblesse et de sa beauté.

Je crois vraiment qu'en face de l'anglais et de l'allemand le latin est un chien de garde qu'il faut soigner, nourrir et caresser. Ou bien l'enseignement du latin sera maintenu et même fortifié par l'étude des textes de la seconde et de la troisième latinité ; ou bien notre langue deviendra une sorte de *sabir* formé, en proportions inégales, de français, d'anglais, de grec, d'allemand, et toutes sortes d'autres langues, selon leur importance, leur utilité, ou leur popularité. Nous avons de tout temps emprunté des mots aux divers peuples du monde, mais le français possédait alors une volonté d'assimilation qu'il a négligée en grande partie. Aujourd'hui le mot étranger qui entre dans la langue, au lieu de se fondre dans la couleur générale, reste visible comme une tache. L'enseignement des langues étrangères nous a déjà inclinés au respect d'orthographes et de prononciations qui sont de vilains barbarismes pour nos yeux et nos oreilles. Si à dix ans de latin on substituait dans les collèges dix ans d'anglais et d'allemand ; si ces deux langues devenaient familières et aux lettrés de ce temps-là et aux fonctionnaires et aux commerçants ; si, par l'utilité retirée tout d'abord de ces études, nous étions parvenus à l'état de peuple bilingue ou trilingue ; si encore nous faisions participer les femmes et – pourquoi pas ? – les paysans et les ouvriers à ces bienfaits linguistiques, la France s'apercevrait un jour que ce qu'il y a de plus inutile en France, c'est le français. Cependant, chacune des quatre régions frontières ayant choisi de penser dans la langue du peuple voisin, peut-être resterait-il vers le centre, aux environs de Guéret et de Châteauroux, quelques familles farouches où se conserveraient, à l'état de patois, les mots les plus usuels de Victor Hugo.

Ce serait la seconde fois que pareille aventure aurait pour théâtre le sol de la Gaule. Comme les contemporains de M. Jules Lemaître, les petits-fils de Vercingétorix s'avisèrent que le celte était une langue sans utilité commerciale ; ils apprirent le latin très volontiers. Ceux qui résistèrent à l'esprit du siècle se retirèrent dans l'Armorique ; leur entêtement a légué au français environ vingt mots[1] : c'est tout ce qui reste des dialectes celtiques parlés en Gaule, puisque les Bretons d'aujourd'hui sont des immigrés gallois.

1 Et une quantité assez considérable de noms de lieux, fleuves et monts. NDA

Une langue n'a pas d'autre raison de vie que son utilité. Diminuer l'utilité d'une langue, c'est diminuer ses droits à la vie. Lui donner sur son propre territoire des langues concurrentes, c'est amoindrir son importance dans des proportions incalculables.

Il y a deux sortes de peuples : ceux qui imposent leur langue et ceux qui se laissent imposer une langue étrangère. La France a été longtemps le peuple de l'Europe qui imposait sa langue ; un Français d'alors, comme un Anglais d'aujourd'hui, ignorait volontairement les autres langues d'Europe ; tout mot étranger était pour lui du jargon et quand ce mot s'imposait au vocabulaire, il n'y entrait qu'habillé à la française. Allons-nous, sur les conseils des comités coloniaux, devenir une nation polyglotte, sans même nous apercevoir que cela serait un véritable suicide linguistique, et demain un suicide intellectuel ?

Je n'ai pas le courage de défendre avec enthousiasme, comme M. Jules Lemaître, « le règne définitif de l'industrie, du commerce et de l'argent[1] »[2] ; je ne saurais calculer ce que vaut – valeur marchande – la parfaite connaissance de l'anglais, de l'allemand ou de l'espagnol ; ma vocation est de défendre, par des œuvres ou par des traités, la beauté et l'intégrité de la langue française, et de signaler les écueils vers lesquels des mains maladroites dirigent la nef glorieuse. Vilipender les langues étrangères n'est pas mon but, non plus que de déprécier le grec ; mais il faut que les domaines linguistiques soient nettement délimités : les mots grecs sont beaux dans les poètes grecs et les mots anglais dans Shakespeare ou dans Carlyle.

Un homme intelligent et averti peut savoir plusieurs langues sans avoir la tentation d'entremêler leurs vocabulaires ; c'est au contraire la joie du vulgaire de se vanter d'une demi-science, et le penchant des inattentifs d'exprimer leurs idées avec le premier mot qui surgit à leurs lèvres. La connaissance d'une langue étrangère est en général un danger grave pour la pureté de l'élocution et peut-être aussi pour la pureté de la pensée. Les peuples bilingues sont presque toujours des peuples inférieurs.

---

1 Opinions à répandre : Contre l'Enseignement classique. – *Le Figaro*, 25 février 1898. NDA

2 Commentaire de la note de l'auteur. Jules Lemaitre écrit dans cet article : « Tout a changé ; les découvertes de la science appliquée ont modifié profondément les conditions de vie, le règne définitif de l'industrie, du commerce et de l'argent est advenu ; nous sommes dans une société démocratique et industrielle, menacée ou plutôt à demi-ruinée déjà par la concurrence de puissantes nations. »

M. Jules Lemaître juge ainsi que du temps perdu les années passées au collège à « ne pas apprendre le latin[1] » ; mais il ne s'agit pas d'apprendre le latin : il s'agit de ne pas désapprendre le français. Il vaut mieux perdre son temps que de l'employer à des exercices de déformation intellectuelle. On a récemment insinué qu'un bon moyen pour inculquer aux Français une langue étrangère serait de les envoyer faire leurs études à l'étranger. Les « petits Français » seraient remplacés en France par des petits Anglais, par des petits Allemands ; ainsi chaque peuple, oubliant sa langue maternelle, irait patoiser chez son voisin : système excellent, grâce auquel les Européens, sachant toutes langues, n'en sauraient parfaitement aucune.

Je résumerai en un mot ma pensée : le peuple qui apprend les langues étrangères, les peuples étrangers n'apprennent plus sa langue. Mais ces considérations, sans être absolument en dehors de mon sujet s'éloignent de l'esthétique verbale : il me faut maintenant étudier, comme je l'ai fait pour le grec, l'intrusion en français des mots étrangers, des mots anglais en particulier.

1 L'expression entre guillemets figure dans l'article du *Figaro*. Jules Lemaitre, qui fait partie de la Société pour la propagation des langues étrangères en France, a clairement pris parti en faveur des Humanités modernes, contre l'enseignement classique. Dans un épilogue de juillet 1898, « La Question du latin, selon M. Jules Lemaître », Gourmont écrit : « Comme tout le monde, il [Jules Lemaître] s'est aperçu que, depuis un siècle, l'activité extérieure de la France s'est singulièrement ralentie. Jusqu'à ces dernières années, elle était si faible que les Anglais, se jugeant sans concurrents, avaient négligé de s'approprier une quantité de territoires vacants [...]. La situation a changé depuis dix ans et la France a acquis, dans la seule Afrique, plus du tiers de ce continent ; si l'on y comprend Madagascar, et déduits les déserts, voilà une patrie nouvelle prodigieusement vaste ; l'Asie, avec des proportions moindres en territoire, mais actuellement plus importante comme situation, nous offre encore un champ d'activité immense et que le voisinage de la Chine rend pour ainsi dire infini. Voilà la question du latin, telle que le comprend M. Jules Lemaître : des gens qui ont à faire valoir un si gros héritage n'ont plus le temps de bâiller sur les *Géorgiques*. » (*Épilogues-Réflexions sur la vie, Première série, 1895-1898*, Mercure de France, p. 261-262).

CHAPITRE VIII

Comment le peuple s'assimile les mots étrangers. – Liste de mots allemands, espagnols, italiens, etc., anciennement francisés. – Rapports linguistiques anglo-français. – Le français des Anglais et l'anglais des Français. – Les noms des jeux. – La langue de la marine.

Il est indifférent que des mots étrangers figurent dans le vocabulaire s'ils sont naturalisés. La langue française est pleine de tels mots : quelques-uns des plus utiles, des plus usuels, sont italiens, espagnols ou allemands.

Voici une nomenclature très abrégée des principaux emprunts directs de la langue française aux parlers les plus divers. Outre les mots venus à l'origine de l'ancien allemand, par l'intermédiaire du latin médiéval, l'allemand moderne a donné au français *flamberge*, *fifre*, *vampire*, *rosse*, *hase*, *bonde*, *gamin*[1] ; le flamand : *bouquin* ; le portugais : *fétiche*, *bergamote*, *caste*, *mandarin*, *bayadère* ; l'espagnol : *tulipe*, *limon*, *jasmin*, *jonquille*, *vanille*, *cannelle*, *galon*, *mantille*, *mousse* (marine), *récif*, *transe*, *salade*, *liane*, *créole*, *nègre*, *mulâtre*[2] ; l'italien : *riposte*, *représaille*, *satin*, *serviette*, *sorte*, *torse*, *tare*,

1 Ici encore, Gourmont emprunte à l'introduction du *Dictionnaire étymologique* de Brachet : « Tous les termes français d'origine allemande sont postérieurs à la première moitié du seizième siècle. Les guerres de religion, la guerre de Trente Ans, les guerres allemandes du dix-huitième siècle ont importé chez nous des expressions militaires (*bivouac*, *blocus*, *blockhaus*, *chabraque*, *colbach*, *flamberge*, *fifre*, *havresac*, *hourrah*, *loustic*, *lansquenet*, *reître*, *obus*, *sabre*, *rosse*) [...] des termes de boisson ou de cabaret (*trinquer*, *brandevin*, *choucroute*, *cannette*, *gargotte*, *kirsch*, *bonde*, *flèche*, *nouille*). J'ai dit, en commençant ce chapitre, que les mots d'origine allemande ne remontent point au-delà du XVIe siècle, mais il ne faut point appliquer cette assertion aux mots d'origine germanique (j'appelle exclusivement de ce nom les mots allemands introduits dans la langue latine du troisième au dixième siècle, et que le latin a transmis au français). Les deux couches de mots sont très distinctes l'une de l'autre ; les mots d'origine germanique, transmis au français par le latin, ont perdu leur physionomie originaire et subi, pour arriver à notre langue, des transformations régulières. » (*Dictionnaire étymologique*, *op. cit.*, p. LVII).

2 « Les guerres de la Ligue et le long séjour des armées espagnoles en France vers la fin du seizième siècle, répandirent parmi nous la connaissance de la langue castillane ; et cette invasion, qui persista depuis le temps d'Henri III jusqu'à la mort de Louis XIII, laissa sur notre idiome une empreinte relativement forte. Ces mots servent à désigner des végétaux exotiques et leurs produits manufacturés (*cannelle*, *vanille*, *indigo*, *tabac*,

tarif[1], *violon*, *valise*, *stance*, *zibeline*, *baguette*, *brave*, *artisan*, *attitude*, *buse*, *bulletin*, *burin*, *cabinet*, *calme*, *profil*, *modèle*, *jovial*, *lavande*, *fougue*, *filon*, *cuirasse*, *concert*, *carafe*, *carton*, *canaille*[2] ; le provençal : *badaud*, *corsaire*, *vergue*, *forçat*, *caisse*, *pelouse* ; le polonais : *calèche* ; le russe : *cravache* ; le mongol : *horde* ; le hongrois : *dolman* ; l'hébreu : *gêne* ; l'arabe : *once*, *girafe*, *goudron*, *amiral*, *jupe*, *coton*, *taffetas*, *matelas*, *magasin*, *nacre*, *orange*, *civette*, *café* ; le turc : *estaminet* ; le cafre : *zèbre* ; les langues de l'Inde : *bambou*, *cornac*, *mousson* ; les langues américaines : *tabac*, *ouragan*[3] ; le chinois : *thé*, *mandarin*[4].

Voilà des mots (et il y en a beaucoup d'autres) sans lesquels il serait difficile de parler français, et auxquels le puriste le plus exigeant n'oserait adresser aucun reproche ; ils sont presque tous entrés anciennement dans la langue, et c'est ce qui explique la parité de leurs formes avec celles des mots français primitifs. Si l'on descend au XIXe siècle, la figure des mots étrangers, même les plus usuels, change et se barbarise. L'italien avait donné *brave*, il redonne *bravo* ; il donne : *imbroglio*, *fiasco* ; l'allemand ne nous communique plus que de féroces assemblages de consonnes : *kirsch*[5], *block-haus*[6] ; l'espagnol demeure trop visible dans

tomate, *benjoin*, *abricot*, *limon*, *jasmin*, *jonquille*, *jujube*, *savane*, *tulipe*, *limon*) [...] Les mots abstraits sont en petit nombre (*baroque*, *bizarre*, *disparate*, *casuiste*, *barbon*, *parangon*, *eldorado*, *transe*, *soubresaut*, *risquer*). *Créole*, *mulâtre*, *nègre* nous viennent des colonies hispano-américaines, ainsi que le mot *liane*, qui manque cependant à l'espagnol littéraire. » (*Ibid.*, p. LVI).

1 Venu de l'arabe par l'italien ; peut-être de la ville de *Tarifa*, port que les Arabes d'Espagne avaient ouvert au commerce des chrétiens. *Tarif* était, encore au siècle dernier, un terme spécial de douane. NDA

2 « Tandis que Catherine de Médicis importait chez nous les termes de cour [...] et de plaisirs [...], elle importait les termes d'art nécessaires pour exprimer les idées nouvelles, venues d'Italie avec le Primatice et Léonard de Vinci ... » (*Ibid.*, p. LII) A. Brachet propose ensuite une longue liste de tous les termes empruntés par le français à l'italien et où figure la totalité des exemples retenus par Gourmont.

3 « Les mots que nous avons réunis dans les trois chapitres précédents n'expriment point d'idées françaises et ne sont pas, à proprement parler, des mots français ; il en est de même des termes locaux que nos rapports avec les colonies américaines ont introduits dans la langue (*acajou*, *ananas*, *boucanier*, *cacao*, *caïman*, *calumet*, *chocolat*, *colibri*, *condor*, *jalap*, *maïs*, *ouragan*, *quinquina*, *quinine*, *sagou*, *tabac*, *tapioca*, *tatouer*). » (*Ibid.*, p. LXII).

4 « Les Européens, dit *le Magasin pittoresque* (1871, n° 2) ont traduit le mot *kwan* par le mot barbare *mandarin*, qui n'est même pas portugais, mais appartient au jargon de Macac. » Quelle que soit son origine, *mandarin*, loin d'être barbare, est un mot des plus agréables et des mieux francisés. NDA

5 Aurait donné jadis : *Quirche*. NDA

6 Doublure inutile de *fortin*. NDA

embargo ; le russe dans *knout* et le hongrois dans *shako*[1]. Mais c'est en étudiant l'anglais dans le français que l'on comprendra le mieux les dommages que peut causer à une langue devenue respectueuse, un vocabulaire étranger.

L'anglais nous a fourni un grand nombre de mots qui se comportent dans notre langue selon des modes assez différents. Les uns, en petit nombre, entrés par l'oreille, ont été naturellement francisés puisque leur écriture figurative était ignorée ; celui qui les transcrivit le premier méconnut sans doute leur origine et les considéra comme des termes de métier. Aujourd'hui même la phonétique n'arrive pas toujours à retrouver leur source. Tels sont : *héler*, *poulie*, *taquet*, *toueur*, *beaupré*, *comité*[2]. D'autres avaient été jadis donnés à l'Angleterre par la France ; ils ont repris assez facilement une forme française ; ainsi *trousse*, substantif verbal de *trousser* (*tortiare*), est devenu en anglais *truss* et nous est revenu *drosse* (terme de marine).

Les rapports linguistiques ont toujours été un peu tendus entre les deux pays. Ni un Français ne peut prononcer un mot anglais, ni un Anglais un mot français, et souvent les déformations sont extraordinaires. Lorsque le mot entre par l'écriture, il se francise à la fois de forme et de prononciation, ou de prononciation seulement. Le premier mode donne des mots d'un français parfois médiocre, mais tolérable : *boulingrin*,

1 Ces mots auraient donné au français d'il y a deux siècles *Noute* et *chacot*. Les noms propres se francisaient très facilement aussi, la géographie en donne mille exemples ; souvent, on traduisait : *La Haye*, *Bois-le-Duc*. On traduisait aussi les noms de personnes. Baillet blâme cette mode qui faisait de T. Campanella, *Thomas Clochette*. Torrechemada s'appelait en latin *à Turre cremata* et en français : *de la Tour Brûlée*. NDA

2 Tous ces exemples et la plupart des suivants sont empruntés à Brachet : « Les communications chaque jour plus nombreuses, depuis la Restauration, entre l'Angleterre et la France, ont amené chez nous l'introduction d'un grand nombre de mots d'origine anglaise. Ils sont relatifs à l'industrie (*tender rail*, *wagon*, *tunnel*, *ballast*, *express*, *coke*, *diver*, *flint*, *lias*, *love*, *malt*), à l'agriculture (*drainer*, *cottage*), à la politique, à la législation, à l'économie politique (*budget*, *jury*, *bill*, *convict*, *comité*, *speech*, *verdict*, *club*, *meeting*, *pamphlet*, *toast*), à la banque (*chèque*, *warrant*, *drawback*), à divers états moraux (*spleen*, *comfort*, *humour*), à l'habillement (*châle*, *carrick*, *redingote*, *plaid*, *lasting*, *spencer*), à l'alimentation (*bifteck*, *rosbif*, *pudding*, *mess*, *bol*, *grog*, *gin*, *punch*, *rhum*), aux courses de chevaux, aux réunions, aux plaisirs (*sport*, *boose*, *turf*, *jockey*, *clown*, *bouledogue*, *groom*, *steeple-chasse*, *stalle*, *tilbury*, *break*, *dogcart*, *lunch*, *whist*, *touriste*, *fashionable*, *dandy*) ; à la médecine (*croup*), sans parler des termes de marine, dont plusieurs sont fort anciens dans notre langue (*dock*, *bosseman*, *accore*, *beaupré*, *cabine*, *boulingrin*, *cabestan*, *cachalot*, *cambuse*, *coaltar*, *cutter*, *éperlan*, *flibustier*, *héler*, *interlope*, *loch*, *lof*, *paquebot*, *poulie*, *touaye*, *yacht*). » (*Dictionnaire étymologique*, *op. cit.*, p. LVII-LIX).

bastringue, chèque, gigue, guilledin[1], *bouledogue, outlaves*[2]. Quelques mots sont sur la limite de la naturalisation : les dictionnaires donnent déjà : *ponche, poudingue.* D'autres enfin s'écrivent en anglais et se prononcent en français : *club, cottage, tunnel, jockey, dogcart* ; il est très probable qu'ils auraient fini par devenir *clube*[3], *cotage, tunel, joquet*[4], *docart*, si la Demi-Science et le Respect n'étaient d'accord pour s'opposer à leur déformation. Mais il y a de plus graves injures. Toute une série de mots anglais ont gardé en français et leur orthographe et leur prononciation, ou du moins une certaine prononciation affectée qui suffit à réjouir les sots et à leur donner l'illusion de parler anglais. Rien de plus amusant alors que de rebrousser le poil du snobisme[5] et de prononcer, comme un brave ignorant, *tranvé* et *métingue.* Ces mots sont d'ailleurs sur la limite et on ne sait encore ce qu'ils deviendront : *tramway* semble s'acheminer vers *tramoué* plutôt que vers *tranvé*[6], quant à *meeting*, le peuple prononce résolument *métingue*, entraîné par l'analogie. Mais *steamer, sleeping, spleen, water-proof, groom, speech*, et tant d'autres assemblages de syllabes, sont de véritables îlots anglais dans la langue française. Il est inadmissible qu'on me demande de prononcer *prouffe* un mot écrit *proof.* Les architectes ont imité en France les fenêtres appelées par les Anglais *bow-window* ; voilà un mot dont je ne sais rien faire. Jadis il serait devenu aussitôt *beauvindeau*[7] ; sa lourdeur aurait pu choquer, mais non sa forme. Il était d'ailleurs bien inutile, puisque, d'après Viollet-le-Duc, il a un exact correspondant en vrai français, *bretèche.*

Des vocabulaires entiers sont gâtés par l'anglais. Tous les jeux, tous les *sports* sont devenus d'une inélégance verbale qui doit les faire entièrement mépriser de quiconque aime la langue française. *Coaching, yachting,*

1 *Gilding* (hongre). NDA

2 Je relève ce mot dans Renaud, *le Péril protestant*, p. 435. NDA

3 *Club*, prononcé à l'anglaise, est en train de mourir ; l'instinct revient à *cercle.* NDA

4 « Le mot anglais est *jockey*, que nous prononçons comme *jacquet.* » Cailhava, cité par le *Dictionnaire général* de Hatzfeld. Mercier écrit : *jocket ;* encore un effort et nous avions *joquet. Poney* s'écrit virtuellement *ponet*, puisque son féminin est *ponette.* NDA

5 *Snob* (qui devrait s'écrire *snobe*) et *snobisme* sont assez bien naturalisés. La signification française de *snob* est inconnue des Anglais. *Snob*, qui veut dire *cordonnier*, a pris pour eux le sens péjoratif qu'avait il y a quelques années le mot *épicier.*

6 On a signalé récemment à Paris, en la réprouvant, la forme *tramevère* ; elle serait excellente. NDA

7 Comme de *bowsprit* les marins firent *beaupré.* Pendant la guerre sud-africaine les gens instruits se piquaient de dire les *Bours ;* le peuple disait : les *Boères.* Le peuple avait raison ; il y a d'ailleurs un précédent : *Boerhaave* (prononcé *Boèrave*). NDA

quel parler ! Des journalistes français ont fondé il y a un an ou deux un cercle qu'ils baptisèrent *Artistic cycle-club* ; ont-ils honte de leur langue ou redoutent-ils de ne pas la connaître assez pour lui demander de nommer un fait nouveau[1] ? Cette niaiserie est d'ailleurs internationale, et le français joue chez les autres peuples, y compris l'Angleterre, le rôle de langue sacrée que nous avons dévolu à l'anglais. Il y a à Londres un jargon mondain et diplomatique : *thé dansante*, *landau sociable*, *style blasé*, *morning-soirée* ; *solide* s'exprime par *solidaire*, *bon morceau* par *bonne-bouche* et de *pied en cap* par *cap à pie*[2]. Notre anglais vaut ce français-là et il est souvent pire. Son inutilité est évidente. *Sleeping-car*, *garden-party*, *steamer*, *rail-way*, *rail-road*, *steeple-chase*, *dead-heat*, *warrant*, *reporter*, *interview*, *bond-holder*, *rocking-chair*, *sportsman* et son féminin *sportswoman*, *snowboot*, *smoking*, *music-hall*, *select*, *leader*, *authoresse* : aucun de ces mots, dont la liste est inépuisable, n'ont même l'excuse d'avoir pris la langue française au dépourvu ; aucun qui ne pût trouver dans notre vocabulaire son exacte et claire contre-partie[3].

Un journal discourait naguère sur *authoresse*, et, le proscrivant avec raison, le voulait exprimer par *auteur*. Pourquoi cette réserve, cette peur d'user des forces linguistiques ? Nous avons fait *actrice*, *cantatrice*, *bienfaitrice*, et nous reculons devant *autrice*[4], et nous allons chercher le même mot latin grossièrement anglicisé et orné, comme d'un anneau dans le nez, d'un grotesque *th*. Autant avouer que nous ne savons plus nous servir de notre langue et qu'à force d'apprendre celles des autres peuples nous avons laissé la nôtre vieillir et se dessécher. Cet aveu ne nous coûte rien : nous avons permis à l'industrie, au commerce, à la politique, à la marine, à toutes les activités nouvelles ou renouvelées en ce siècle, d'adopter un vocabulaire où l'anglais, s'il ne domine pas encore, tend à prendre au moins la moitié de la place.

---

1 Alphonse Daudet a avoué qu'en créant *Struggleforlifeur*, il n'avait pas eu un sentiment vrai de la langue française. NDA

2 Les Anglais avaient adopté les mots *garage*, *chauffeur*, etc. On veut les proscrire et les remplacer par *motor house* et *motor-man* (*St-Jame's Gazette*, 9 mars 1904). – L'allemand est également plein de mots français, ou qui ne l'ont jamais été, ou dont le sens a été détourné : *friseur*, pour *coiffeur* ; *couvert*, pour *enveloppe* ; *délicatesse*, pour *charcuterie* ; *galanterie*, pour *article de luxe* ; *ordinaire*, pour *vulgaire* ; *fidel*, pour *jovial* ; *solid*, pour *moral* ; etc. NDA

3 On a demandé à l'italien le mot *caricature*, mais il veut dire *charge*, exactement. On peut sourire à ce propos de la bévue de Champfleury donnant *caricature* comme latin. (*Caricature dans l'Antiquité.*) NDA

4 Autrice est français depuis au moins le XVIIIe siècle : « AUTRICE. *Une dame Autrice*, se trouve dans une pièce du Mercure de juin 1726. » *Dictionnaire néologique a l'usage des Beaux Esprits du siècle* (1727), par l'abbé Desfontaines. NDA

L'histoire linguistique des jeux de plein air est curieuse. On en trouverait difficilement un seul, parmi ceux qui ont été réimportés d'Angleterre, qui ne fût connu et toujours pratiqué en France par les enfants. Ainsi la *balle à la crosse* nous est revenue sous le nom de *cricket* ; la *paume*, sous le nom de *tennis* ; le *ballon*[1], sous le nom de *foot-ball* ; le *mail*[2], sous le nom de *crocket.* Il suffirait évidemment de donner un nom anglais aux boules, à la marelle, ou au cerceau pour voir ces jeux innocents faire leur entrée dans le monde[3].

La langue de la marine s'est fort gâtée en ces derniers temps, j'entends la langue écrite par certains romanciers, car la langue orale a dû se maintenir intacte. M. Jules Verne mérite ce reproche d'avoir abusé des mots anglais dans ses merveilleux récits ; un seul de ses tomes me fournit les mots suivants : *anchor-boat*, *steam-ship*, *main-mast*, *mizzenne-mast*, *fore-gigger*, *engine-screw*, *patent-log*, *skipper*, sans compter *dining-room* et *smoking-room*, qui sont de la langue générale. Nul lexique cependant n'est plus pittoresque que celui de la marine française, et M. Jules Verne, qui le connaît mieux que personne, devrait l'employer toujours et ne pas laisser croire qu'il le juge inférieur en netteté et en beauté au lexique anglais. Que de mots, que de locutions d'une pureté de son admirable : *étrave*, *étambot*, *misaine*, *hauban*, *bouline*, *hune*, *beaupré*, *artimon*, *amarres*, *amures*, *laisser en pantenne*, *haler en douceur* ; voici deux lignes de vraie langue marine[4] : « On cargue la brigantine, on assure les écoutes de gui ; une caliourne venant du capelage d'artimon est frappée sur une herse en filin... » Très peu de mots marins appartiennent au français d'origine ; ils ont été empruntés aux langues germaniques et scandinaves, au provençal, à l'italien ; mais leur naturalisation est parfaite, et presque tous peuvent

1 En Bretagne, la *soule.* Émile Souvestre, dans *le Figaro*, Supplément du 1er juillet 1877. Sur *soule* ou *çoule*, voyez Antoine Thomas, *Mélanges de philologie française.* Le *foot-ball* est si bien un jeu anciennement français qu'il avait un vocabulaire technique où l'on relève : *escape*, coup de pied donné au ballon. Richelet donne *escaper* comme un terme de collège bourrer de coups de pied. NDA

2 C'est le mot latin tout vif, *malleus (mail, maillet).* – Ce jeu est appelé *le Jeu du Palle-Mail* dans *la Maison des jeux académiques, etc.* ; à Paris, chez Estienne Loyson, 1665. Son vocabulaire technique comprenait les mots : *passe*, *débutter*, *archet*, *roüet*, *boule*, *ais*, *mettre au beau* ; *boule fendue*, *dérobée*, *qui tient de la pierre*, *du fer*, etc. ; *crocheter*, *lever*, *lève*, *porte-lève*, etc. NDA

3 M. Michel Bréal (*Revue des Revues*, 1er juin 1897) trouve tout naturel que le *crocket* ait amené avec lui d'Angleterre son vocabulaire. Est-il vraiment si naturel que le même jeu se joue en anglais sur les plages et en français dans les cours de collège ? NDA

4 *La pêche à bord des longs-courriers*, par Bouquart. *L'Illustration*, 11 septembre 1897. NDA

servir de modèle pour le traitement auquel une langue jalouse de son intégrité doit soumettre les mots étrangers[1].

On pourrait, ici encore, comme pour les mots grecs, prendre modèle sur l'italien. Assez nombreux dans certaines régions des États-Unis pour avoir pu y conserver l'usage de leur langue, les Italiens, forcés d'emprunter à l'anglais certains mots usuels, les ont adroitement italianisés. De *boss*, ils ont fait *bosso* ; de *horse*, *orso*, de *undertaker*, *ondateca* ; de *bar*, *barra* ; de *overcoat*, *ovacotta* ; de *shop*, *scioppa* ; de *hat*, *atto* ; de *grocery*, *grosseria* ; *Brooklyn* est devenu *Broccolino*[2].

On rencontre dans les journaux italiens beaucoup de mots français récemment italianisés, tels que : *dettaglio*, *rimarchevole*, *debascia*, *deragliamento*, *rango*, *ammenoché*, *rimpiazzare*[3].

Les Allemands sont incapables d'une telle assimilation ; dans leur langue un mot étranger est toujours reconnaissable, même pour un étranger, quelle que soit l'ancienneté de son usage. Nul ne se méprendra sur *medizin*, *konzert*, *schokolade*, *domizil*, *schimœre*, etc. Farci de mots français mal déguisés, l'allemand vulgaire n'est qu'un patois franco-allemand[4].

1 Dans l'édition de 1899, le chapitre s'arrêtait sur ces mots.
2 *Corriere della sera*, 8 août 1899. NDA
3 *Rassegna internazionale*, nov. 1902. NDA
4 *Cf. L'Européen*, (*Le Français des Allemands*), 29 août 1903. NDA

CHAPITRE IX

Naissance d'un mot. – Réformes possibles dans l'orthographe des mots étrangers. – Liste de mots anglais réformés. – Liste de mots anglais francisés par les Canadiens.

J'ai vu naître un mot ; c'est voir naître une fleur. Ce mot ne sortira peut-être jamais d'un cercle étroit, mais il existe ; c'est *lirlie.* Comme il n'a jamais été écrit, je suppose sa forme : *lir* ou *lire*, la première syllabe ne peut être différente ; la seconde, phonétiquement *li*, est sans doute, par analogie, *lie* le mot étant conçu au féminin. J'entendais donc, à la campagne, appeler des pommes de terre roses hâtives, des *lirlies* roses ; on ne put me donner aucune autre explication, et, le mot m'étant inutile, je l'oubliai. Dix ans après, en feuilletant un catalogue de grainetier, je fus frappé par le nom d'*early rose* donné à une pomme de terre, et je compris les syllabes du jardinier[1]. *Lirlie*, outre son phénomène de nationalisation, offre un fait récent de soudure de l'article (les exemples anciens sont assez nombreux, *lierre*, *luette*, *loriot*[2]), la forme première ayant certainement été *irlie.*

Voilà un bon exemple et un mot agréable formé par l'heureuse ignorance d'un jardinier. C'est ainsi qu'il faut que la langue dévore tous les mots étrangers qui lui sont nécessaires, qu'elle les rende méconnaissables : qui, sans un tel hasard, en supposant que le mot eût vécu, aurait jamais retrouvé *early* dans *lirlie* ?

Ce *lirlie* peut servir de type des mots étrangers qui entrent dans une langue à la fois par la parole et par l'écriture. Dans ce cas, il ne faut jamais hésiter à sacrifier l'orthographe au son. Le jardinier eût écrit *lirlie* ; un autre aurait pu sentir la présence de l'article et adopter *irlie* ; les

1 Autre anecdote linguistique analogue. La rose *Harry Cower* est devenue, pour les jardiniers Français, la rose *haricot vert.* NDA

2 « L'article, lui aussi, s'est parfois soudé avec le substantif ; exemples : "lierre", "loriot", "lendemain". L'ancienne forme légitime, "hierre", du latin *hedera*, se trouve encore dans la bouche des paysans de plusieurs provinces. On disait donc d'abord régulièrement "hierre" et "l'hierre" ; puis l'article s'est agglutiné. » (Émile Deschanel, *Les Déformations de la langue française*, Calmann-Lévy, 1898, *op. cit.*, p. 31).

deux mots seraient excellents, et *early* est très mauvais. Quand le mot est entré par la parole seule (ce qui est rare maintenant), on transcrira le son tel qu'il est perçu. Si le mot est venu par l'écriture seule, il faut le réformer et l'écrire comme le prononcerait un paysan ou un ouvrier tout à fait étranger à l'anglais ou à telle autre langue. Je formulerais donc volontiers ainsi les mots suivants, bien connus sous leur aspect barbare ; je mets à côté un des mots qui peuvent servir d'étalon analogique :

Higuelife – High Life
Calife

Fivocloque – Five o'clock
Colloque

Vaterprouffe – Water-proof
Esbrouffe

Starteur – Starter[1]

Stimeur – Steamer
Rameur

Autoresse[2] – authoress
Maîtresse

Blocausse – Block-hauss[3]
Chausse

Groume – Groom[4]

---

1 Voilà la prononciation ou usuelle ou individuelle à Paris de quelques termes de courses : *starter*-starteur ; *broken-down*-brocandeau ; *flyer*-flieur ; *steaple*-stiple ; *stayer*-stayeur ; *dead-heat*-didide ; *handicap*-andicape ; *betting*-bétin (ou bétingue) ; *ring*-rin (ou ringue). – Dans *didide* il y a d'abord la confusion de *heat* avec *head*, alors prononcé *hide*, – et tout cela est charivaresque ! NDA

2 Si on ne veut pas d'*autrice*. NDA

3 Allemand. A déjà donné *blocus* au XVIe siècle. – Tous les mots sans renvoi sont anglais. NDA

4 *Groume* a déjà existé en français, venu d'une forme germanique (*grom*, garçon). *Grom* devint *groume*, puis *groumet* nom donné aux garçons marchands de vins. De là l'idée de dégustation conservé dans *gourmet*, qui est une déformation de *groumet*. Finalement *groom*

Doume[1]

Spline – Spleen[2]
Discipline

Smoquine – Smoking
Molesquine

Yaute – Yacht[3]
Faute

Docart – Dogcart
ou *Doquart*
Trocart, Trois-quarts[4]

Snobe – Snob
Robe

Zingue – Zinc[6]
(Voyez *Chirtingue*)

Bismute – Bismuth[5]
Jute

Malte – Malt[7]
Malte

Boucmacaire – Book-maker[8]
Valcovère – Walk-over
Sévère
Macaire

---

est un mot français emprunté par l'anglais. Il y a de ces emprunts anglais, réempruntés parle français, qui ont pris au cours de ce double voyage une forme bien curieuse. De *soie de Padoue*, les marchands anglais avaient fait jadis Padousoy ; le mot est revenu en France sous les apparences inattendues de *pou-de-soie*. Le mot *mohair*, récemment importé d'Angleterre, n'est autre chose que notre *moire* ! – Les Français appelaient *Fond de baie* un littoral canadien. Les Anglais en ont fait *Fundy bay*, ce que nos géographes traduisent courageusement par *baie de Fundy*. NDA

1 Sorte de palmier. NDA

2 *Splénétique* est venu du grec. NDA

3 L'italien a emprunté le mot à la forme écrite : *iachetto*. Cette forme également usitée en français s'écrirait *yaque*. NDA

4 Mots identiques : *trois-quarts* a été le premier nom du *trocart*. NDA

5 All. La vraie forme est *bissmuth*. NDA

6 All. Italien : *zinco*. NDA

7 Italien : *malto*. NDA

8 Tend, dit-on, à disparaître devant le mot français *donneur*.

Chirtingue – Shirting
Métingue – Meeting
Cotingue – Coating
Poudingue[1] – Pudding

Clube – Club
Tube

Quirche – Kirsch[2]
Spiche – Speech
Niche

Colbaque – Kolbak[3]
Codaque – Kodak[4]
Chabraque

Railoué – Railway
Tramoué – Tramway
Avoué

Ponche – Punch[5]
Bronche

Grogue – Grog
Dogue

Copèque – Kopeck[6]
Quipesèque – Keepsake

Bifetèque, Romestèque[7]
Chèque

Sloupe – Sloop
Chaloupe

Spencère – Spencer
Sincère

Stoque – Stock
Toque

Stope – Stop[8]
Chope

---

1 Le mot est francisé ; cependant les dictionnaires font une distinction d'orthographe entre *pouding*, gâteau, et *poudingue*, agglomérat de cailloux. J'ai fait prononcer à diverses personnes le mot *plum-pudding* ; voici les sons entendus : *Plum, pleum, plome, ploume* ; *poudigne, poudinegue, poudine, poudingue.* Les combinaisons variables des deux mots donnent seize vocables différents. – La francisation en *in* serait préférable : Exemple : *sterlin*, jadis *esterlin*, pour *sterling.* NDA

2 Allemand. NDA

3 Turc. NDA

4 ?

5 Italien : *ponce.* – Ou *ponge.* Cette forme est en effet française depuis le XVIIe siècle. On appelait *ponge*, à la cour du grand roi, ce que nous nommons *grog.* NDA

6 Russe. Italien : *copecco.* NDA

7 Ces deux mots sont à demi francisés ; les dictionnaires donnent : *bifteck* et *romsteck*, formes qui ne sont d'aucune langue. – *Romestèque* est entré pour la première fois en français au XVIIe siècle. C'était le nom d'un jeu de cartes apporté de Hollande (*la Maison des Jeux*). NDA

8 A donné *stopper*, bien francisé. NDA

Lunche – Lunch[1]
Embrunche

Chacot – Shako
Tricot

Coltare – Coaltar
Tare

Tiquet – Ticket[2]
Baquet

Stoute – Stout
Toute

Strasse – Strass[3]
Strasse

Carrique – Carrick
Barrique

On sait que le français du Canada a subi l'influence de l'anglais. Cette pénétration, d'ailleurs réciproque[4] est beaucoup moins profonde qu'on ne le croit et notre langue garde, au-delà des mers, avec sa force d'expansion, sa vitalité créatrice et un pouvoir remarquable d'assimilation. Des mots qu'elle a empruntés à l'anglais, les uns, demeurés à la surface de la langue, ont conservé leur forme étrangère ; les autres, en grand nombre, ont été absorbés, sont devenus réellement français. Il serait même souvent impossible de reconnaître leur origine, sans documents historiques. C'est ainsi que *township* est devenu *trompechipe* ; *Sommerset, Sainte-Morisette* ; *Standford, Sainte-Folle.* On ne peut guère pousser plus loin l'absorption ; les syllabes anglaises, surtout pour les deux noms propres, n'ont vraiment été qu'un prétexte sonore à composer des mots agréables. Voici quelques déformations moins hardies et qui pourront, mieux encore que le précédent tableau, nous servir de guide en des circonstances analogues. On y a compris les mots dont la déformation, invisible pour les yeux, est cependant réelle puisque les Canadiens les prononcent à la française.

Bacon	*Bacon*	Lard
Bargain	*Bargain*	Marché

1 *Embruncher*, terme de maçonnerie. NDA
2 Lu sur une échoppe, à Montmartre (1900) : « *Tiquets* à vendre », On sait que l'anglais *ticket* est l'assimilation du français *étiquette.* NDA
3 *Bourre*, terme de métier. NDA
4 Les Anglo-Canadiens jouent au cricket, par exemple, sous le nom de *Lacrosse-game.* NDA

Postage	*Postage*	Frais de port
Coercion	*Coercion*	Coercition
Drive	*Drave*	Flotter
Driver	*Draver*	Flotteur
Drave	*Draveur*	Flottage du bois
Shirting	*Cheurtine*	Toile
	Chatine	
Bother	*Bâdrer*	Ennuyer, raser
Boat	*Baute*	Bateau
Promissory	*Promissoire*	
Boom	*Bôme*	Barrage
Bun	*Bonne*	Brioche
Log	*Logue*	Tronc d'arbre
Runner	*Ronneur*	Coureur
Safe	*Saîfe*	Coffer-fort[1]
Shave	*Séhver*	Raser,
Shaver	*Shéveur*	usurier,
Shape	*Shaipe*	forme[2]
Clear	*Clairer* (ce verbe a pris plusieurs des sens de *to clear, to clear up*, etc.)	
Copper	*Coppe*	Sou
Copy	*Copie*	Exemplaire
Tea-Board	*Thébord*	Cabaret
Cook	*Couque*	Cuisinier
Voter	*Voteur*	Électeur
Grocer	*Groceur*	Épicier
Grocery	*Grocerie*	Épicerie
Rail	*Rèle*	Rail[3]

1 Sens particulier du mot francisé. *Saîfe*, et il en est de même des autres mots, n'a qu'une des significations du mot anglais *safe*. La naturalisation limite à un seul les pouvoirs divers et souvent nombreux d'un mot. *Smart*, qui veut dire en anglais, selon les cas, alerte, souple, habile, fin, actif, intrigant, roué, élégant, etc. a perdu en français, du moment qu'on a voulu l'y introduire, toutes ces valeurs, pour en gagner une seule, vague et très certainement passagère. NDA

2 La vraie déformation serait *chaipe, chèver, chèveur*. Il n'y a pas de *sh* en français. NDA

3 On se sert plus communément du mot français *lisse*. Également, pour *wagon* et *tramway*, les Canadiens disent *char*. NDA

Sample	*Simple*	Échantillon
Yoke	*Iouque*	Joug
Neck-Yoke	*Néquiouque*	
Peppermint	*Papermane*	Menthe
Pudding	*Poutine*	Poudingue[1]

De tels mots sont réellement français, car, comme l'a dit Max Muller, une langue est constituée, non par ses racines, mais par ses flexions.

Ces listes suffiront ; on n'a voulu donner que des indications. C'est une clef que l'on peut compléter et alors consulter lorsqu'on aura un doute sur la forme française que doit revêtir le mot étranger. Si le mot se refuse à la naturalisation, il faut l'abandonner résolument, le traduire ou lui chercher un équivalent. Très souvent, après une brève réflexion, on le jugera tout à fait inutile : *steamer* est un doublet infiniment puéril de *vapeur* ; et quel besoin de *smoking-room* pour un parler qui possède *fumoir* ou de *skating*, quand, comme au Canada, il pourrait dire patinoir[2] ? C'est un devoir strict envers notre langue de n'ouvrir les portes sévères de son vocabulaire qu'à des termes nouveaux qui apportent avec eux une idée nouvelle et qui prennent au dépourvu nos propres ressources linguistiques.

1 A Guernesey, *to snuff*, priser, a donné le verbe *snuffer*. NDA

2 Quant aux noms propres historiques ou géographiques, il faut, je crois, s'en rapporter à l'usage. Un géographe a conseillé de conserver aux noms de lieu leur orthographe nationale, d'écrire *London*, *Kœln*, *Firenze*, *Tong-King*, et aussi sans doute d'apprendre au moins la prononciation de toutes les langues du globe. Cet estimable savant ne prend pas garde que la nomenclature française est internationale et que tous les noms géographiques dont la notoriété est européenne ne sont populaires que sous leur nom français. Les atlas anglais disent comme nous : Cologne, Florence, Turin, Rome, Naples, *Venice*, Mayence, Aix-la-Chapelle. À Alger, le quartier Bab-el-Oued est devenue pour le populaire français : *Bablouette*. NDA

CHAPITRE X

Une Académie de la beauté verbale. – La formation savante et la déformation populaire. – La vitalité linguistique. – Innocuité des altérations syllabiques. – La race fait la beauté d'un mot. – Le patois européen et la langue de l'avenir.

Une académie serait utile, composée d'une vingtaine d'écrivains – si on en trouvait vingt – ayant à la fois le sens phonétique[1] et le sens poétique de la langue. Au lieu de rendre des arrêts par prétention, au lieu de se borner à omettre, dans un dictionnaire inconnu du public et déjà démodé quand il paraît[2], les mots de figure trop étrangère, elle agirait dans le présent, et les formes refusées ou bannies par elle seraient proscrites de l'écriture et du parler. Elle serait chargée de baptiser les idées nouvelles ; elle trouverait les mots nécessaires dans le vieux français, dans les termes inusités, quoique purs, dans le système de la composition et dans celui de la dérivation. Son rôle serait, non pas d'entraver la vie de la langue, mais de la nourrir au contraire, de la fortifier et de la préserver contre tout ce qui tend à diminuer sa forme expansive. Elle agirait dans le sens populaire, contre le pédantisme et contre le snobisme ; elle serait, en face des écorcheurs du journalisme et de la basse littérature, la conservatrice de la tradition française, la tutrice de notre conscience linguistique, la gardienne de notre beauté verbale[3].

---

1 On voudra bien remarquer que je sursois volontairement aux corrections conseillées par moi-même et que je n'écris ni *fonétique* ni *estétique*. Tant que l'exemple ne sera pas donné par cinq ou six revues et journaux importants, tout particularisme « ortografique » ne serait qu'une manifestation gênante et inutile. NDA

2 Dans son article « Le Dictionnaire de l'Académie », Gourmont s'en prend à un certain nombre d'articles du dictionnaire « impossibles à admettre » : « *Confesse*. – Substantif. Il n'a point de genre. » – Ce mot, qui se disait jadis pour confession, a parfaitement un genre, le féminin. « *Dromadaire*. – Espèce de chameau qui a une seule bosse sur le dos. – *Bosse* : les deux bosses d'un dromadaire. » « *Chameau*. – Quadrupède qui a deux bosses sur le dos. – *Bosse* : la bosse d'un chameau. » – C'est de la pure démence. – Il indique en conclusion que le Dictionnaire de l'Académie « a besoin d'une révision très sérieuse, et qu'il faudrait y mettre non pas seulement des philologues, mais aussi des savants et surtout peut-être des hommes attentifs et qui ne laisseraient point passer des articles qui ne peuvent provoquer, si on y attire l'attention, que le rire ou la stupeur. » (*Promenades littéraires*, Troisième série, 1909, Mercure de France, p. 371).

3 À défaut de cette chimérique assemblée, il serait à souhaiter qu'un *Bulletin de la langue française* fût publié selon ces principes, et répandu dans le monde des écrivains et des professeurs. NDA

Indulgente pour les déformations spontanées, œuvre de l'ignorance, sans doute, mais d'une ignorance heureuse et instinctive, elle admettrait avec joie les innovations du parler populaire ; elle n'aurait peur ni de *gosse*, ni de *gobeur* et elle n'userait pas de phrases où figure *kaléidoscope*[1] pour réprouver les innovations telles que *ensoleillé* et *désuet*[2]. Épouvantée par *psycho-physiologie*, par *splanchnologie*[3], par *conchyliologie*, elle n'aurait d'objections ni contre *gaffe*, ni contre *écoper*, mots très français, très purs, le premier l'une des rares épaves du celtique (*gaf*, croc), le second, anciennement *escope*, venu sans doute d'une forme *scoppa*, doublet latin de *scopa*[4][5].

Livrées à elles-mêmes, soustraites aux influences étrangères ou savantes, les langues ne peuvent se déformer, si on donne à ce mot un sens péjoratif. Elles se transforment, ce qui est bien différent. Que ces changements atteignent la signification des mots ou leur apparence syllabique, ils sont pareillement légitimes et inoffensifs. Si beaucoup de mots latins n'ont pas gardé en français leur sens originaire, bien des mots du vieux français n'ont plus exactement en français moderne leur signification ancienne. M. Deschanel observe que *mièvre*, *émérite*, *truculent*, ne disent plus les mêmes idées que voilà un ou deux siècles ; mais c'est l'histoire même du dictionnaire. *Paillard* signifia jadis misérable, homme qui couche sur la paille ; *paître*, nourrir :

---

1 Il n'y a plus de *k* en français. Cette lettre d'origine allemande a été usitée jadis, puis rejetée comme inutile. Le *c* et le *qu* suffisent à noter tous les sons qui peuvent incomber au *k* ou au *ch* dur. Sans doute le *k* remplirait à lui tout seul le rôle des deux signes usuels, mais, puisqu'on ne peut songer à unifier l'écriture au point d'écrire *ki ke ce soit*, *kelkonke*, *kitte*, *kalité*, le *k* n'est plus qu'une complication inadmissible. Le *ch* dur, nous l'avons expliqué, doit être également proscrit. NDA

2 Comme le fait M. Émile Deschanel, les *Déformations de la langue française* (1898). Les deux mots sont excellents, bien formés, le premier sur des analogies multiples, le second d'après *muet* et *fluet*. – Le vieux français avait *asoleillé*. NDA

3 Il y a aussi *splanchnique*, qui ne veut pas dire autre chose que *viscéral*. NDA

4 *Scopa* a donné en vieux français *escouve*, *écouve*, dont il est resté *écouvillon*. Et quand même la vraie origine d'*écope* serait la forme anglaise *scoope*, le mot n'en serait pas plus mauvais. *Scoope* est identique à *escouve*. Le sens abstrait d'*écoper* dérive tout naturellement du sens concret primitif : la corvée de vider l'eau qui s'amasse au fond d'un bateau. M. Deschanel recule scandalisé devant *écoper*. NDA

5 Gourmont trouve ces deux exemples dans l'ouvrage d'E. Deschanel : « On a fait un petit livre curieux, *Les Excentricités du langage*. Le vocabulaire de la bohème et de l'argot y tient une grande place. Encore n'y trouve-t-on pas "poser un lapin", "gaffe", "écoper" et autres ornements de la langue de nos jours. » (Émile Deschanel, *Les Déformations de la langue française*, Calmann-Lévy, 1898, p. 199).

Dex est preudom, qui nos gouverne et *pest*[1] ;

souffreteux, besogneux ; *labourer*, travailler, souffrir ; et tous les mots indiquant la condition : *valet*, autrefois écuyer ; *garce*, autrefois jeune fille. Il y a transformation de sens ; il n'y a pas déformation, puisque le mot reste identique à lui-même et n'a rien perdu de sa beauté plastique.

L'altération syllabique, intérieure ou finale, n'est pas plus dangereuse : ni la soudure de l'article ou du pronom, *loriot* pour *l'oriot*, *l'oriol (aureolum)*, *ma mie* pour *m'amie* ; ni *casserole* pour *cassole* ; ni *palette* (de sang) pour *poëlette*[2] ; ni *bibelot* pour *bimbelot* ne sont des accidents graves dans l'évolution d'une langue. Je suis même moins choqué par le populaire *de l'eau d'ânon* que par *microphotographie* ou *bio-bibliographie* ; les deux mots par quoi les bonnes femmes s'expliquent à elles-mêmes le mystérieux *laudanum* ont au moins le mérite de leur sonorité française ; d'ailleurs *laudanum*[3] n'est lui-même qu'une corruption dont il a été impossible d'analyser les éléments primitifs[4].

La beauté d'un mot est tout entière dans sa pureté, dans son originalité, dans sa race ; je veux le dire encore en achevant ce tableau des mauvaises mœurs de la langue française et des dangers où la jettent le servilisme, la crédulité et la défiance de soi-même. Devenus les esclaves de la superstition scientifique, nous avons donné aux pédants tout pouvoir sur une activité intellectuelle qui est du domaine absolu de l'instinct ; nous avons cru que notre parler traditionnel devait accueillir tous les mots étrangers qu'on lui présente et nous avons pris pour un perpétuel enrichissement ce qui est le signe exact d'une indigence heureusement simulée. Il n'est pas possible qu'une langue littérairement aussi vivante ait perdu sa vieille puissance verbale ; il suffira sans doute que l'on proscrive à l'avenir tout mot grec, tout mot anglais, toutes syllabes

---

1 *Couronnement de Louis.* NDA

2 « Autre exemple de corruption du langage : le médecin qui vous saignait recevait le sang dans un petit vase ou petite poêle ou poêlette ; les gens qui l'assistaient, entendant mal ce mot, le répétaient de travers et disaient "une palette de sang" ; et ce mot déformé a remplacé dans la langue le mot véritable. » (*Les Déformations*, *op. cit.*, p. 110-111).

3 Gourmont trouve cette référence dans une note de l'ouvrage de Deschanel : « M. Gaidoz cite un certain nombre de déformations analogues : "de l'eau d'anum", ou "d'ânon", pour "du laudanum", etc. » (*Ibid.*, p. 248).

4 *Laudanum* s'est prononcé *laudanon*, comme *factotum factoton* (*Cf.* Molière, *l'Avare*). *Opium* est *opion* dans la *Grande Chirurgie* de Guy de Chauliac (XIVe siècle), au chapitre des drogues dormitives. – Sur *palette*, voir p. 133. NDA

étrangères à l'idiome, pour que, convaincu par la nécessité, le français retrouve sa virilité, son orgueil et même son insolence. Il vaut mieux, à tout prendre, renoncer à l'expression d'une idée que de la formuler en patois. Il n'est pas nécessaire d'écrire ; mais si l'on écrit il faut que cela soit en une langue véridique et de bonne couleur.

Ou bien résignons-nous ; laissons faire et considérons les premiers mouvements d'une formation linguistique nouvelle. Un patois européen sera peut-être la conséquence inévitable d'un état d'esprit européen, et aucun idiome n'étant assez fort pour dominer, ayant absorbé tous les autres, un jargon international se façonnera, mélange obscur et rude de tous les vocabulaires, de toutes les prononciations, de toutes les syntaxes[1]. Déjà il n'est pas très rare de rencontrer une phrase qui se croit française et dont plus de la moitié des mots ne sont pas français. C'est un avant-goût de la langue de l'avenir.

Un autre danger menace le français. Notre syntaxe traditionnelle est troublée dans sa logique. Sous l'influence de l'anglais, par exemple, l'adjectif tend à se placer avant le substantif ; la même position est donnée au substantif qualificatif. Sans parler de folles appellations telles que *Élysée-Palace-Hôtel* qui sont du jargon, les expressions *Paris-Journal*, *Paris-Plage*, *Marigny-Revue* (journaux de juillet 1904), *Splendid Hôtel*, sont des signes certains de dégénérescence. Mais cette question est de psychologie, plus encore que de linguistique, et il convient de la réserver[2].

1 Gourmont fait allusion ici aux projets de langue universelle, tels le volapuk et l'espéranto, qu'il a plusieurs fois fustigés dans ses *Épilogues*. Dans « L'Esperanto et les naïfs », il ironise sur la croyance naïve en « l'unité psychologique absolue de tous les hommes », au fondement « d'une langue unique, rigide et mathématique » : « l'espéranto n'est guère que de l'espagnol déformé ; dans le temps qu'ils ont mis à s'assimiler cet idiome lunaire, les malheureux espérantistes eussent appris le véritable espagnol et, car ce sont les mêmes, on le croit, s'ils avaient il y a dix ans donné leurs veilles à l'anglais au lieu de pâlir sur le volapuk, ils pourraient déjà converser avec la plus grande partie du globe. Je leur conseille, la prochaine fois que les journaux vanteront un nouveau langage factice, peut-être la "Langue Bleue", de se mettre à l'allemand, tout bonnement. » (*Épilogues, 1899-1901*, Mercure de France, 1903, p. 273). Voir aussi « L'espéranto et la science » : « J'avouerai en un mot que je n'y crois pas et que l'espéranto ne me donne pas de plus sérieuses illusions que le volapuk. D'ailleurs, l'idée de créer des langues artificielles, quand il y en a deux ou trois mille de bien vivantes sur la surface du globe ! Que l'homme est donc un animal qui aime à perdre son temps ! » (*Épilogues-Réflexions sur la vie 1902-1904*, Mercure de France, 1905, p. 327).

2 Ce paragraphe sur la syntaxe a été ajouté à l'édition de 1905.

LA DÉFORMATION[1]

Il faudrait être insensé pour vouloir dicter des lois dans une langue vivante.
Observations de l'Académie française sur les *Remarques* de Vaugelas (1704).

Mis langages est buens car en France sui nez.
GARNIER DE SAINT-MAXENCE (XIIe siècle).

I

Nous ne connaissons pas dans leur texte vrai les écrits latins antérieurs au IVe siècle, car ils furent, à cette époque, récrits en langage moderne, purgés de tout ce qui semblait archaïque dans les mots, dans la syntaxe. Il est très probable que le Virgile que nous lisons ressemble à ce qu'aurait pu être Villon réduit au style et au goût de Malherbe, ou à ce qu'est devenu sous la plume des copistes du XVe siècle le rude Joinville du XIIIe. Ainsi l'on nous habitua à considérer comme les chefs-d'œuvre de la littérature latine des œuvres retouchées et qui doivent leur forme pure et agréable à la collaboration commerciale des libraires du temps de saint Jérôme[2]. Mais, comme cette duperie dure depuis environ quinze siècles, nous

1 Dans ce chapitre, Gourmont fusionne deux articles publiés en revue à six mois d'intervalle. La première partie de « La Déformation » (p. 123-137) reprend l'article « Sur la langue française : la déformation verbale considérée comme force créatrice », *Le Mercure de France*, n° 103, juillet 1898. Cet article était sous-titré « À propos du livre d'Émile Deschanel : *Les déformations de la langue française* ». La seconde partie (p. 137-158) reprend l'article « Les grammairiens et la déformation » publié dans la *Revue Blanche*, mars 1899.

2 Saint Jérôme (347-420) traduit la Bible en latin durant les trente-quatre dernières années de sa vie.

y sommes si bien asservis que si, par hasard, on retrouvait en quelque Pompéi un authentique manuscrit de Cicéron, les épigraphistes seuls en voudraient tenir compte : la majorité des humanistes continuerait à cataloguer les nuances qui donnent une suprématie incontestable de langue à des œuvres entièrement remises à neuf, vers un moment où il est convenu que la décadence de la langue latine est déjà très avancée.

Jusqu'à ce qu'elles aient atteint leur plus haut point de valeur commerciale, les langues littéraires se transforment avec une grande rapidité. Mais dès que la littérature d'une époque se répand au point de devenir quasi universelle, la transformation de la langue tend à se ralentir, parce que les œuvres écrites dans le ton déjà connu de tous sont celles qui doivent être le mieux accueillies par le plus grand nombre des lecteurs. C'est vers le IVe siècle que la littérature latine acquit sa plus large expansion ; c'était une époque d'inquiétudes et de controverses ; deux grandes idées luttaient pour la conquête du monde, et quand deux idées sont en lutte, elles combattent au moyen de l'écriture. Des gens se mirent à lire qui n'avaient jamais lu ; Rome expédiait le pour et le contre dans tout le monde civilisé. Alors seulement commença pour le latin cet état de fixité qui dura jusqu'à sa mort définitive, après la longue traversée du moyen âge : il y a beaucoup moins loin de Prudence à Adam de Saint-Victor que de Plaute à Prudence[1].

La langue française, après plusieurs crises dont elle était sortie renouvelée et dégagée, s'éleva à une telle fortune littéraire qu'elle en fut immobilisée pendant plus d'un siècle, pendant cent cinquante ans, puisque les poètes de l'an 1819 sont encore sous la domination exclusive de Racine

1 L'écart qui sépare Plaute de Prudence (né vers 254 avant J.-C., mort en 184) est de sept siècles, écart identique à celui qui sépare Prudence d'Adam de Saint-Victor. En 1892, Gourmont a consacré un chapitre du *Latin mystique* à ces deux auteurs : « Prudence, qui inaugure le fécond cinquième siècle par des poèmes didactiques, polémiques ou panégyriques, par des hymnes imitées de saint Ambroise, le premier et le grand fabricateur, Prudence de Saragosse a recouvré quelque faveur près de l'érudition ecclésiastique. On ne peut plus avoir la prétention de l'exhumer ; néanmoins, si ce n'est jadis quelques hymnes, nulle de ses œuvres ne fut jamais traduite. » (*Le Latin mystique*, Mercure de France, 1892, p. 47). Gourmont consacre à Adam de Saint-Victor le chapitre XV de cet ouvrage : « Le grand fabricateur de séquences régulières fut Adam, chanoine régulier de l'abbaye de Saint-Victor-lez-Paris ; il mourut dans les dernières années du XIIe siècle. Poète et non pas seulement de bonne volonté, mais de fait, très excellent versificateur, incomparable musicien, il lui manqua peu de dons, pour être, en vérité, le plus grand poète lyrique du moyen Age. » Il ajoute : « Adam de Saint-Victor nous apparaît tel que le plus magique artisan verbal qui ait fait sonner le psaltérion latin. » (*Ibid.*, p. 235-236).

et de Boileau. À ce moment, le romantisme a rouvert les canaux de la sève, – et le romantisme dure encore. Nous sommes donc dans une période de vie linguistique et peut-être à un moment très critique, car il s'agit de savoir si le peuple d'aujourd'hui a assez de souplesse et de curiosité d'esprit pour suivre une évolution qui se fait au-dessus de lui et que nos gérontes et nos mandarins lui cachent avec une jalousie de censeurs et de jésuites. Il est à craindre que la littérature, devenue un art d'autant plus hardi qu'il trouve en autrui moins d'accueil, d'autant plus insolent qu'il voit diminuer ses chances de plaire, d'autant plus ésotérique qu'il sent se raréfier autour de lui l'air intellectuel, il est à craindre qu'au lieu de tendre toujours vers de nouvelles frontières la littérature ne soit destinée à se resserrer en de petites enceintes ponctuées dans le monde, comme un semis d'oasis.

Mais il s'agit de la langue plus que de la littérature, de l'instrument et non des œuvres de l'ouvrier, et je voudrais rechercher, puisque l'occasion s'en présente[1], si l'instrument est toujours bon, et si, parmi ce que M. Deschanel appelle des déformations[2], on ne pourrait pas trouver, aussi bien que des signes de vermoulure, des marques de vitalité et tout un système de feuilles et de fleurs.

La langue française, qui ne semble pas destinée à subir prochainement de graves transformations, est cependant loin de la grande époque de stabilité que certaines langues atteignent avant de mourir. Elle vit, donc elle se différencie constamment. Si on la considère à des moments distants d'un demi-siècle, on trouve toujours que le dernier moment est en état de transformation, ou, puisqu'on pose le mot en principe, de déformation; comparée au moment précédent, la période ultime semble bien plus bouillonnante, bien plus désordonnée. C'est que toute nouveauté verbale n'acquiert que lentement et souvent après de très longues années sa place définitive dans les habitudes linguistiques. Ce qui était déformation en 1850 est devenu aujourd'hui le principe d'une règle par quoi nous jugeons des déformations actuelles. L'histoire d'une langue n'est que l'histoire de déformations successives, presque toujours monstrueuses, si on les juge d'après la logique de la raison; – mais la faculté du langage est réglée

1 Les *Déformations de la langue française*, par Émile Deschanel (1898). NDA

2 Émile Deschanel (1819-1904), professeur de rhétorique puis maître de conférences de littérature grecque à l'École Normale Supérieure (1845), devint professeur au Collège de France. La visée de son ouvrage est de « défendre [...] la bonne langue française, honneur de nos pères ». (*Les Déformations de la langue française*, *op. cit.*, p. 11)

par une logique particulière : c'est-à-dire par une logique qui oublie constamment, dès qu'elle a pris son parti, les termes mêmes du problème qui lui était posé. Du conflit des idées elle tire une idée nouvelle, qui ne doit aux idées d'où elle sort que parfois les lettres qui forment leur commune armature ; la langue transporte à volonté l'idée de *rouge* au mot *noir*, ou l'idée de *tuer* au mot *protéger* : et cela est très clair[1].

On peut d'ailleurs, d'une façon générale, accepter l'idée de déformation et l'identifier à l'idée de création. La déformation est, du moins, une des formes de la création. Créer une idée nouvelle, une figure nouvelle, c'est déformer une idée ou une figure connue des hommes sous un aspect général, fixe et indécis. La déformation est une précision, en ce sens qu'elle est une appropriation, qu'elle détermine, qu'elle régit, qu'elle stigmatise. Tout art est déformateur et toute science est déformatrice, puisque l'art tend à rendre le particulier tellement particulier qu'il devienne incomparable, et puisque la science tend à rendre la règle tellement universelle qu'elle se confonde avec l'absolu. La biologie ne déforme pas moins la vie pour expliquer la vie que la sculpture ne déforme Moïse pour expliquer Moïse. À vrai dire, nous ne connaissons que des déformations ; nous ne connaissons que la forme particulière de nos esprits particuliers[2]. Pour qu'il fût permis de considérer comme véritablement déformés certains modes verbaux, il nous faudrait d'abord instituer les règles d'une faculté que nous ne connaissons que par ses résultats. Ne portant que sur les différences, nos règles sont nécessairement caduques ; nous comparons infatigablement l'orange nouvelle au fruit de l'an passé et nous sommes portés à condamner comme incongrue celle qui est encore à moitié verte et qui agace les dents. Mais l'homme spontané, peuple ou poète, a d'autres goûts que les grammairiens, et, en fait de langage, il use de tous les moyens pour atteindre à l'indispensable, à l'inconnu, à l'expression non encore proférée, au mot vierge. L'homme éprouve une très grande jouissance à déformer son langage, c'est-à-dire à prendre

---

1 Pour *tuer*, voir page 68. – L'italien *vino nero* correspond au français *vin rouge*. Homère appelle *noir* le sang qui sort d'une blessure, μέλαν αἷμα. NDA

2 Allusion à l'idéalisme de Schopenhauer, fondement philosophique du symbolisme défini par Gourmont comme « l'expression de l'individualisme dans l'art ». Il écrit dans « L'Idéalisme » en 1892 : « on ne connaît que sa propre intelligence, que soi, seule réalité, le monde spécial et unique que le moi détient, véhicule, *déforme*, exténue, recrée selon sa personnelle activité ; rien ne se meut en dehors du sujet connaissant ; tout ce que je pense est réel : la seule réalité, c'est la pensée. » (*Le Chemin de velours*, Mercure de France, 1902, p. 203).

de son langage une possession toujours plus intime et toujours plus personnelle[1]. L'imitation fait le reste : celui qui ne peut créer partage à demi, en imitant le créateur, les joies de la création.

Le mot nouveau, l'assemblage inédit de syllabes, l'expression neuve ont un tel charme pour l'homme inculte ou moyennement lettré que cela a toujours été une des charges de l'aristocratie de modérer la transformation du langage. En l'absence d'une autorité sociale et littéraire à la fois, les langues se modifient si rapidement que le vieillard ne comprend plus ses petits-enfants[2]. Nous ne sommes pas exempts, dans notre société, de malentendus analogues, et il y a des mots qui, prononcés par deux générations éloignées de quelque vingt ans, se prononcent selon des significations absolument divergentes. Cela est inévitable et cela est bien, puisque c'est conforme aux lois du mouvement et de la vie. Mais chez les peuples enrichis d'une littérature, la langue est d'autant plus stable que la littérature est plus forte, qu'elle nourrit un plus grand nombre de loisirs et de plaisirs ; à un certain moment, la tendance à l'immobilité ou les ondulations rétrogrades d'un langage rendent parfois nécessaire une intervention directrice dans un sens opposé, et l'aristocratie intellectuelle, au lieu de restreindre la part du nouveau dans la langue, doit au contraire souffler au peuple abruti par les écoles primaires les innovations verbales qu'il est désormais inapte à imaginer.

Un peuple qui ne connaît que sa propre langue et qui l'apprend de sa mère, et non des tristes pédagogues[3], ne peut pas la déformer, si l'on donne à ce mot un sens péjoratif. Il est porté constamment à la rendre différente ; il ne peut la rendre mauvaise. Mais en même temps que les enfants apprennent dans les prisons scolaires ce que la vie seule leur enseignait autrefois et mieux, ils perdent sous la peur de la grammaire cette liberté d'esprit qui faisait une part si agréable à la fantaisie dans l'évolution verbale. Ils parlent comme les livres, comme les mauvais

---

1 Gourmont relie la loi linguistique générale de la déformation à la pratique langagière individuelle, qu'elle soit populaire ou littéraire : quand elle est subjective, créatrice, la « déformation » est au principe de l'originalité du style.

2 Gourmont reprendra cette comparaison dans « Les Femmes et le langage » (1901) : « Une langue non écrite ne survit jamais à la génération qui l'a créée ; chez les sauvages, chaque génération refait sa langue, si bien que le grand-père est un étranger parmi ses petits-enfants. » (*Le Chemin de velours*, *op. cit.*, p. 103).

3 La formule est reprise à Victor Hugo dans « Réponse à un acte d'accusation » : « Le vrai, chassant l'essaim des pédagogues tristes ».

livres, et dès qu'ils ont à dire quelque chose de grave, c'est au moyen de la phraséologie de cette basse littérature morale et utilitaire dont on souille leurs cerveaux tendres et impressionnables. L'homme du peuple ne diffère pas de l'enfant, mais plus hardi il se réfugie dans l'argot[1] et c'est là qu'il donne cours à son besoin de mots nouveaux, de tours pittoresques, d'innovations syntaxiques[2]. L'instruction obligatoire a fait du français, dans les bas-fonds de Paris, une langue morte, une langue de parade que le peuple ne parle jamais et qu'il finira par ne plus comprendre ; il aime l'argot qu'il a appris tout seul, en liberté ; il hait le français qui n'est plus pour lui que la langue de ses maîtres et de ses oppresseurs.

Cependant cette situation est loin d'être générale et, à défaut du bas peuple, il reste assez de bouches françaises pour que l'envahissement de l'argot ne puisse, de longtemps, être considéré comme un danger. Il ne faut pas d'ailleurs mépriser absolument l'argot ; la vie argotique d'un mot n'est souvent qu'un stage à la porte de la langue littéraire ; quelques-uns des mots les plus « nobles » du vocabulaire français n'ont pas d'autre origine ; en trente ans une partie notable du dictionnaire de Lorédan Larchey a passé dans les dictionnaires classiques[3].

M. Deschanel trouve donc que « la langue française, si belle, va se corrompant[4] ». C'est assez juste, mais il a négligé d'appuyer son opi-

---

1 Gourmont n'appréciait guère l'usage littéraire de l'argot, particulièrement dans la poésie de Jehan Rictus : « *Les Soliloques du Pauvre* exigeaient peut-être un peu d'argot, celui qui, familier à tous, est sur la limite de la vraie langue ; pourquoi en avoir rendu la lecture si ardue à qui n'a pas fréquenté les milieux particuliers où il semble que l'on parle pour n'être pas compris ? Ensuite, l'argot est difficile à manier ; Jehan Rictus, malgré son abondance, évolue assez difficilement parmi les écueils de ce vocabulaire. » (*Le IIe Livre des masques*, Mercure de France, 1898, p. 217-218).

2 L'analogie tacitement établie par Gourmont entre l'argot et la langue littéraire (« mots nouveaux » et « innovations syntaxiques ») est caractéristique du symbolisme. Marcel Schwob a mis en lumière cette relation entre l'argot et la poésie dans ses travaux linguistiques sur la langue de François Villon et l'étude de l'anagramme, « procédé littéraire » qui aurait été introduit dans l'argot pour aboutir, avec le travail sur les suffixes, au « langage artificiel le plus moderne ».

3 Lorédan Larchey (1831-1902), lexicographe français, archiviste et conservateur à la Bibliothèque de l'Arsenal, est l'auteur de plusieurs ouvrages philologiques. Il est surtout connu pour son *Dictionnaire historique, étymologique et anecdotique de l'argot parisien* qu'il mettra à jour régulièrement entre 1860 et 1889 en y ajoutant *Le vocabulaire des chauffeurs de l'an VIII* et *Le répertoire du Largongi* en 1889. Il a aussi écrit *Les Excentricités de la langue française en 1860*, *Les Excentricités du langage* (mis à jour en 1861, 1862, 1865).

4 E. Deschanel, *Les Déformations de la langue française*, *op. cit.*, p. 5.

nion d'exemples solides ; il ne fait allusion ni à l'invasion grecque, ni à l'invasion étrangère ; la déformation, telle qu'il l'a sentie, est tout à fait bénigne et parfois bienfaisante. Sa délicatesse de vieux lettré plein de belles-lettres classiques est un peu craintive et vraiment pessimiste. Il répète trop volontiers la plainte timorée de Lamennais : « On ne sait presque plus le français, on ne l'écrit plus, on ne le parle plus[1] », – plainte qui ne veut rien dire, sinon : le français étant une langue vivante se modifie périodiquement et aujourd'hui, en 1862, on ne lit plus et on n'entend plus le même langage qu'en 1802, alors que j'avais vingt ans. Il paraît que M. Scherer s'est, lui aussi, lamenté sur « la déformation de la langue française[2] », mais la langue française, de son côté, n'a pas toujours eu à se louer de ses rapports avec M. Scherer, – et tout cela est un peu ridicule.

La déformation par changement de sens, que M. Deschanel réprouve, est quelquefois défavorable et quelquefois utile. C'est un moyen dont la langue se sert pour utiliser un mot qui vient de se trouver sans emploi. Ainsi quand le mot *retraité* eut remplacé le mot *émérite*, celui-ci prit la signification de *habile*, *expert*, et Balzac la vulgarisa. Quel mal y a-t-il à ce que *excessivement* ait pris le sens de *extrêmement*, ou que le mot *potable* s'achemine vers la signification générale de *convenable* ? Les mots ne sont en eux-mêmes que des sons indifférents, rudes ou amènes ; ils n'ont qu'une valeur esthétique ; ils sont aptes à se charger de toutes les significations que l'on voudra bien leur imposer. Nous sommes habitués à lier certains sons à certains sens et à croire qu'il y a entre eux un rapport nécessaire. La connaissance de quelques langues un peu éloignées suffit à purger l'esprit de cette croyance naïve ; l'étude de la transformation du latin en français est encore assez bonne pour nous détromper ; et il n'est pas mauvais, si l'on veut acquérir un bon degré de scepticisme sur ce point, d'apprendre résolument la langue française elle-même. Il ne faudrait pas sourire si l'on prédisait que le mot *pied* quelque jour, signifiera *tête*. Cela

1 Ce propos de Lamennais se trouve dans l'ouvrage de Deschanel : « "Les langues, disait Lamennais, il y a un demi-siècle, ont, comme la société, leurs maladies, et quelquefois mortelles. Lorsqu'elles se corrompent, nul signe plus certain de la corruption intellectuelle et de celle des âmes." Il ajoutait, non sans hyperbole : "On ne sait presque plus le français, on ne l'écrit plus, on ne le parle plus. Si la décadence continue, cette belle langue deviendra une espèce de jargon à peine intelligible." » (*Ibid.*, p. 5).

2 « Il y a une vingtaine d'années, Edmond Scherer, notant nombre d'incorrections ou de graves négligences échappées à des écrivains habituellement sûrs de leur plume, signalait aussi "la déformation de la langue française". » (*Ibid.*, p. 6-7).

est déjà arrivé. M. Deschanel en donne lui-même un exemple lorsqu'il rappelle que *dais* a d'abord voulu dire table, conformément à une des significations de son mot d'origine, le latin *discus*. Ce changement de sens rentre encore dans la série des utilisations : dépouillé de sa signification, *dais* aurait péri devant *table* si on ne lui avait assigné une autre fonction. C'est là un phénomène de conservation et non de déformation, et même de conservation créatrice, car empêcher un mot de périr, c'est le créer une seconde fois.

Les changements de prononciation et de forme ne sont pas moins fréquents, ni moins inévitables. La prononciation des mots français a beaucoup varié depuis l'origine de la langue ; on a écrit cette histoire qui n'est pas toujours très sûre. Alors que nous ne savons pas bien nous-mêmes et que la question est discutée de savoir si *oi* équivaut soit à *oua*, soit à *oa*, il est difficile de déterminer la valeur de ce signe, et de plusieurs autres, le long des siècles passés. M. Deschanel a relevé dans la manière d'aujourd'hui quelques prononciations défectueuses des lettres doubles ; il y a une tendance à les faire sentir, comme il y a une tendance à faire sentir les consonnes finales ; mais là encore M. Deschanel insiste trop peu, sans doute pour n'être pas forcé de blâmer le rôle, alors vraiment odieux, de l'école primaire, du maître hâtivement fabriqué par les méthodes artificielles de l'Université[1]. On m'a cité un professeur de géographie d'un collège d'Algérie qui, en l'ignorance de toute tradition orale, affirmait à ses élèves l'existence de villes françaises telles que Le Mance, Cahan, Moulince, Foicse. Les noms communs ne sont pas toujours mieux traités et, comme l'a remarqué M. Anatole France, si on n'apprend pas encore aux enfants à compter sur leurs *doiktes*, c'est que la science des instituteurs primaires est encore neutralisée par la délicieuse ignorance des mères et des nourrices[2]. N'est-elle pas très curieuse cette

1 On comparera avec le propos de Péguy dans *De Jean Coste* en 1902 : « Les instituteurs qui ont subi sans résistance l'impression proprement primaire ont désappris de parler peuple et n'ont pas encore appris à parler français [...]. Parler peuple et parler français, c'est parler le même langage, un langage de nature et d'art, sur deux plans différents parallèles de cultures. La nature et l'art travaillent sur deux plans différents ; mais ces plans sont parallèles et les résultats sont conformes. Parler primaire, c'est parler un langage un peu appris, un peu conventionnel, un peu artificieux. Le parler peuple, ouvrier ou paysan, travailleur ou soldat, ressortit à la culture humaine. Le parler primaire appartient à l'entraînement d'État. » (Charles Péguy, *De Jean Coste*, *Œuvres en prose complètes*, I, p. 1046-1047).

2 « Comparé au rôle de la mère ignorante qui cueille comme une fleur le premier mot épanoui sur les lèvres de l'enfant, le rôle du maître est presque nul. Ce mot qui vient de

civilisation qui fait enseigner le français à un enfant de l'Isle-de-France par un paysan auvergnat ou provençal muni de diplômes ? On entend à Paris des gens ornés de gants et peut-être de rubans violets dire : *sette sous, cinque francs* : le malheureux sait l'orthographe, hélas ! et il le prouve[1].

Voilà une série de déformations sur laquelle on aurait aimé que s'exerçât l'autorité de M. Émile Deschanel, et un péril pour l'intégrité de la langue qu'il aurait dû signaler avec véhémence, puisqu'il a entrepris une telle campagne. Il reste dans l'anodin et dans l'anecdote, vitupère *castrole* et note que, remplacé par *gerbe*, le mot *bouquet* tombe en désuétude. Ses remarques sont intéressantes, mais il n'a pas su les relier par des idées générales, comme l'a fait, par exemple, M. Michel Bréal dans sa récente *Sémantique.*

Cependant il n'est pas loin de considérer le jeu des suffixes comme un principe de déformation. Si c'est déformer un nom que d'en façonner un verbe, voilà encore une déformation singulièrement féconde et vénérable. Pour *recruter* formé de *recrue*, il a l'autorité de Racine écrivant à son fils qui lui avait parlé de la *Gazette de Hollande* : « Vous y apprendrez certains termes qui ne valent rien, comme celui de *recruter*, dont vous vous servez ; au lieu de quoi il faut dire *faire des recrues*[2]. » Mais Racine avait la même opinion sur à peu près tous les mots du dictionnaire de Furetière et aucune timidité linguistique ne peut surprendre de la part du poète dont l'indigence verbale, imposée par la mode, stérilisa pendant un siècle et demi la poésie française. Sa lettre fut peut-être écrite hier, encore une fois, par quelque vieil académicien effaré à son fils enclin aux mauvaises lectures : « Vous y apprendrez certains termes qui ne valent rien, comme celui de *pédaler*, dont vous vous servez ; au lieu de

fleurir, c'est la mère elle-même qui l'a semé, car si le langage est une fonction, il faut lui donner les matériaux sur lesquels elle puisse s'exercer. » (*Le Chemin de velours*, *op. cit.*, p. 115).

1 Le rejet d'une norme de prononciation entièrement fondée sur l'écrit est récurrente chez Gourmont. Avec les lois scolaires, l'apprentissage des usages normés de prononciation a lieu à l'école. C'est par l'œil désormais qu'on apprend la phonie. Gourmont aborde cette question dans sa charge contre l'instruction publique mais aussi dans sa réflexion sur le vers. Ainsi dans « La Nouvelle poésie française » : « L'ancienne langue marquait dans la parole des finales qui se sont amuïes ; la vulgarisation de l'écriture leur a rendu la vie. On entend *but* traité comme *butte*, *las* devient *lasse* » (*Le Problème du style*, *op. cit.*, p. 179).

2 Deschanel note juste avant cette citation : « Lever des gens de guerre, cela s'appela "prendre les recrues" ; puis, par abréviation, en mauvais langage, *recruter*. Racine écrit à son fils qu'il a tort de lire *la Gazette de Hollande*, où il apprendra à mal parler. » (*Les Déformations*, *op. cit.*, p. 97)

quoi il faut dire *aller à bicyclette.* » *Pédaler* doit sembler monstrueux à M. Deschanel ; pourtant le mot est excellent de ton et de forme.

Parmi les mots récemment obtenus par dérivation, il en est de mauvais, mais qui le sont surtout à cause de leur inutilité. Un mot de forme française et qui répond à un besoin est presque toujours bon. Je puis partager l'*émoi* que cause *émotionner*[1] à M. Deschanel, mais *arrestation* ne me trouble pas, parce que je ne saurais le remplacer par rien. Il me serait difficile, malgré le désir de M. Deschanel, d'utiliser *imprimer* dans tous les cas où *impressionner* me vient sous la plume ; *imprimer* est meilleur et possède un sens concret[2] qui lui donne plus de force dans la métaphore, mais vraiment : « Ce spectacle m'a impressionné », si cela peut se traduire par « ce spectacle m'a ému », cela n'a jamais pu, à aucun moment de la langue, se dire par « ce spectacle m'a imprimé ». Malgré les citations de M. Deschanel, ni Molière ni La Bruyère n'ont employé *imprimer* au sens d'*impressionner* ; l'un et l'autre lui donnent le sens purement latin de « frapper » et ne l'emploient qu'avec un adverbe : « ... si bien imprimé » ; « le plus fortement imprimés ! » Dans les deux phrases citées par M. Deschanel, *frapper* le remplacerait fort bien ; *impressionner* le remplacerait fort mal.

L'Académie n'admet pas l'*animation*[3] des rues, mais l'opinion linguistique de l'Académie n'a pas de valeur pour le présent, puisque son dictionnaire représente déjà le passé, quand il paraît ; ensuite, nul concile, même académique, ne saurait prévaloir contre l'usage. Que M. Deschanel condamne des innovations telles que *pourcentage*[4], *épater*,

1 « Un jour, au concours pour l'Agrégation des Lettres, un des candidats, dans la chaleur de l'improvisation, laissa échapper le mot "émotionner". Le président du concours, Désiré Nisard, l'interrompit aussitôt : "Prenez garde, monsieur, émotionner pourrait émouvoir vos juges, et gâter votre affaire". » (*Ibid.*, p. 102). – Dans la courte satire intitulée *M. Croquant* publiée après la mort de l'auteur en 1918, Gourmont propose un chapitre intitulé « Ne dites pas... dites » où il reprend ce terme : « Ne dites pas : *surprendre, émouvoir, suggérer, confondre, joindre*, mais *stupéfactionner, émotionner, suggestionner, confusionner, jonctionner.* » L'auteur, qui se présente comme un collecteur des « papiers du regretté M. Croquant », commente : « il goûtait les mots bien établis sur trois, cinq, sept ou neuf pattes, les mots qui gondolent comme une tôle, qui flanchent comme un faîtage de zinc. » (*M. Croquant* précédé d'*Esthétique de la langue française*, éditions Ivréa, 1995, p. 126).

2 *Impressionner* a d'ailleurs pris un sens concret dans la photographie, où il serait malaisé, même à M. Deschanel, de le remplacer par *imprimer.* NDA

3 Sur « animation », voir *Les Déformations*, *op. cit.*, p. 100.

4 « On avait l'expression "le tant pour cent" ; à présent on dit le pourcentage : cela vous a un petit air financier. Au lieu de "se démettre", on dit démissionner. On parle de "solutionner

terroriser, *bénéficier*, *différencier*, *socialiser*, *méridional*, cela surprend, car tous ces mots sont du français véritable et tous répondent à un besoin réel, même *terroriser*, qui semble avoir un sens plus actif, plus décisif, peut-être à cause de sa nouveauté, que *effrayer* ou *épouvanter*. En est-il de même de *clamer*, de *perturber*, de *ululer*, et de tout le groupe des latinismes récemment introduits dans la langue ? C'est assez douteux, car il ne faut demander directement au latin, grenier légitime de la langue française, que des mots réellement utiles et que nos propres ressources linguistiques ont été impuissantes à imaginer.

M. Deschanel signale enfin quelques déformations réelles ; elles sont vénielles. Sans doute *herboriste* est la corruption d'*arboriste* ; sans doute il peut sembler fâcheux qu'on ait confondu *confrairie* et *confrérie*, *palette* avec *poëlette*[1], *chère* avec *chair*, que le féminin de *sacristain* soit *sacristie*, qu'*ornement* ait donné *ornemaniste* et *fusain*, *fusiniste*, et que, dans le vocabulaire des injures politiques, on oublie, en écrivant *salaud*, que le féminin de cette délicieuse épithète est *salope*, mais avant de condamner des formes qui, malgré les grammairiens, se permettent de dévier un peu de la logique apparente, il faudrait peut-être les examiner avec quelque minutie et quelque bienveillance. On découvrirait alors que *fusiniste* et *ornemaniste*, par exemple, étant des formations orales, apparues à une époque où la langue prononce identiquement *in* et *ain*, *an* et *ent*, ne pouvaient prendre, en se dérivant, une prononciation que ne contiennent pas leurs radicaux ; l'aspect de ces deux mots décèle leur origine, qui est récente et populaire. Des professeurs eussent forgé *ornementiste*, comme ils ont forgé *goncourtiste*, qu'ils opposent à *goncouriste*, forme vraie puisqu'elle est la seule qui ne déforme pas la sonorité du radical. De *fusain* ils auraient fait *fusainniste*, mais comment marquer

la crise" ; pourquoi pas "résoudre" ? Au lieu du mot "crier" on dit clamer ; au lieu de "troubler", on dit perturber ; au lieu de "distinguer", on forge différencier. On possède "profiter", on invente bénéficier. On a "étonner", on dit épater. Et puis : "Quelle épate !" Quand vous possédez le mot "stupéfait", pourquoi forger "stupéfié" ? Alfred de Musset s'en moque avec raison, dans les *Lettres de Dupuis et Cotonnet* : « Au lieu de "surpris" ou "étonné", écrit-il, on dit stupéfié ; sentez-vous la nuance ? Stupéfié ! Non pas "stupéfait", prenez-y garde : « "stupéfait" est pauvre, rebattu ! fi ! ne m'en parlez pas ! » [...] On possède les mots "effrayer, épouvanter" ; ne sont-ils pas bons, expressifs ? Qu'est-il besoin d'y substituer terroriser, qui a un sens spécial, historique ... » (*Ibid.*, p. 102-103).

1 M. Deschanel croit que la confusion s'est faite avec *poëlette*, c'est une erreur. *Paelette* est un dérivé fort légitime de *paele*, forme ancienne de *poêle*, lequel *paele* est le latin *patella*. Un glossaire des XII-XIVe siècles donne : *patella* = *paellete*. Comme il y avait une *palette*, dérivée de *palle*, *pelle*, la forme *palette* a mangé *paelette*, et cela très anciennement. NDA

la nasalisation de *ain* ? *Fusainniste*, c'est *fusainiste*, lequel tend à *fuséniste*, lequel était destiné à devenir *fusiniste*, selon la gamme implacable *a e i o u*. Il est possible que le mot actuel ait passé par ces diverses étapes, lentement ou rapidement ; nous n'en savons rien. Quant au mot *sacristine*, il est probable qu'il vient de *sacristie* et non de *sacristain*. Un autre mot nouveau, excellent, est *arriviste* ; il était attendu et sa fortune a été immédiate et rapide. Il est dû à M. Alcanter de Brahm (1893)[1].

M. Deschanel demande : À quoi sert *baser*, puisque l'on possède *fonder* ? « S'il entre, je sors », dit Royer-Collard, quand on discuta la venue au dictionnaire de ce verbe excellent et de forme élégante. Voilà une parole et un geste que nous ne pouvons plus comprendre. Royer-Collard ne savait pas que beaucoup des mots dont il protégeait l'aristocratisme contre cet intrus ingénu n'étaient eux-mêmes que des parvenus que le XVIIe siècle avait méprisés. Le *Dictionnaire néologique* de l'abbé Desfontaines[2] raille comme prétentieux, ridicules et outrecuidants, une quantité de mots alors nouveaux dans le bel usage. L'opuscule est précédé d'une lettre de Jean-Baptiste Rousseau qui est curieuse parce qu'elle est éternelle comme la plainte du vieillard : « Il règne aujourd'hui dans le langage une affectatation si puérile, que le jargon des *Précieuses* de MOLIÈRE n'en a jamais approché. Le style frivole et recherché passe des Caffés, jusqu'aux tribunaux les plus graves, et si Dieu n'y met la main, la

1 Le dernier chapitre du livre de M. Deschanel est une petite excursion étymologique qui ne semble pas toujours très heureuse. On ne peut vraiment lui concéder que exaucer vienne de exaudire ; *bal*, *pompe* et *marmot* du grec βαλλω, πομπη, μορμω. Le grec classique n'a rien donné directement et n'a rien pu donner au vieux français. *Contre-danse* n'est pas la corruption de l'anglais *country-dance*, – au contraire. *Gosse* n'est aucunement l'apocope du mot problématique *bégosse*. *Gosse* est l'abrégé de *gosselin* et cela est tellement évident que son féminin, demeuré intact, est *gosseline*. « Le mot *budget* est notre ancien mot *pouchette*, *bougette* » ; nullement ; *pouchette* et *bougette* sont deux mots très différents : l'un est venu en français de l'anglo-saxon *pocca*, *poche*, *pouche*, *pochette*, *pouchette* ; l'autre est le latin *bulga* qui a fourni *bouge*, *bougette*, et ce dernier mot, au sens de sac, bourse, magasin, trésor, est entré légitimement en anglais avec le dialecte normand. Le verbe *bouger* est d'une autre famille : il est né du latin *bullicare*, pendant que *bullire* donnait *bouillir*. Tout cela est bien élémentaire, mais l'histoire des mots a son importance et contient sa philosophie, quand elle est exacte. NDA

2 Le titre complet est *Dictionnaire néologique à l'usage des beaux Esprits du siècle, avec l'éloge historique de Pantalon-Phoebus* (1726). Dans ce texte « uniquement satirique », l'abbé Desfontaines se moque de la mode néologique et s'en prend à la recherche systématique d'expressivité, à partir d'une collecte d'expressions tirées pour l'essentiel de l'œuvre de Houdar de la Motte. Gourmont y fera référence dans le chapitre V « La Physiologie et l'invention de la mentalité » du *Problème du style*.

Chaire des Prédicateurs sera bientôt infectée de la même contagion. Rien ne peut mieux réussir à en préserver le Public, que quelque Ouvrage qui en fasse sentir le ridicule : et pour cela il n'y a autre chose à faire que de lui présenter, dans un Extrait fidèle, toutes ces phrases vuides et alambiquées, dont les nouveaux SCUDÉRIS de notre temps ont farci leurs ouvrages, même les plus sérieux. » On n'est pas très surpris en lisant ce dictionnaire d'y trouver voués à la réprobation des honnêtes gens des mots tels que : Agreste, amplitude, arbitraire, assouplir, avenant ; « *aviser*, pour dire *découvrir de loin*, est un mot bas et de la lie du peuple » ; broderie, coûteux, coutumier, découdre défricher, sont tenus pour des termes incompatibles avec la littérature, et on rejette encore : détresse, émaillé, enhardir, équipée, germe, geste, etc. Ce n'est qu'après avoir consulté la liste de l'abbé Desfontaines que l'on comprend bien la question de M. Deschanel. À quoi sert *baser* ? À quoi sert *enhardir* ? demandait l'abbé Desfontaines.

Francis Wey, en 1844, se posait d'analogues questions. À quoi bon, disait-il, *imagé*, *aisance*, *exorable*, *inepte*, *injouable*, *invendu*, *insuccès* ? *Clarifier*, au figuré, est « une lourde faute » et il faut répudier encore *incuit*, *motiver* et *chevalin*[1]. Mais son goût pur ne lui inspirait aucune répugnance pour *phlébotomiser* ! « *Cul-de-sac*, grossièreté énorme, barbarie de Welches », disait Voltaire. Il songea à *angiportus*, déjà francisé au XVIe siècle, *angiporte*, puis il imagina *impasse*, qui est resté, mais sans tuer *cul-de-sac*. Son autre invention, *auguste* pour août, témoignage d'une absolue ignorance linguistique, n'a été adopté que par Rétif de la Bretonne. Le goût linguistique est rare : Scarron raillait *indolent* et *indolence* ! Nodier, plein de grec, affirme que *déraison* est un barbarisme ; les grammairiens de son temps écartent comme incongrus *aventureux*, *valeureux*, *vaillance*.

Après et malgré toutes mes objections, il m'est très facile de reconnaître l'intérêt du livre de M. Deschanel et la justesse de beaucoup de ses remarques. Il ne lui a vraiment manqué qu'un principe pour faire une œuvre solide et qui fût autre chose qu'un « Dites et Ne Dites pas ». Il accueille *cercleux* et refuse *moyenâgeux*, il consent à *télescoper* et recule devant *écoper*[2]. On ne sait pourquoi. C'est le sentiment introduit dans

1 Cette citation est extraite de ses *Remarques sur la langue française au dix-neuvième siècle sur le style et la composition littéraire*, Firmin-Didot, 1845.

2 « La fréquence des accidents sur les lignes ferrées a fait inventer ce mot d'un réalisme effroyable : "télescoper", qui peint, hélas ! trop bien, deux "rapides" se heurtant et entrant

la linguistique ; les mots sont jugés bons ou mauvais selon qu'il plaît et sans que l'on soit tenu à fournir un motif valable et discutable. Si l'on n'admet pas, comme jadis, l'autorité absolue de l'usage, du bel usage, on n'a pour guide que son propre goût ; mais on aurait plus de chances de le faire prévaloir, à écrire en beau style quelques livres de forte littérature qu'à recueillir des anecdotes philologiques. L'opinion de Voltaire ou même celle de Littré, ou même celle de M. Bréal[1], m'importe peu si elle n'est qu'une opinion. « Le langage actuel de telles écoles littéraires serait-il compris de nos écrivains du XVIIe et du XVIIIe siècle ? On en peut douter[2]… » Il faut qu'on en puisse douter, car nous écririons en vain, plagiaires misérables, si nous n'écrivions différemment non seulement de Fénelon, mais de Jean-Jacques et de Chateaubriand. Et Villehardouin aurait-il compris Bossuet et Villon aurait-il compris Racine ? Le rêve de M. Deschanel, c'est donc l'imitation et l'immobilité ? Il reconnaît cependant lui-même que les langues se modifient sans cesse ; mais il ajoute : « Ce n'est pas toujours en bien. » Rien de plus juste, mais comment reconnaîtrons-nous le bien et le mal ?

Quels que soient les changements et, si l'on veut, les déformations que l'usage lui impose, une langue reste belle tant qu'elle reste pure. Une langue est toujours pure quand elle s'est développée à l'abri des influences extérieures. C'est donc du dehors que sont venues nécessairement toutes les atteintes portées à la beauté et à l'intégrité de la langue française. Elles sont venues de l'anglais[3] : après avoir souillé notre vocabulaire usuel, il va, si l'on n'y prend garde, influencer la syntaxe, qui est comme l'épine dorsale du langage ; du grec, manipulé si sottement par les pédants de la science, de la grammaire et de l'industrie ; du grossier latin des codes que les avocats amenèrent avec eux dans la politique, dans le journalisme, et dans tout ce que l'on qualifie science sociale. Ces ruisseaux si lourdement

l'un dans l'autre Mais je ne sens pas bien le sel de "bondieusard", ni celui de "moyenâgeux". » (*Les Déformations*, *op. cit.*, p. 198).

1 Émile Deschanel cite avec admiration Bréal dans son premier chapitre sur les déformations de sens : « M. Bréal, dans son beau livre sur la Sémantique salue avec reconnaissance les anciens grands lettrés français, bons esprits, nullement pédants, "la plupart gens du monde, qu'un goût naturel avait conduits à s'occuper des problèmes ou difficultés de la langue française… Élaguer les expressions impropres ou mal venues, faire la guerre aux doubles emplois, écarter tout ce qui est obscur, inutile, bas, trivial, telle est l'entreprise à laquelle ils se vouèrent avec beaucoup d'abnégation et de persévérance". » (*Les Déformations*, *op. cit.*, p. 10).

2 *Ibid.*, p. 207.

3 Voir le chapitre VIII de l'« Esthétique de la langue française ».

chargés de sable et de bois mort ont encombré la langue française : il suffirait de les dessécher ou de les dériver pour rendre au large fleuve toute sa pureté, toute sa force et toute sa transparence.

II

Pour blâmer la déformation linguistique, M. Deschanel s'est placé au point de vue de l'usage et de la correction académique. C'est aussi ce qui a guidé le colligeur de l'*Almanach Hachette* pour la présente année 1899[1]. Ce modeste et anonyme défenseur du beau langage a recueilli environ trois cents fautes (à ce qu'il écrit) de français, et il les a redressées courageusement. Il ne donne pas d'explications ; il enjoint. C'est un *Dites, Ne dites* pas dans toute la sécheresse brutale de ces sortes de manuels et intitulé avec fermeté : *Si nous parlions français*[2] *?* Il fallait peut-être plus de modération, car l'opinion de Malherbe sur l'excellence du parler de la place Maubert a toujours sa valeur[3], et il y a un usage obscur qui souvent sera l'usage universel, demain[4]. Vaugelas dit innocemment : « Dans les doutes de la langue, il vaut mieux pour l'ordinaire consulter les femmes et ceux qui n'ont point étudié que ceux qui sont bien sçavans en la langue Grecque et en la Latine. »

Trois cents déformations populaires ; voilà un répertoire curieux et qui va peut-être nous permettre de reconnaître quelques-unes des tendances auxquelles obéissent les déformateurs. Il est très certain que les lois qui ont présidé à la naissance du français continuent de guider sa vie et que l'*Almanach Hachette* lui-même est impuissant à modifier le gosier d'une race.

Nous disons *statue* par politesse et par peur ; pour ne pas contrarier nos maîtres et pour ne pas déchoir dans l'estime de nos contemporains.

---

1 *Almanach Hachette. Petite encyclopédie populaire de la Vie pratique*, Hachette, 1899.

2 Le titre exact est *Tâchons de parler français.*

3 Malherbe, homme de cour, disait : « J'apprends tout mon françois à la place Maubert. »

4 Malherbe ne faisait que répéter Ramus : « Le peuple est souverain seigneur de sa langue, il la tient comme un fief de franc alleu, et n'en doit recognoissance à aulcun seigneur. L'escolle de ceste doctrine n'est point es auditoire des professeurs hébreux, grecs et latins en l'Université de Paris : elle est au Louvre, au Palais, aux Halles, en Grève, à la place. » (Cité par J. Tell, *les Grammairiens français.*) NDA

Mais dès que la politesse ou la peur n'ont plus de prises sur nous, nous disons *estatue* avec délices. C'est pourquoi je voudrais passer en revue presque toutes ces trois cents déformations et me rendre compte si, dans tous les cas, le déformateur est bien du côté que croit M. Deschanel, avec tout le monde et avec le précieux Anonyme.

Il ne s'agit pas de contester l'usage (l'usage est comme l'âme et la vie des mots, dit encore Vaugelas), ni de donner de pernicieux conseils : l'Anonyme a toujours raison ; il s'agit seulement de montrer que la déformation est beaucoup moins capricieuse que ne le croient les professeurs d'orthographe.

Estatue

Aucun mot français véritable, c'est-à-dire d'origine populaire, ne commence par *st*, *sc*, *sp*, non plus que deux consonnes quelconques, à l'exception des liquides *l*, *r* précédées de *b*, *c*, *g*, *p*, etc. Pour *st* en particulier, tous les mots de cette sorte venus de l'italien ont pris la forme initiale *est*, à l'exception de *stance*, *stuc* et *stylet*, qui ne descendirent jamais, ou descendirent trop tard, à l'usage populaire :

Stoccata	Estocade
Saffetta	Estafette
Staffiere	Estafier
Staffilata	Estafilade
Stampa	Estampe
Strada	Estrade (route, batteur d'estrade)
Strato	Estrade (plancher)
Stramazzone	Estramaçon
Steccata	Estacade
Stroppiare	Estropier[1].

Ces mots ne sont pas de formation populaire originale ; ils ont seulement été remaniés par le peuple à mesure qu'ils arrivaient à sa portée.

1 Ce phénomène du *e* prothétique est décrit par Albin Chevallet qui le nomme « la prosthèse » : « Les Espagnols, les Français du Midi ainsi que ceux du Nord éprouvent une certaine difficulté à prononcer *sc*, *sp*, *st*, au commencement des mots, bien que ces doubles consonnes paraissent avoir été d'une prononciation très-facile pour les Grecs et pour les Latins, facilité dont les Italiens ont hérité. En espagnol, en provençal et en français, on

La vraie formation populaire se trouve dans les mots de cette sorte venus anciennement du latin : *esturgeon*, de *sturionem* ; *estragon*, de *draconem* ; *étape* (autrefois *estaple*), de *stapula*, flamand *stapel* ; *étain* (autrefois *estain*), de *stannum* ou *stagnum*. Dès le ve siècle, on relève dans les inscriptions de la Gaule : *iscala*, *ispiritus*, *ispes*, *ischola*, *istudium*, etc.[1]

Celui qui dit : des *estampes* et des *estatues* parle-t-il plus mal, en théorie, que celui qui dirait : des *stampes* et des *statues* ?

Fanferluche, Palfernier, Pimpernelle. Sersifis.

Le trait commun aux trois premiers de ces mots populaires c'est la transposition de l'*r* et de l'*e*, *re* devenu *er*[2]. C'est le contre-courant de la tendance normale, qui est le changement de *er* en *re*. *Berbis*, latin *berbicem*, a donné *brebis* ; *beryllare* a donné *briller*. *Fanfreluche* vient du latin populaire *fanfaluca* ; *palefroi*, de *paraveredum* ; *pimprenelle*, de *pimpinella*. Ils devraient donc être : *fanfelue*, *palefredier* et *pimpenelle*[3] ; les trois formes correctes sont des corruptions. Au dix-septième siècle, le populaire disait *mirancolie*, pour *mélancolie*[4].

---

ajoute une voyelle initiale, généralement *e*, aux primitifs latins commençant par *sc*, *sp*, *st*, afin de rendre la prononciation plus claire, plus distincte, plus nette, plus facile. » (Albin Chevallet, *Origine et formation de la langue française*, tome II, Imprimerie Impériale, 1853, p. 122). Gourmont va citer abondamment cet auteur dans les pages qui suivent. Albin de Chevallet (1812-1858) est un philologue français. Son principal ouvrage, *Origine et formation de la langue française*, associe plusieurs projets : décrire l'origine de la langue française et l'étymologie, la formation des mots et les changements de sens, sans mettre en œuvre les principes de la linguistique historique et comparée. Sur cet ouvrage, on se reportera à Jacques Chaurand, « L'histoire de la langue avant Brunot : *Origine et formation de la langue française* d'Albin de Chevallet [1858] », *Au bonheur des mots*, Mélanges en l'honneur de Gérald Antoine, Presses Universitaires de Nancy, 1984.

1 Le Blant, *Épigraphie*. – J'ai assisté à cette scène. Une dame demande à un gardien de la paix « la rue Spontini ». L'homme tire son carnet, cherche en vain ; il ne pouvait imaginer un nom français commençant par *sp*, et il consultait la lettre *E : Espontini*. NDA

2 A. Chevallet écrit : « La transposition ou métathèse est une modification du son des mots, par laquelle les lettres d'un dérivé sont placées dans un ordre différent de celui qu'elles avaient dans le primitif ; *turbidulus* a donné *trouble* ; *pro* est devenu *por*. [...] Les linguales R et L, produites par le plus mobile des organes, sont elles-mêmes mobiles comme l'organe qui sert à leur formation. La facilité avec laquelle ces consonnes se déplacent fait que l'on peut conserver la lettre, tout en se soumettant aux exigences de l'euphonie, ou bien en faisant la part à la force, à la netteté, à la facilité, à la rapidité de la prononciation. » (*Origine et formation de la langue française*, t. II, p. 118-119).

3 Les mots *fanfreluche* et *pimprenelle* sont traités dans l'ouvrage de Chevallet, *op. cit.*, p. 119.

4 Théâtre italien, de Gherardi : *La Fille sçavante*. NDA

Quant à *sersifis* pour *salsifis*, l'original étant l'italien *sassefrica*, le mot le plus déformé est évidemment celui qui a passé dans la langue générale. *Sersifis* n'est pas plus irrégulier que *breuvage*, de *biberaticum*, ou *frange*, de *fimbria*. *Salsifis* est sans doute plus récent que *sersifis* ; on y trouve, comme dans les mots suivants, *l* remplaçant *r*.

Angola. Colidor. Flanquette.

Ainsi l'italien *garbo* a donné *garbe*[1], encore employé par Ronsard, lequel est devenu *galbe* ; ainsi *bureter* est devenu *buleter*, puis *bluter* ; ainsi *carandrion*, *calandre* ; *peregrinus*, *pèlerin*, etc. *Morue* s'est dit *molue*, à Paris[2].

Angola est la déformation naturelle de *Angora*[3]. Tout le monde connaît le titre du petit roman écrit au dernier siècle, *Angola, histoire indienne.*

Nentilles. Esquilancie

Ainsi *liveau*, latin *libella*, est devenu *niveau* ; ainsi *colucula* a donné *quenouille* ; ainsi *marle* de *margula*, *pesle*, de *pessula*, *posterle*, de *posterula* sont devenus *marne*, *pène*, *poterne*.

Dans *esquilancie*, c'est le changement contraire : *n* est devenu *l*. Rien de plus raisonnable ; en effet :

Orphaninus	Orphelin
Quaternionem	Carillon
Bononia	Bologne
Ruscinionem	Roussillon

Falot devrait régulièrement être *fanot*.

---

1 *Garbe* est un italianisme dont l'altération a donné *galbe*. Le mot signifie *grâce physique*. « Et monstroit à son port quel sang le concevoit, / Tant la garbe de prince au visage il avoit. » (Ronsard, « Le Bocage Royal »).

2 Gherardi, *op. cit.* : *Arlequin Protée*.

3 « Je vais donner un certain nombre d'exemples de changements du même genre que le peuple fait subir à nos mots français. Le lecteur pourra se convaincre par ces exemples que dans notre langue, livrée aux instincts populaires, les permutations des consonnes s'accomplissent le plus généralement d'après les lois que j'ai précédemment établies. À Paris et dans ses environs, le peuple dit : selon les *Omnibus* du langage : chat angola, pour chat angora, fièvre célébrale, pour fièvre cérébrale ; colidor pour corridor ; flanquette pour à la bonne franquette… » (*Origine et formation de la langue française*, *op. cit.*, p. 78).

Cangrène. Franchipane, Reine-Glaude.
Cintième.

Ce sont des changements :

1° de *g* en *c*. En beaucoup de mots d'origine commune aux trois langues, le *g* de l'italien et de l'espagnol est représenté en français par un *c*. *Crier : gritar, gridare* ; *Crèche* : ital. *greppia*. Le *g* et le *z* italiens deviennent souvent *c* en français : *Gabineto*, cabinet ; *zagrin* (vénitien), chagrin. Cela se rencontre également au passage du latin au français : *mergus*, marcotte, anciennement *margotte*. Il y a un exemple de *g* latin devenu *ch* : *pergamenum*, parchemin.

Au mot *Cobéa* un dictionnaire scientifique dit : « On prononce souvent à tort *Gobéa*. » Sans doute, mais l'adoucissement est inévitable. Le latin *cupa* a pour diminutif *gubellus*. Le français dit de même *coupe* et *gobelet*. Le *p* de *coupe* entraîne le *c* ; le *b* entraîne le *g*. Essayez de dire *coube* ou *goupe*. Il faut un effort. Donc *Cobéa* se prononce légitimement *Gobéa*. *Cf. couper* et *gober*.

2° de *c* en *g*. C'est le changement normal[1] :

Aquila	Aigle
Ciconia	Cigogne
Cicala	Cigale
Cicuta	Ciguë

Nodier signale la prononciation Glaude[2] ; tous les dictionnaires, à *second*, indiquent avec le mot et ses dérivés se disent *segond* ; *secret* a eu la même tendance[3].

3° du *c* dur ou *q* en *t*. Il y a des exemples du contraire : *craindre* vient de *temere* ; carquois était jadis *tarquois* venu du grec de Byzance, ταρκασιον (turc, *turkash*) ; à Orléans, on dit ou on a dit : *amiquié* pour amitié, *quiare* pour *tiare*[4] ; en Beauce, c'est : *renquier* pour *rentier* ; *je quiens* pour *je tiens* ; *sequier* pour *setier*. Le *t* pour le *c* dur se trouve en latin : *quinque*,

1 « G et Q devenus G dur ; Acutus, aigu ; aquila, aigle ; acer, aigre ; ciconia, cigogne ; craticala, grille ; cicada, cigale ; cicata, ciguë… » (*Ibid.*, p. 104).

2 Charles Nodier écrit dans son *Examen critique des dictionnaires de la langue française* (1829) : « on a dit que ce mot devait se prononcer comme s'il avait un *g* pour initiale ; mais on n'a pas observé qu'il est de très bas langage, et que les gens qui parlent mal prononcent mal. Je crois que s'il était français, il faudrait le prononcer comme on l'écrit. » (*Examen, op. cit.*, p. 113).

3 « Il est vrai que tout le monde dit *segond* pour *second*. Les beaux parleurs de province ont des *segrets* et non pas des *secrets*. Ils n'ont pas celui de prononcer correctement. » (*Ibid.*)

4 *Deux Mazarinades en patois Orléanais* (1875). NDA

quintus, ce qui correspond à la déformation française ; *taberna* et *caverna* ; *torquere*, *tortura*, l'italien *busto* a donné *buste* et *busc*. En français on peut donner *tabatière* pour *tabaquière*, peut-être *abricotier* pour *abricoquier*[1] et, plus sûrement, la forme populaire parisienne, *charturier* pour *charcutier* et l'argot *patelin* (pays), au XVIe siècle *pacquelin* ; au Canada on dit *tille*, pour *quille* ; j'ai entendu *catao* pour *cacao*.

Sesque, Prétexe, Esquis.

L'*x* latin se change volontiers en *sc*, *sq*., au lieu de *s* et *ss*. *Lâcher*, de *laxare*, est dans la *Chanson de Roland* sous la forme *lasquer*[2] ; *myxa* a donné *mesche*, devenu *mèche*.

Prétexte, que le peuple dit *prétèxe*, deviendra peut-être *prétesque* ou *prétesse*. La forme actuelle est particulièrement hostile.

Rien de plus normal que *esquis* :

Exagium	Essai	*Examen*	Essaim
Excorrigata	Escourgée	*Axiculum*	Essieu
Excussa	Escousse	*Exaurare*	Essorer

Au Canada on dit : *esempe* (exemple), *escuse* ; mais en français dit-on vraiment *excuse ?* Il faut savoir écouter.

Vermichelle[3]

Exemple d'une forme orale qui s'est transmise intacte, concurremment avec une forme écrite. En effet, l'original italien s'écrit *vermicelli* et se prononce *vermichelle* (ou *tchelle*). On a dit *chifflet* pour *sifflet*[4].

1 « Les paysans des environs de Paris [...] disent amikié pour amitié, moikié pour moitié, cafequière pour cafetière, charquier, abricoquier, squier pour charretier, abricotier, setier. À Paris même, certaines gens du peuple disent crapu pour trapu... » (*Origine*, *op. cit.*, p. 96).

2 On entend encore à Paris *lusquo* pour *luxe*. Autre déformation : *Lustembourg* pour *Luxembourg* (Chanson du *Petit Ébeniste*.) NDA

3 « Une transformation semblable s'est opérée de nos jours pour les mots *shako*, *vermicelle*, *violoncelle*. Par égard pour les langues dont ces mots dérivent, on les prononça d'abord *chako*, *vermichelle*, *violonchelle* ; mais, aujourd'hui on dit généralement *sako*, *vermisselle*, *violoncelle*. Ch est resté dans *franche*, féminin de franc, tandis qu'il a été remplacé par un c doux dans *France*. » (A. Chevallet, *Origine*, *op. cit.*, p. 103)

4 « J'ai tiré un grand *chifflet* de ma poche et je me suis mis à *chiffler* comme tous les diables. » Ghérardi, *op. cit. Le Banqueroutier.* NDA

Castrole.

Ce mot, en effet très vulgaire, indigna M. Deschanel[1]. Il se plaint que *cassole* ait déjà été déformé en *casserole*, quoique *cassole* appartienne à une autre série, que *cassolette* vienne de l'espagnol et que *casserole* soit un dérivé direct de *casse*, poêlon. Il y a en français un diminutif en *role* ; exemples :

Ligne	*Lignerole*	(Ficelle)
Mouche	*Moucherolle*	(Oiseau)
Museau	*Muserolle*	(Partie de la bride)
Roux	*Rousserolle*	(Fauvette)
Fève	*Fèverole*	
Flamme	*Flammerolle*	
Feu	*Furolles*	(Feux-follets)
Fusée	*Fusarolle,*	(Terme d'architect.) *Fuserolle,* (Terme de tissage)
Bande	*Banderole*	
Barque	*Barquerolle*	(Petit bateau, coffre, pâtisserie).
Bout	*Bouterolle*	(Terme de serrur.)

À cela on ajoute sans surprise aucune :

Casse *Casserole*[2]

Castrole n'est pas plus mystérieux. Phonétiquement, *casserole* équivaut à *cas'role.* Or une dentale s'intercale normalement entre *s* et *r* au passage du latin en français ; c'est ainsi que se sont formés, par l'adjonction d'un *t* ou d'un *d*, nombre de mots qui, dans l'original latin, n'ont aucune dentale :

Croistre Croître	Crescere

1 « Le mot "cassole", diminutif de "casse", poêlon de cuivre (de l'espagnol cazuela, et qui a produit le sous-diminutif "cassolette") était en usage dans notre langue au XVIe siècle. Ambroise Paré (XXV, 44) : "Battez-les, puis les mettez dedans une cassole sur le feu". Telle est la forme première. Puis, quand la "cassole" devint d'un commun usage, le nom s'altéra ; un r d'abord s'y glissa ; on prononça "cassrole". Un t s'y introduisit ensuite, du moins dans le parler des gens de cuisine : "cas/rôle". Gros barbarisme, par-dessus le petit. » (E. Deschanel, *Les Déformations*, *op. cit.*, p. 81).

2 Quant à savoir pourquoi de ces mots les uns ont un *l* et les autres deux, c'est le secret des grammairiens. NDA

Ancestre Ancêtre	Antecessor, ancessor
Estre Être	Essere
Cousdre Coudre[1]	Consuere

Le latin faisait ces intercalations de dentales ; on trouve dans les graffiti de Pompéi *sudit* pour *suit*, ce qui suppose *sudere* et *consudere* pour *suere* et *consuere*.

Brachet cite : *tonstrix* pour *tonsorix* et même *Istraël* pour *Israël*[2]. Il ajoute, ce qui me dispense d'un plus long commentaire : « Le peuple, toujours fidèle à l'instinct, continue cette transformation euphonique et dit *castrole* pour *casserole*. »

Éléxir, Gérofle. Géroflée. Gengembre, Gigier[3].

Déformations de déformations, ces mots ne doivent pas inspirer une horreur sans mélange. *Élixir* est une adaptation de l'arabe *al-aksir*, quintessence ; *gingembre*, anciennement *gingibre*, puis *gingimbre*, vient de *zinsiber* ; *girofle* représente le gréco-latin *caryophillum*, d'abord *chériofle*, puis *gériofle* ; *gésier*, qui est le latin *gigerium*, est plus anormal que *gigier*, et ne l'est pas moins que *gisier* et *jugier*, formes que donne encore l'abrégé de Richelet de 1761.

Chaircutier[4].

Cette manière de dire qui a précédé la manière actuelle, et qui est celle que J.-J. Rousseau emploie, est elle-même une déformation de

1 « Explosives dentales T, D, introduites dans le corps du mot à la suite de la refluante linguale R : Corylas, coudre, coudrier ; sicera, cidre ; palvis, pulverem, poudre ; absolvere, absoudre… » (A. Chevallet, *Origine*, *op. cit.*, p. 81).

2 A. Brachet, *Dictionnaire étymologique*, p. 51.

3 Tous ces exemples se trouvent dans le *Dictionnaire étymologique* de Brachet.

4 « Au XVIe siècle, tandis que les bouchers continuaient de vendre la viande crue, d'autres s'avisèrent d'étaler "de la viande cuite" (de porc) ; bientôt, ces marchands de chair cuite furent nommés, par abréviation, "chaircuitiers". Le mot, sous cette forme première, se dit encore à Genève. Rousseau, dans l'*Émile*, livre II, le contracte un peu et dit "chaircutier" ; puis l'usage courant le contracta de nouveau et dit "charcutier". » (*Les Déformations de la langue française*, *op. cit.*, p. 73). Le même exemple est traité par A. Chevallet, *op. cit.*, p. 341.

chaircuitier, marchand de *chair cuite*. Le mot aujourd'hui en usage est assez récent, et récent aussi le verbe *charcuter*, qui n'a pu être fait qu'à un moment où ses éléments n'avaient plus de sens direct.

Crusocale, Poturon.

Tous les traités vous diront que *y* se transforme naturellement en *u* ; le bas latin écrit *bursa* et *byrsa*, *crypta* et *crupta*. Mais nous n'avons plus à différencier *i* et *y* et il suffira de noter que l'*i* latin, lui aussi, s'est changé jadis assez volontiers en *u*[1] :

Affiblare	Affubler
Sibilare	Subler[2]
Fimarium	Fumier
Piperata	Purée
Casibula, Casib'la	Chasuble
Zizyphum	Jujube[3]

Ce dernier mot est à lui tout seul la justification de nos deux monstres modernes[4].

Lévier.

Évier rappelle le lointain moment de la langue où *aqua* était devenu *eve*. Dunn, dans son *Glossaire canadien*, cite la forme agglutinée *lévier* (pour l'évier) comme champenoise[5] ; au Canada on dit aussi *lavier* et même *lavoir*. L'agglutination de l'article s'est faite sous l'influence de ce dernier mot. Cette corruption curieuse est aujourd'hui répandue à Paris, où le peuple dit le lévier. Elle est, on le sait, tout à fait dans les habitudes de la langue[6].

---

1 « J'ai appelé *perriches* celles de l'Amérique, pour les distinguer des *perruches* de l'ancien continent ; ce nom de *perriche* est assez en usage. » Buffon, *Lettre à l'abbé Bexon*. NDA

2 En bourguignon. Ce « biau marie qui *sulloit* tant haut ». *Le Pedant Joüe*. NDA

3 Voir A. Chevallet, *ibid.*, p. 64.

4 *Ribarbe* pour *rhubarbe*. (*Le Médecin malgré lui*.) NDA

5 Oscar Dunn, *Glossaire franco-canadien et vocabulaire de locutions vicieuses usitées au Canada*, *op. cit.*, p. 111.

6 Voir *Esthétique*, ch. IX, et, plus loin, *la Métaphore*, au mot *Loriot*. NDA

Pariure.

Excellent mot qui a plusieurs analogues dans la langue. *Pariure*, pour *pari*, est tout aussi légitime que *parure* ou que le vieux français *parléure*, malheureusement perdu sans compensation. Il y a cinq ou six cents mots en *ure* dans le dictionnaire ; de quel droit les grammairiens veulent-ils condamner *pariure* quand ils respectent *reliure*, *sciure*, *pliure* et même *chiure* de mouche ?

Mairerie. Seigneurerie. Chrétienneté.

Ne dites pas… Sans doute, mais si nous disions : *sucrie*, *trésorie*, *verrie*, *serrurie*, que diraient les grammairiens ? Là encore le peuple a raison ; le suffixe est bien *rie* et non *ie* : *toilerie*, *tapisse-rie*, *tanne-ricy poudre-rie*, *maire-rie*[1].

Il y a des mots en *té* de deux sortes : ceux qui viennent directement du latin, *fierté*, de *feritatem*, *chrétienté*, de *christianitatem* ; et ceux où *té* est précédé d'un *e* et qui semblent des formations analogiques postérieures au moyen de l'adjectif féminin. Sauf exceptions, puisque *puritatem* a donné *pureté* ; *chrétienneté* n'est pas plus extraordinaire, mais il est inutile.

Nage. Consulte. Purge.

Nage, pour *natation* ; *consulte*, pour *consultation* ; *purge*, pour *purgation* : il suffit d'écrire ces mots successivement pour rejeter les mauvais, – ceux qui sont en usage. Ce sont des substantifs verbaux, comme il y en a des milliers en français. *Purge* est d'ailleurs resté, comme terme de droit et *nage* vit dans une locution.

Se revenger. Rancuneux. Enchanteuse. Corrompeur.

Pour n'être pas admis par les arbitres, ces mots n'en sont pas moins de bonnes formes françaises.

Venger appelle *revenger*[2].

---

1 Ou du moins il est devenu *rie*, la finale *ie* s'ajoutant presque toujours à l'infinitif du verbe. NDA

2 « Le peuple, au lieu du mot "se revancher", dit volontiers "se revenger", qui n'existe point, mais qui, dans son idée, vient de "venger" ». (E. Deschanel, *Les Déformations*, *op. cit.*, p. 118).

Rancuneux fait penser à la querelle du XVIIIe siècle sur *matineux* et *matinier*, à propos du sonnet de la « Belle Matineuse[1]. ».

Enchanteuse, qui était inévitable, n'est pas déplaisant. Quant à la logique des féminins attribués aux mots en *eur*, il suffit de citer *cantatrice*, *enchanteresse* et *chanteuse* pour montrer que, dans cet ordre de finales, la langue se permet toutes ses fantaisies.

Corrompeur, rapproché de *corrompu*, est très logique.

Regaillardir.

Au lieu de la forme usitée *ragaillardir.* Il y a *rebouter* et *rabouter* ; *radoter* fut d'abord *redoter.*

Cambuis.

Richelet (1680) constate que l'on dit du *buis* et, plus généralement, du *bouis* ; ces deux formes ont sans doute été aussi en usage pour la finale du mot que le vieux français écrivait *cambois.*

Comparition.

Étant donnés *apparitio* et *comparitio*, il eût été sage de ne pas faire de l'un *apparition* et de l'autre, *comparution.* Mais *comparution* et *parution*, tout court, que l'on commence à rencontrer, prouvent du moins qu'il n'est pas nécessaire d'être du bas peuple pour changer les *i* en *u.*

Parution est le *poturon* des grammairiens.

Contrevention.

Ne se dit pas. Sans doute, mais dirons-nous *contrabande*, *contracarrer*, *contradire* ?

Coutumace.

Écrit ainsi, le mot est un peu moins mauvais ; il rentre dans la logique de la vieille langue, au moins pour sa première syllabe :

---

1 Le motif de « la belle Matineuse » déclencha une querelle littéraire où les deux partis opposèrent un sonnet de Claude Maleville à un sonnet de Voiture.

Constare	Coûter
Consuetudinem	Coutume
Conventum	Couvent[1]

Dinde, Nacre

Il est convenu que le premier est exclusivement féminin. Mais comme *dinde* est l'abrégé de *coq d'Inde* aussi bien que de *poule d'Inde*[2], la décision des grammairiens est un peu hardie. Il est vrai qu'il y a *dindon*, mais seulement dans les basses-cours. *Dinde* est un exemple, peut-être unique, de la préposition *de* s'agglutinant avec un substantif pour former un autre substantif[3].

Le peuple dit du *nacre* ; ce mot, qui semble venir du persan *nakar*, est entré en français par l'intermédiaire de l'espagnol, où il est masculin, *nacar*.

e devenant *i*.

Une des tendances de l'*e* long latin est de se transformer en *i*. Déjà, aux temps mérovingiens, on écrivait *ecclisia*, *mercidem*, *possedire*, *permanire* ; au passage du latin en français, ce fait se retrouve constamment : *cire (cera)*, *fleurir (florere)*, *raisin (racemus)*. Il se perpétue et le peuple dit : *fainiant*, *moriginer*, *pipie*, *recipissé*, *resida*, *sibile*, *batiau*, *siau*. Ce dernier mot n'est pas plus étonnant que *fabliau*, jadis *fableau*[4].

Pomme d'orange. Jardin des Olives.

Les fruits dont les arbres sont inconnus portent le même nom que cet arbre. Dans le nord de la France, il n'y avait jadis qu'un mot pour dire *orange* et *oranger*, *olive* et *olivier*, et ce mot était celui qui est demeuré pour désigner le fruit. Pomme d'orange, fleur d'orange, plantation de café, jardin des Olives : toutes ces expressions sont fort logiques. Nous

1 Gourmont puise tous ces exemples dans le *Dictionnaire étymologique* de Brachet.

2 « L'oiseau domestique qui nous a été apporté de l'Inde ne fut d'abord connu que sous le nom de coq d'Inde, et sa femelle sous celui de poule d'Inde. Leurs petits furent appelés poulets d'Inde plus tard on a dit dinde, et l'on a fait les dérivés dindon, dindonneau. » (A. Chevallet, *Origine*, *op. cit.*, p. 131).

3 Du moins dans la période moderne de la langue. NDA

4 *Cf. le Médecin malgré lui : Liandre, Biauce.* NDA

disons de même, et sans être blâmés par les grammairiens : noix de coco, noix de kola, fleur de cassis, clou de girofle, etc. Mais il est plus facile de blâmer que d'expliquer et de comprendre.

Bivouaquer.

Bivac, de l'allemand *beiwache*, étant devenu bivouac, il est fâcheux que *bivaquer* ait été arrêté en chemin par la fantaisie des arbitres.

Airé.

Bien meilleur que *aéré.* Il faudrait oser s'en servir.

Laideronne.

Par ce féminin, le peuple achève de faire vivre le mot *laideron.*

Fortuné.

Fortuné prend le sens de *riche* ; il suit l'évolution de *fortune*, et les grammairiens n'y peuvent rien. C'est un barbarisme, disait Nodier en 1828 ; mais les mots qui veulent vivre sont tenaces. *Incarnat*, que les dictionnaires définissent : entre rose et rouge, ne contenait pour Voltaire que l'idée de *carnation* : « Votre peau, dit Cunégonde à Candide, est encore plus blanche et d'un incarnat plus parfait que celle de mon capitaine. »

Carbonate.

Voilà des années que les grammairiens font la chasse à ce mot. « Dites : du carbonate de soude ! » De tous les carbonates, un seul est usuel et son usage est constant ; on le tire de la foule, on le spécifie, et avec quelle simplicité de moyens : par un changement de genre. *La*, au lieu de *le*, et voilà un mot nouveau, clair, vrai. Il sera dans les dictionnaires avant dix ans.

Les mots nouveaux à finale féminine ont une tendance à devenir féminins : *une carcel*[1], *une omnibus*. Dans ce dernier cas, il y a aussi l'influence

1 « Deux grosses carcelles. » RACHILDE, *Contes*, p. 153. NDA

de la liaison, comme dans : *bon acabit, bel âge, bon argent. Acabit, âge* et *argent* sont féminins pour le peuple.

Jor. Jornal. Ojord'hui.

Ce sont des prononciations archaïques.

Jour a d'abord été *jorn*, puis *jor*[1] ; *journal* a été *jornal*. Au XVIIe siècle, on prononçait *ojord'hui.*

Ecale[2]. *Écaille.*

Ce sont bien deux mots différents; mais le peuple avoue ne pouvoir les distinguer. En fait, la répartition de deux sens différents aux deux orthographes est absolument arbitraire. *Ecale de noix* exige *écale d'huître*; et, d'autre part, il y a loin des *écailles* d'une carpe à l'*écaille* de la tortue. Ici encore l'intervention des grammairiens a été mauvaise. *Écale* est le mot primitif; il vient de l'allemand, où la forme ancienne était *schalja*. Aujourd'hui *schale* veut dire indifféremment *écale* et *écaille*; en français les deux formes ont des sens tellement voisins qu'on les confond dès que l'on sort des locutions usuelles. On a voulu réserver *écaille* pour les poissons et *écale* pour les végétaux; c'est d'après le même principe de répartition enfantine et hiérarchique qu'un grammairien avait décidé jadis de n'accorder au bouillon que des *œils* : *yeux* lui semblait trop noble pour une constatation aussi vulgaire. Peut-être même assignait-il à ces *œils* une étymologie particulière; ainsi le plus répandu des petits dictionnaires manuels a soin de spécifier que *écaille* vient du latin *squama*, ce qui est absurde[3].

Ecale et *écaille* sont des formes parallèles à *métal* et *métail*, entre lesquels on avait voulu aussi faire une distinction[4]. *Métail* a disparu.

---

1 « *Jour* anciennement *jor*, à l'origine *jorn*, en italien *giorno*, du latin *diurnus*, consonnifiant di en j, et changeant u en o, donne *jornus* qui donne l'ancien français *jorn* qui se réduit à *jor* d'où la forme moderne *jour* ». (A. Brachet, *Dictionnaire étymologique*, p. 312).

2 *Ibid.*, p. 191-192.

3 Il y a peut-être à ces pluriels, *œils*, *ciels*, etc., une raison véritable. Changer un mot à une signification nouvelle, c'est, en somme, un autre mot. Or la langue ne peut plus à cette heure attribuer à un mot nouveau un signe du pluriel autre que l'*s*. Cela est très sensible à *ciel*, qui fait son pluriel en *s* dans toutes ses significations métaphoriques, celle de paradis exceptée; mais elle est très ancienne. NDA

4 Victor Hugo, dans un *erratum* du tome II de la Légende du beau Pécopin : « Le *métal* est la substance métallique pure; l'argent est un *métal*. Le *métail* est une substance métallique composée; le bronze est un *métail*. » Pure imagination. *Métail* et *métal* sont des doublets

Maline. Echigner.

L'usage impose *échiner* et *maligne*; il impose aussi *cligner*, mais *clin* (d'œil) témoigne qu'à un moment de la langue on a dit *cliner*. *Peigne*[1] a d'abord été *peine*. *Maline*, qui est dans La Fontaine, est une forme plus ancienne que *maligne*[2], refait sur le latin écrit. *Echigne*[3], de *skina*, est identique à *cligner*[4] de *clinare*. Du temps de Vaugelas, on disait à la cour *preigne* et *viegne* pour *prenne* et *vienne*[5]. La langue n'a pas encore choisi un son unique pour cette finale; il serait bien prématuré de poser des règles.

Farce. Flegme[6].

Ces mots sont devenus des adjectifs parmi le peuple[7]. Rien de plus normal. Il en est de même de *colère*. J'ai entendu cette phrase : « Vous avez agi d'une façon *cruche*. » Le substantif qui implique une idée de qualité, de manière d'être, tend naturellement à devenir un adjectif; c'est le passage du particulier au général. L'inverse est tout aussi fréquent; une idée générale de qualité se particularise en substantif : de là des mots comme *baudet*, *renard*, qui signifiaient d'abord, *gai* et *rusé*. Pour expliquer *cruche*, il suffit de citer *bête*, *butor*, *andouille*, *brute*, *pioche*, *daim*, *tourte*, *jocrisse*, mots qui, avant d'être à la fois des adjectifs et des substantifs, furent d'abord exclusivement des substantifs.

---

du latin *metalluM*. La forme populaire se retrouve dans *médaille*, venu de l'italien; de *metallia* le vieux français avait tiré *maille* (monnaie). NDA

1 A. Brachet, *Dictionnaire étymologique*, p. 401.

2 *Ibid.*, p. 335.

3 *Ibid.*, p. 194.

4 *Ibid.*, p. 139.

5 « C'est une faute familière aux Courtisans, hommes et femmes, de dire *preigne* pour *prenne*, comme *il faut qu'il preigne patience*, au lieu de dire *qu'il prenne*. Et *viegne* pour *vienne* comme *il faut qu'il viegne lui-même* au lieu de dire *qu'il vienne*. » (Vaugelas, *Remarques sur la langue française*, *op. cit.*, p. 231).

6 *Flegme* est d'une langue bien académique. Il y a longtemps que le peuple, avec raison, dit *flemme*, *flemmard*, etc. On trouve *flemme* et *fleume*, au XVIe siècle. NDA

7 Deschanel écrit : « Dans les commencements de la langue, on identifiait le substantif et l'adjectif, à volonté : "La mesure est comble". "Un homme hypocondre" ». Il ajoute cette note : « Au reste, cette liberté existe toujours pour qui sait la prendre. Victor Hugo écrit de Bruxelles à sa femme, le 25 février 1852 : "Le mardi-gras est ici très folâtre et assez farce" ». (*Les Déformations*, *op. cit.*, p. 183).

Dompeteur.

Cette prononciation absurde est un des méfaits de l'orthographe enseignée à des enfants du peuple. On ne sait d'ailleurs où des humanistes ont pris le *p* dont ils ornèrent ce mot.

L'ancienne langue disait *donter*, ce qui représente le latin *domitare.*

Le cheval à mon père.

C'est une des tristesses des grammairiens que, malgré leurs objurgations, on continue à marquer la possession par *à* aussi bien que par *de.* « Ce chien est à moi, dirent des enfants. » Ils autorisent : *ce cheval est à mon père* ; ils défendent : *le cheval à mon père.* Hélas ! cette faute remonte exactement au Ve siècle, puisqu'on lit sur un marbre de cette époque *membra ad duos fratres*, pour *membra duorum fratrum*[1]. Voilà un solécisme qui a de belles lettres de noblesse.

Mésentendu.

Prohibé par les grammairiens, quoique excellent, de même que *mésaventure*, *mésetime*, et d'autres.

Perclue.

Une langue ressemble à un jardin où il y a des fleurs et des fruits, des feuilles vertes et des feuilles tombées, où, à côté du définitif, il y a la vie, la croissance, le devenir. On a cherché depuis trois siècles à figer ce jardin dans cette attitude contradictoire ; de là, ces incohérences qui permettent de rédiger des grammaires en quatre volumes. Il faut bien justifier *inclus* et *exclu*, *reclus* et *conclu*, *incluse* et *conclue*, *recluse* et *exclue.* Je sais : les uns sont des participes français et les autres des adjectifs latins mal francisés. Laissons le peuple dire *perclue*, puisqu'il le veut bien. La tendance est bonne.

Eclairer. Allumer.

On entend assez souvent cette expression qui semble bizarre : *éclairer le gaz.* Elle nous choque, quoiqu'elle soit identique à *allumer le gaz*,

1 Le Blant, *Manuel d'Épigraphe chrétienne* (1869). NDA

puisque *allumer*, c'est *adluminare*, donner de la lumière à..., comme *éclairer*, c'est donner de la clarté à... Il est curieux de retrouver, à tant de siècles de distance, la même méthode linguistique aboutissant au même résultat.

À fur et à mesure.

Cette déformation reproduit exactement le latin *ad forum et ad mensuram*, au prix et à mesure. Ce *forum* est le même qui figure dans *forfait*, prix fait, marché fait, *forum factum*.

Secoupe.

Et même *s'coupe*. Ainsi *succutere* a donné *secouer*, qui maintenant est assez souvent *s'couer*. *Secourir*, c'est *succurrere*. *Soucoupe*, malgré son sens très clair, devait devenir *secoupe*.

Vous faisez.

Ceci représente brutalement la tendance de la langue française à ramener tous ses verbes à la première conjugaison[1]. L'Anonyme cite *agoniser* pour *agonir* (de sottises) ; il y en a bien d'autres, et on les constaterait surtout dans le langage des enfants. J'ai entendu : *buver*, *cuiser*, *ramper*, *pleuver*, *mouler*, *chuter* pour *boire*, *cuire*, *rompre*, *pleuvoir*, *moudre*, *choir*. Aujourd'hui, il est impossible de créer un verbe français qui ne se conjugue sur *aimer*. On a abandonné depuis longtemps *tistre* pour *tisser*, *semondre* pour *semoncer* ; *imbiber* remplace *imboire*, qui devient archaïque ; on oublie *émouvoir* et l'on abuse d'*émotionner*.

La tendance vers la première conjugaison est générale. « Je ne *boive* pas souvent, disait un chasseur canadien, mais quand je *boive*, je *boive* comme il faut[2]. » Un auteur contemporain a écrit : « *Elle ria* », fabriquant ainsi le verbe *rier*, pour *rire*. Je lis dans Nonce Casanova, l'*Amour* : « Sa bouche ne se *closa* pas. »

1 « On disait, à volonté, émouvoir et émouver. J'ai entendu encore une brave paysanne, dans une petite charrette normande, dire à son bourri en le fouettant : "Vas-tu t'émouver ?" Sur les quatre conjugaisons françaises, il y en a deux qui sont parfaitement mortes, c'est-à-dire devenues incapables de servir à former des verbes nouveaux. » (*Les Déformations*, *op. cit.*, p. 68-69).

2 Vicomte Milton, *De l'Atlantique au Pacifique*. NDA

Prévu d'avance.

On connaît par ses affiches la société des « Prévoyants de l'Avenir[1] ». Ce pléonasme apparent s'explique par l'affaiblissement de la signification de certains mots. *Prévoir* n'a plus un sens absolu pour le peuple ; mais nous-mêmes ne disons-nous pas, sans rougir, *prédire l'avenir* ?

C'est encore à ce besoin de renforcement que répondent les expressions : *monter en haut*, *dépêchez-vous vite*, et les locutions plus populaires, *regardez voir*, *voyez voir*. Vaugelas disait, à propos de certains pléonasmes d'usage, que « la parole n'est pas seulement une image de la pensée, mais la chose même », laquelle se représente d'autant plus nettement que la phrase est plus descriptive de l'acte.

Promener.

Il y a une tendance à supprimer le pronom réfléchi dans les phrases : je vais me promener, – me coucher, – me baigner, etc. L'expression toute récente, *se cavaler*, est déjà devenue *cavaler*. J'entendis hier les enfants abandonnant un camarade dire : *Cavalons, il nous rejoindra.*

Cependant, Vaugelas écrivait au mot *promener* : « Tantôt il est neutre, comme quand on dit : Allons promener ; il est allé promener ; je vous enverrai bien promener. » Il est donc possible que la manière populaire de traiter *promener* soit un archaïsme[2].

Raisons.

Le peuple emploie ce mot, au pluriel, comme synonyme de discussion, difficultés, querelle et même injures. Quelque jour, ce sens passera dans les dictionnaires. *Mots* et *paroles* ont également ces mêmes significations, peut-être atténuées.

---

1 « Et puis, on entasse les pléonasmes : "S'entr'aider mutuellement". "Une panacée universelle". "Il est à la dernière extrémité". "Un mirage décevant". "Un souvenir rétrospectif". "Les prévoyants de l'avenir". L'impropriété des termes, si fréquente aujourd'hui, n'est pas toujours involontaire ; elle est destinée à grandir les choses par l'exagération du langage. » (*Ibid.*, p. 196).

2 Vaugelas revient souvent ici parce que son livre est toujours précieux. On a suivi l'édition de 1662 : *Remarques sur la langue française utiles à ceux qui veulent bien parler et bien escrire.* Vaugelas fut un observateur de premier ordre. NDA

Voix de Centaure.

C'est un exemple amusant d'étymologie populaire. On exprime par ce terme la tendance du peuple à ramener l'inconnu au connu[1].

Il ignore *Stentor*; *centaure* lui est moins étranger : cela suffit pour influencer son oreille, ensuite sa langue. Quel rôle cette habitude a-t-elle joué dans la formation du français ? On n'a jamais tenté de l'établir et cela serait peut-être impossible. Cependant, c'est sans doute ainsi qu'on expliquerait certains mots que l'on a signalés parmi ceux qui échappent aux explications phonétiques. Si c'est *amaracum* qui est l'original de *majorana* et de *marjolaine*, il faut que le mot français ait subi une influence analogue à celle qui a transformé récemment *olénois* en *à la noix* et jadis *galatine* en *galantine.* Quoi qu'il en soit, voici quelques-unes des explications que se donne à cette heure le peuple, des mots qu'il ne comprend pas :

Voix de Centaure	(Stentor)
Cresson à la noix	(Alénois, *ollenois*, *orlenois*, *orléanois*)
Dernier adieu	(Denier à Dieu)
Souguenille	(Souquenille)
Soupoudrer	(Saupoudrer)
Ruelle de veau	(Rouelle)
Semouille[2]	(Semoule)
Tête d'oreiller	(Taie)
Bien découpé	(Découplé)
Belle Samine	(Balsamine)
Les aides	(Les êtres ou aîtres)
Aigledon	(Edredon)
Le sucre – de l'herbe	(Le suc)
Or riant – d'une perle[3]	(Orient)
L'once du pape[4]	(Le Nonce)

1 « Cet homme a une voix de stentor. Cet homme est étourdissant avec sa voix de stentor. Les plus ignorants parmi le peuple disent une voix de Centaure. » (M. Bescherelle, *Dictionnaire national ou Dictionnaire universel de la langue française*).

2 *Semouille* se trouve dans l'*Oblat* de M. Huysmans, p. 46. *Le Temps* (8 mars 1903) reproduit le passage sans étonnement. NDA

3 Se trouve déjà dans *Francion*, II. NDA

4 Vieille plaisanterie qui est dans Brantôme, *Grands capitaines : Gaspard de Coligny*. NDA

Chicotin[1] (Sucotin)
Écharpe (Écharde)

Cette dernière mutation est due à *écharper*, verbe qui n'a aucun rapport de sens, ni d'origine, avec *écharpe* ; mais il en a avec *charpie*, avec l'idée de déchirer (*carpire*), par conséquent blesser. Il est donc possible que *écharpe*, au sens de blessure, soit très ancien. « *Dans le lacs* », jadis, « *dans le rets* », le filet, s'entend maintenant « dans le lac », dans l'eau. Au XVIIe siècle, on porta des hauts-de-chausse *à la grecque*, d'où un nœud appelé *lie-grecque*. Ce nœud pris pour enseigne donna par rébus : À *l'Y*. D'où *fil à l'Y* et *Y*, nom d'une aiguille.

Venimeux. Vénéneux.

Le peuple confond ces deux mots, mais sa préférence va au premier, qui est de meilleure lignée. *Vénéneux*, c'est le latin tout cru, *venenosus*. *Venimeux* a été formé de *venin* ; on commença par *venineux*, puis le second *n* s'est dissimilé ; en des parlers provinciaux l'*n* est devenu *l* et on dit *velimeux* ; en italien, il y a deux formes : *veneno* et *veleno*.

La répartition des deux mots a été tentée, comme pour *écaille* et *écale*, d'après des principes étrangers à la logique linguistique : l'un est bon pour les bêtes ; l'autre, pour les plantes et les minéraux. Ces distinctions sont nécessairement absurdes, la nature étant plus variée que ne peut le concevoir le cerveau d'un grammairien. Nombre de plantes sont *venimeuses* et nombre d'animaux sont *vénéneux*, si on s'en rapporte aux définitions des dictionnaires.

La répartition des mots très voisins de forme se fait lentement et difficilement. Désespérant de jamais sentir la différence trop profonde qu'il y a entre *colorer* et *colorier*, le peuple s'en tire en fabricant *couleurer* qui répond à tous ses besoins dans cet ordre d'idées. Il prendra longtemps encore l'un pour l'autre : *croire* et *accroire*, *envers* et *revers*, *coulé* et *coulis*[2], *épurer* et *apurer*, *étuvée* et *étouffée*, *des fois* et *parfois*, *recouvrer* et *recouvrir*, *passager* et *passant*, *neuf* et *nouveau*, *gradé* et *gradué*, enfin *autour* et *alentour*.

1 Confusion de *chicorée* et de *aloès sucotin*. NDA

2 Il s'agit de cuisine. Il y a un autre mot de même son écrit *coly* par Thévenot (1684) *couli* par B. de Saint-Pierre et que les anglomanes, ignorant toute la littérature française, ont vulgarisé sous la forme absurde *coolie* (*Cf.* le *Dictionnaire* de Hatzfeld). NDA

Cette dernière répartition est toute récente et particulièrement arbitraire ; elle a devancé l'usage. À ce propos, il faut noter la certitude plaisante des dictionnaires à cataloguer les mots sous les vieilles rubriques scolastiques, à les figer dans une fonction unique. Cela est très délicat. Les mots sont souvent des signes à tout faire, tantôt verbes et tantôt substantifs, ici adverbes, et là adjectifs ; et à mesure qu'une langue se dépouille, cela devient plus visible. Les mots anglais ont ainsi acquis une très grande liberté d'allures, peut-être parce qu'ils ont été moins tyrannisés qu'en France. Pour *autour* et *alentour*, ce ne sont ni des adverbes, ni des prépositions, à moins que n'en soient aussi *au pied*, *au fond*, *au cœur*, *au bas*. *Tour* est un substantif et *entour* un de ses dérivés, comme *atour* et *pourtour*. Au lieu de définir et de classifier, les dictionnaires devraient se borner à décomposer de tels mots : *au tour*, *à l'entour* ; cela serait plus clair et moins compromettant.

Iniation.

Cette déformation d'apparence bizarre, que j'ai recueillie personnellement, est des plus caractéristiques comme preuve de la perpétuité des lois qui ont guidé la création du français. Elle représente le mot *initiation*, tel que prononcé et écrit à plusieurs reprises (des centaines de fois) par un commis de librairie. C'est tout simplement la règle de la chute du *t* médial ; avec encore un effort, on aurait un mot pareil à tant de vieux mots français[1].

Abba-t-ia	Ini-t-iation	Inia-t-ion
Abba–ye	Ini–iation	Iniai–son

Cette manifestation de l'instinct est une grande leçon.

« Mademoiselle *Diodée*, dit Tallemant des Réaux, est fille d'un M. *Diodati*, de Marseille… » Ainsi, au XVIIe siècle, la vieille règle du changement de *ata* en *ée* était toujours bien vivante.

Exemple analogue, pour une autre règle. *Tremulare* a donné *tremler*, devenu *trembler*. Or, quand on voulut franciser le nom de l'île qui venait d'être découverte, *Novoia Zemlia*, on écrivit aussitôt : *Zemble*.

Voilà. J'ai seulement voulu montrer que la déformation n'est pas du tout chaotique ; que le mauvais français du peuple est toujours du français et parfois du meilleur français que celui des grammairiens.

1 Comparez avec *iniation* l'anglais *coercion* pour *coercition*. NDA

LA MÉTAPHORE[1]

Les bêtes et les fleurs

Dans l'état actuel des langues européennes, presque tous les mots sont des métaphores[2]. Beaucoup demeurent invisibles, même à des yeux pénétrants ; d'autres se laissent découvrir, offrant volontiers leur image à qui la veut contempler. Des actes, des bêtes, des plantes portent des noms dont la signification radicale ne leur fut pas destinée primitivement ; et cependant ces noms métaphoriques ont été choisis, assez souvent sur toute la surface de l'Europe, comme d'un commun accord[3]. Il y a là une sorte de nécessité psychologique parfois inexplicable ou même que l'on voudrait ne pas expliquer pour lui laisser son caractère même de nécessité, c'est-à-dire de mystère[4].

Roitelet[5].

Telle métaphore semble vraiment s'imposer au nomenclateur. Ayant à nommer l'oiseau appelé *roitelet*, l'idée de *petit roi* est celle qui vient à

---

1 « La Métaphore » paraît sous le titre « Psychologie de la métaphore » dans *La Revue Blanche*, septembre-décembre 1898.

2 Max Müller écrit par exemple en 1868 dans ses *Nouvelles leçons sur la science du langage* : « La métaphore est un des plus puissants instruments qui aient servi à la construction du langage humain, et nous ne pouvons guère nous figurer comment, sans elle, aucune langue aurait jamais pu s'élever au-dessus des plus simples rudiments. » (Max Müller, *Nouvelles leçons sur la science du langage*, tome 2, Paris, Durand, 1868, p. 71-72).

3 Michel Bréal souligne que « les métaphores ne restent pas enchaînées à la langue où elles ont pris naissance. Quand elles sont justes et frappantes, elles voyagent d'idiome à idiome et deviennent le patrimoine du genre humain. » (*Essai de sémantique op. cit.*, p. 140).

4 En postulant cette « nécessité psychologique » mystérieuse, Gourmont prend d'emblée ses distances à l'égard de Bréal. Il éclaircira le sens de cette formule dans les derniers mots du chapitre en invoquant la théorie de « l'association passive d'idées » comme principe générateur de la métaphore.

5 L'exemple du *roitelet* provient de l'exposé méthodologique d'Auguste Brachet dans la préface de son *Dictionnaire étymologique* (1872) : « Tandis que l'étude de la forme ne peut avoir en vue qu'un groupe ou une famille de langues communes par l'origine, l'étude des

l'esprit de l'homme : grec, il dit Βαιλισκος ; latin, *regaliolus*[1] ; allemand, *zaunkœnig* (roi des haies)[2] ; anglais, *kinglet* ; suédois, *kungsfagel* (l'oiseau roi) ; espagnol, *reyezuelo* ; italien, *reattino* ; hollandais, *koningje* ; flamand, *kuningsken* ; polonais, *krolik*[3]. Pourquoi ? Peut-être parce que le tout petit oiseau porte sur la tête une huppe qui semble l'ironie d'une couronne. Il faut que cela suffise, car on ne peut invoquer ni la phonétique, ni, sans doute, une langue antérieure où toutes les langues auraient puisé, ni les communications interlinguistiques. Il y a bien un conte populaire très répandu où le roitelet joue un rôle important, mais qui ne contient aucune allusion pouvant faire croire que ce soit là l'origine de ce surnom royal. Il reste que le paysan français, devant le minuscule oiseau, a été obligé de dire : *petit roi*, tout comme, vingt siècles plus tôt, le paysan grec.

Cependant si le cas de *roitelet* était unique ou rare ; si l'on ne trouvait dans les langues européennes que trois ou quatre exemples de cette sorte, on pourrait imaginer une chanson, un conte, une de ces traditions populaires qui traversent les siècles, les montagnes, et les océans ; mais, au contraire, à la moindre recherche les exemples se multiplient et l'on est forcé de ramener la plupart des causes à une seule, la nécessité psychologique. Quelques-uns de ces phénomènes linguistiques sont moins obscurs ; c'est quand l'objet nommé ou surnommé est très caractéristique de forme ou de couleur : ainsi l'*able* ou *ablette (albula)* est dite poisson blanc par les Hollandais, les Anglais, les Polonais :

---

significations s'attaque à toutes les langues à la fois, dans toutes, elle étudie la marche de l'esprit humain, et par elle, la philologie sort du domaine des sciences naturelles pour entrer dans celui de la psychologie ; l'étymologie tire un grand secours de cette comparaison des métaphores qui justifie et confirme l'origine de certains mots, sans qu'on puisse cependant l'expliquer. Il est bizarre que le peuple ait appelé un oiseau *roitelet* c'est-à-dire un petit roi ; et cependant cette étymologie devient indiscutable quand on remarque que le roitelet est appelé de même en latin, en grec et en allemand ; ce rapprochement ne nous explique point la cause de l'appellation mais il en démontre l'existence. » (*Dictionnaire étymologique*, p. XXV-XXVI).

1 *Regaliolus* est le mot de Pline. *Philomela*, le petit poème latin où sont cités tant de noms d'animaux, dit *regulus* : Regulus atque Merops et rubro pectore Progne. (Édition Nodier, 43) NDA

2 L'idée d'habitant des haies, qui se cache dans les haies, subsiste seule dans le danois, *gierdesmutte*, le français *fourre-buisson*, et l'allemand *zaunschlupfer* ; celle de petit, dans le vieux hollandais *Dume*, le petit poucet. Voici encore quelques autres noms du *roitelet :* allemand, *Dornkœnig*, roi des épines ; saxon, *Nesselkonig*, roi des orties ; vieux hollandais, *winterconincsken* et *muijskonincsken*, roi de l'hiver et roi des souris ; piémontais : *reatél* et *pcit-re.* NDA

3 *Kral*, roi. – Dans la transcription des mots suédois et polonais, nous avons dû omettre les signes et les accents inconnus à l'alphabet romain. NDA

witfisch, *white hait*, *bialoryb* ; ainsi le chou-cabus (à tête ; *caput*, chabot[1], caboche) est aussi pour les Allemands, *kopfkohl*, et pour les Italiens, *capuccio* ; ainsi le phénicoptère des Grecs, l'oiseau aux ailes de *flamme*, est pour nous le *flamant*.

Lézard.

M. Michel Bréal, dans sa récente *Sémantique*[2], écrit, à propos de la singularité de certaines métaphores : « Si l'on disait qu'il existe un idiome où le même mot qui désigne le lézard signifie aussi un bras musculeux, parce que le tressaillement des muscles sous la peau a été comparé à un lézard qui passe, cette explication serait accueillie avec doute, ou bien croirait-on qu'il est parlé des imaginations de quelque peuple sauvage. Cependant il s'agit du mot latin *lacertus*, lequel veut dire lézard, et que les poètes ont maintes fois employé pour désigner le bras d'un héros ou d'un athlète[3]. » Mais s'il est surprenant déjà qu'une telle image ait été formée une fois, car elle est très étrange, quoi que très juste, et elle aurait pu, certes, ne jamais sortir du réservoir profond des sensations, quel étonnement de la voir périodiquement retrouvée, qu'il s'agisse de *lézard* ou de *souris*, au cours des siècles et des langues ! M. Bréal, lui-même, la signale, en grec moderne, où *mys pontikos*, rat d'eau, et par abréviation *pontikos*, signifie aussi *muscle* ; *musculus* en latin, et *souris* en français, ont, comme on le sait, une double et parallèle signification[4] ; il en est encore de même en polonais où souris se dit *mysz* et où le muscle du bras est la petite souris : *myszka* ; en suédois et en hollandais, où *mus* et *muis* ont les deux sens. Le hollandais spécifie les muscles de la main. Cependant je viens de lire : « Elle agite ses petits bras de lézard et me dit[5] »… ; alors je suis assuré qu'appeler *lézard* le bras est, aujourd'hui comme il y a des siècles, une idée qui peut entrer spontanément au cerveau par l'œil, car je connais l'auteur : il est de ceux qui tiennent à

---

1 *Chabot*, poisson à grosse tête, en grec, κεφαλος ; en latin *capito* ; en latin mérovingien, *cabo*. *Cf.* chevène ou *juène* (dialecte de Paris), *chabot* de rivière. (Voyez *Essais de Philologie française*, par Antoine Thomas, p. 261, pour la filiation phonétique). On trouve, au XVIe siècle, *testard*, *munier*, *vilain*. NDA

2 Page 320. NDA

3 M. Bréal, *Essai de sémantique*, *op. cit.*, p. 321.

4 Ces deux exemples (*musculus* et *lacertus*) figurent aussi dans *La Vie des mots étudiée dans leurs significations* d'Arsène Darmesteter (1887), Delagrave, 1927, p. 96.

5 Jules Renard, *Bucoliques* (1899). NDA

créer leurs images, et s'il a refait la métaphore latine elle-même, c'est qu'elle s'est imposée à lui, comme elle s'imposa jadis à un poète ou à un paysan romain.

Grue. Chevalet, Chèvre, Singe, Mule, etc.[1]

On a souvent noté que les noms des instruments de force ou des bois de charpente sont empruntés aux animaux ; cette habitude est universelle. Comme nous disons grue un oiseau et une machine, les Grecs appelaient γερανιος l'oiseau et la « gloire »[2], et, γερανιον notre machine vulgaire à lever les fardeaux ; les Allemands appellent l'oiseau *kranich* et la machine, *krahn* ; les Polonais disent *zorav* (grue), dans les deux sens ; notre *chevron*, petite chèvre, répond au *capreolus* des Latins ; les Portugais, pour chevron disent *asna* (ânesse) ; notre *poutre*[3], notre *poutrelle*, notre *chevalet*, notre *poulain* correspondent à *equleus* et le *chevalet* est ιππαριον en grec moderne ; *horse* en anglais veut dire cheval et *chevalet* ; les Allemands et les Danois disent un bouc (*bœck*, *buk*), les Flamands et les Hollandais, un âne (*ezel*), ce qui correspond à notre *bourriquet* ; le Portugais a *potro* au sens de *poulain* et de *chevalet*. *Chevalet* se retrouve naturellement en espagnol, en italien, en portugais, *cabalette*, *cavalletto*, *cavallete*. *Hebebock* est le nom allemand de la chèvre mécanique que les Anglais confondent avec la grue (*crane*) ; *chèvre* revient en espagnol, *cabria*, et en portugais, *cabrite*. Le chevron se dit en polonais *koziel*, bouc. Beaucoup de ces mots ont également servi à former des dérivés dont le sens, tout métaphorique, est identique en beaucoup de langues. Un animal qui a échappé à la métamorphose en machine[4], le *singe*, a fourni presque partout un verbe qui est le péjoratif d'imiter et que le grec

1 Nous n'avons pas indiqué les références lexicographiques pour chaque mot traité par Gourmont. Une des principales sources d'information de l'auteur pour ce chapitre est l'ouvrage d'Eugène Rolland, *Faune populaire de la France – noms vulgaires, dictons, proverbes, contes et superstitions*, 13 tomes, Maisonneuve et Cie (1877-1915). Il s'appuie aussi sur le *Dictionnaire étymologique* de Brachet et sur de nombreux dictionnaires bilingues (français-anglais, allemand, espagnol, portugais, suédois, danois, hébreu…) dont il ne donne pas les références précises. Nous renvoyons pour le traitement lexicographique de chacun de ces mots à l'édition critique de l'*Esthétique* par G. Carpinelli, *op. cit.*, p. 206-246.

2 Argot des théâtres. Machine à soulever les personnages dans les apothéoses. NDA

3 *Poutre*, c'est pouliche ; on se souvient des « poutres hennissantes » de Ronsard. NDA

4 Je laisse ceci pour pouvoir dire en note qu'il ne faut jamais affirmer l'inexistence d'une métaphore de ce genre. En effet, pris d'un doute, je cherche et je trouve dans un dictionnaire technique : « *Singe*, machine composée d'un treuil horizontal qui sert à élever

n'avait pas, ni le latin, malgré la parenté syllabique de *simius* à *simulare*. A côté du français *singe-singer*, il y a l'allemand *affe-nachaffen* ; le suédois *apa-esterapa* ; le danois *abe-esterabe* ; le flamand *aep-waapen* ; l'anglais *ape-ape* ; l'italien *scimio-scimiottare* ; le portugais : *macaco-macaquear* ; le polonais *malpa-malpowac* ; le grec moderne μαϊμου-μαϊμουδια. (singerie). C'est une belle progéniture. « *Bâton*, dit Brachet, origine inconnue. » C'est assurément le *petit bât* ; la relation directe entre l'ancien français *bast* et *baston* semble évidente. L'Espagnol dit *basto*, bât, et *baston*, bâton. Le bâton a été considéré tantôt comme le *bât*, tantôt comme la bête de somme tout entière ; c'est ce dernier sens qu'il prend lorsqu'on se sert du mot *bourdon* (latin *burdonem*), qui est proprement le bardot, variété du mulet. *Muleta* signifie béquille en espagnol et en portugais, et *mula*, bâton en italien. Les paysans qui marchent à pied appellent volontiers leur bâton, mon cheval ; plaisanterie qui se retrouve un peu partout. Ainsi, comme on voyait toujours les franciscains marcher à pied, on avait jadis surnommé le bâton des voyageurs *el caballo de S. Francisco*, en Espagne, et en France, *la haquenée des Cordeliers*[1].

Chien, Chenet, Chiendent, Chenille.

Le *chenet* est le petit chien du foyer, *chiennet* ; le portugais dit *caes da chamine*, les chiens de la cheminée ; le provençal, *cafuec*, et l'anglais, *fire-dog*, le chien du feu ; l'allemand, *feuerbock*, et le danois, *ildbuk*, le bouc du feu ; l'espagnol, *morillo*, le petit Maure du feu, et l'idée est bien espagnole, de faire rôtir éternellement l'ennemi national ; mais il est probable que la métaphore n'est plus comprise, pas plus que celle, plus douce, qui a fait chez nous du chien le fidèle gardien du foyer. Il est possible que le *fire-dog* des Anglais vienne de France ; le *bouc* des pays germaniques représentait peut-être une des figures du diable.

Chien (de fusil) ne se retrouve guère qu'en italien, *cane*, où il s'appliquait déjà au rouet de l'arquebuse ; les Espagnols et les Portugais disent *petit chat*, *gatillo*, *gatilho* ; dans les langues non latines, le *chien* de fusil est un *coq* ; allemand, *hahn* ; hollandais, *haen* ; danois et suédois ; *hane* ; polonais, *kurek*.

---

ou à descendre des fardeaux. » On a également appelé *singe*, et cela rentre dans la série *singe-singer*, le pantographe, appareil à copier les dessins. NDA

1 Brachet, au mot *Bourdon*. NDA

M. Max Muller (*Nouvelles leçons*, I, V^e leçon) montre que l'épervier et le tiercelet, délaissés comme instruments de chasse, donnèrent leurs noms à des armes à feu ; l'épervier, *muscatus*, devint le *mosquet* ou *mousquet* ; en italien le *tiercelet*, *terzuelo*, devint un petit pistolet, *terzeruolo*. En anglais le sacre, *saker*, désigna une sorte de canon. Il semble bien qu'il faille joindre à ces exemples l'*arquebuse*, italien, *archibuso* ; le sens des *arcs-buse* me paraît aussi probable que celui de *arc creux*, *arco bugio*.

Le nom de la plante appelée *chiendent*, parce que le chien la mordille volontiers, se retrouve littéralement en allemand, *hundszahn* ; le danois, le flamand et l'anglais disent herbe au chien, *hundegroes*, *hondsgras*, *dog's grass*. Le chien a encore donné son nom à la *chenille*, en latin vulgaire *canicula*, la petite chienne. Cette manière de voir n'est guère répandue en Europe ; on trouve cependant *cagnon*, petit chien, dans l'italien dialectal qui fournit aussi *gata* et *gattola*, petite chatte. L'idée de *chat* semble d'abord se retrouver dans le mot anglais si singulier *caterpillar* ; cela, devient peu probable si l'on rapproche le mot anglais de la forme normande *carpleuse* (on trouve aussi les variantes *charpleuse*, *chapleuse*, *chaplouse*). En effet *carpleuse* et *charpleuse* semblent dérivés de l'ancien verbe *charpir*, qui nous a légué *charpie*. La *charpleuse*, ce serait la faiseuse de charpie, la dépeceuse, et cela qualifie bien la chenille et sa voracité. Mais le français du XVIe siècle est formel ; il dit *chattepelue* et *chattepeleuse*[1]. Est-ce une déformation ? Les Portugais l'appellent *lézard*, *lagarta* ; pour les Polonais, c'est une *petite oie*, *gasienica*. Ces appellations répondent au besoin de transférer les noms d'un animal à l'autre, le plus souvent d'un gros à un petit. Le cloporte en est un exemple amusant, car rien ne ressemble moins à un cochon qu'un cloporte.

Cloporte.

Son nom est cependant clair ; du moins, malgré la phonétique, il est permis de supposer que *cloporte* est une altération de *claus-porc* (*clausus-porcus*). C'est l'opinion de Brachet. Elle serait bizarre, si la même image ne se retrouvait en plusieurs langues ou dialectes et si le français du XVIe siècle ne nous donnait la forme inattendue *closeporte*, déformation à

1 Hadrianus Junius, Nomenclator ; Francfort, 1596. – Les *chatons* des arbres sont en anglais *catkin* et *cat-tail*. NDA

laquelle correspond peut-être le vieux hollandais *dorworm*. *Porcellio* est un des noms latins du *cloporte*; c'est le nom populaire opposé à *oniscus*; en Italie on appelle aussi les cloportes, *porcellini*, les petits cochons; en Champagne, c'est : *cochon de S. Antoine*; en Dauphiné : *kaïon* (cochon), et en Anjou : *tree* (truie[1]). Le *Glossaire du Centre* donne : *cochon*, cloporte. La forme *porcelet* est assez répandue dans une partie de la France[2]. Enfin, rapprochement inattendu, le cloporte s'appelle, en suédois, le cochon gris, *grasugga*. L'idée de *cochon* pour nommer le cloporte a eu à lutter avec l'idée d'*âne*, qui n'est pas plus explicable par les logiques ordinaires : l'*oniscus* latin est l'ονισκος grec (petit âne), mais les paysans romains connaissaient aussi le mot *asellus*, et l'allemand *assel* doit sans doute être rapproché de *esel* (âne). On sait que le cochon a encore donné son nom au petit ver qui se rencontre dans les noisettes; ce *petit cochon* se retrouve en anglais, *pig-nut*. Les Anglais appellent également *pig* le lingot que nous disons *saumon* et les allemands, *salm*[3].

Fauvette. Bergeronnette. Linotte. Loriot. Chardonneret.

Que la fauvette à tête noire ait été nommée en grec μελαγκορυφος[4], en latin *atracapilla*; qu'elle soit, en italien, la *capinera*, et en portugais *toutinegra* (chignon noir) cela n'a rien que de fort logique; on ne sera pas surpris davantage que des petits oiseaux aient été comparés à des

1 Gourmont emprunte directement au dictionnaire de Brachet : « *Cloporte*, qu'au dix-septième siècle on écrivait encore clausporte, altération de clausporc qui serait la véritable forme ce mot venant du L. *clausus porcus* (littéralement porc enfermé, enclos). Pourquoi cette dénomination appliquée au cloporte ? Il serait difficile de le dire; cependant elle est générale; le cloporte se trouve presque partout désigné par le nom du cochon : les Latins nommaient le cloporte tantôt asellus (petit âne), tantôt porcellio (petit porc) [...] les Italiens disent porcellini (proprement : petits cochons); il en est de même dans toutes nos provinces; le cloporte s'appelle en Champagne cochon de saint-Antoine; en Dauphiné kaion (cochon); en Anjou tree (truie). Tous ces rapprochements ne nous expliquent point la cause de l'appellation; mais ils en démontrent l'existence. » (*Dictionnaire étymologique*, p. 140).

2 Le charançon est appelé *varkentor* en flamand (*varken*, cochon). NDA

3 En polonais, une grande chenille blanche est appelée petite oie, *gasienica;* une autre, petite, brune et poilue, peut-être celle de l'*orgyia étoilée*, se dit la renarde, *liszka*. On trouve dans la nomenclature française : la *petite* et la *grande tortue* (chenilles de la *Vanessa urticae* et de la *V. polychloros*); le *petit* et le *grand pourceau* (chenilles des deux Sphinx de la vigne); le *chameau* (chenille du Notodonte du bouleau). Un papillon, du groupe des zygènes, est appelé *bélier*, à cause de ses longues antennes. NDA

4 On traduit également ce mot par *becfigue*. NDA

mouches : notre moineau est littéralement l'oiseau-mouche (*muscionem*, de *musca*) et la fauvette, alors désignée d'après sa petitesse et sa légèreté, devient la *mouche d'herbe* (all. : *grasmuch* ; flam. *grasmuch*). Il ne faut d'ailleurs être surpris de rien au pays des métaphores ; les Grecs n'appelaient-ils pas du même mot, στρουθος, le moineau et l'autruche ?

La jolie métaphore qui a transformé en petite bergère l'oiseau qui vit dans les prés et voltige autour des troupeaux ne se trouve, il semble, qu'en français : les mœurs de la *bergeronnette* n'ont frappé que nos bergers[1]. Les Anglais, qui lui ont laissé son autre nom, *hoche-queue* (*wagtail*)[2], ont cependant fort bien remarqué la fraternité du bouvreuil et du bœuf ; ils le nomment *bull-finch*, le pinson du bœuf ; mais que ce nom est loin d'être joli comme le nôtre qui signifie le petit bouvier (*bovariolus*) ! La *linotte*, c'est l'oiseau au lin ; les Latins s'étaient décidés pour un nom pareil et disaient *linaria* ; les Allemands et les Polonais appellent la linotte, l'oiseau du chanvre, *haenfling konopka*, et les Flamands lui donnent le même nom qu'au chanvre femelle, *kemphaen*[3]. Ce passage du *lin* au *chanvre* est tout à fait extraordinaire, car si les deux plantes sont d'un usage identique, elles diffèrent absolument pour le reste et il ne semble pas que même une linotte puisse les confondre, ni leurs graines qui n'ont pas précisément les mêmes propriétés. Il faut peut-être voir là une confusion de noms, pour parité d'usage, entre le *lin* et le *chanvre*[4].

Du mot *aureolus* le français à fait *oriol*[5], puis par agglutination de l'article (*l'*), *loriol*, devenu *loriot*[6] ; c'est l'oiseau d'or, et les Allemands appellent également le loriot *goldamsel*, le merle doré ; les Anglais lui

1 Dans le centre de la France la bergeronnette se dit *bergère* et l'on en distingue une variété appelée *bergère jaune* ou *lavandière* (*Glossaire* du comte Jaubert). – *Palearia* est un des noms latins de ce petit oiseau, et Palès étant la déesse des bergers, on peut lui donner un sens voisin de *bergeronnette*, quoique l'idée de paille (*paille-en-queue*) soit plus probable. NDA

2 Mot qui correspond bien à l'autre nom latin de la bergeronnette, *motacilla*. Cette idée se retrouve, sous les formes les plus amusantes, dans les dialectes italiens où on l'appelle *codratremola*, *codacinciola*, *squazzacoa*, *cotretola*, et enfin *balarina*, la *ballerine*. Le français du XVIe siècle dit *guingne-queue*. En Espagne et à Venise, c'est l'oiseau de la neige, parce qu'on le voit saulilier sur la neige. NDA

3 Holl. : *kemphaan*. Cependant les dictionnaires traduisent ces mots par *huppe*. NDA

4 En portugais la confusion va très loin : *linhaça* signifie à la fois graine de *lin* et *chènevis*, mais *chènevis* se dit aussi *linhaça do canamo* (chanvre) ; *linhal* veut dire à la fois *linière* et *chanvrière*. NDA

5 L'anglais nous a pris jadis et a conservé *oriole* et *oriel*. NDA

6 L'exemple, déjà cité par Gourmont, a pu être emprunté à Brachet : « L'article, lui aussi, s'est parfois soudé avec le substantif ; exemples : "lierre", "loriot", "lendemain". L'ancienne

ont donné le beau nom de marteau d'or, *gold hammer* ; pour les Polonais c'est la plume d'or, *zlotopior* (*zloto*, or) ; les Portugais le nomment *oriolo* et *oro-pendula*, l'horloge d'or. Mais pourquoi les Danois l'appellent-ils *le Suédois* (Swenske) et les Flamands, le *Wallon*[1] ? Peut-être parce qu'ils donnent au loriot le nom de leurs meilleurs amis. Les Flamands possèdent également la métaphore allemande : merle doré (*goudmeerle*). Les Grecs disaient aussi : χλωριον.

Comme le lin a donné son nom à la linotte, le chardon a servi à désigner le *chardonneret* (anc. fr. : *chardonnet*[2], c'est proprement l'oiseau au chardon). L'idée de cette relation se retrouve dans presque toutes les langues de l'Europe et dans les deux langues classiques : ακανθις[3], *carduelis*, l'italien *cardellino* traduisent exactement *chardonnet* ; la branche germanique se sert de l'expression pinson du chardon ; en allemand, *distelfink* ; en flamand, *distelvink* ; en suédois, *tistelfink* ; en anglais *thistle-finch*. L'Anglais l'appelle aussi *goldfinch*, pinson doré.

La plante morgeline (*morsus gallinae*) est en italien *mordigallina* et en anglais *chic-weed*, herbe au poussin.

Brochet. Bélier.

Le latin *lucius* ne s'est perpétué qu'en italien, *luccio* ; à ce mot le français a substitué l'idée d'une pique, d'une broche, d'où *brochet*[4] ; simultanément l'anglais adoptait le mot *pike* (pique). Cette idée semble d'origine germanique ; les noms du brochet en allemand, *hecht*, et en danois, *giedde*, semblent la contenir ; elle est évidente dans le suédois *gadda* (*gadd*, aiguillon).

Cette dernière image se retrouve dans le nom d'*aiguillat*, donné en Provence au chien de mer, anglais : *pike-dog*.

L'*églantier* doit son nom à une comparaison analogue ; c'est proprement l'arbuste couvert d'*aiglants* (*aculenta*), de piquants. Je n'ai pu retrouver dans les langues européennes de formes analogues, comme pour brochet,

forme légitime, "hierre", du latin *hedera*, se trouve encore dans la bouche des paysans de plusieurs provinces. » (*Ibid.*, p. 31).

1 Littéra., le veuf *wallon* (*weduwael*). NDA

2 *Cf.* Glossaire du Centre : *chardonnet, échardonnet, échardonnette.* NDA

3 Grec moderne : καρδελὶ et καρδερίνα. NDA

4 L'ancien français disait *broche ;* il disait aussi *béquin.* – Le brochet est actuellement appelé, selon l'âge : *lançon* et *lanceron, poignard, carreau, brochet.* NDA

mais le procédé est connu, logique, et très ancien, puisqu'en sanscrit le *lion* est proprement le *chevelu* et l'éléphant le *dentu*. L'hébreu est plein de noms analogues : le bouc est le *poilu* ; l'ours, le *barbu* ; le loup, le *jaunet* ; l'hyène, la *bringée*[1].

Cependant *lucius* a vécu dans *merluche* (brochet de mer), expression qui, avec des mots de sens identiques, se retrouve dans l'allemand *seehecht*. Ce qui montre bien l'incohérence de la plupart de ces dénominations, c'est que les Romains donnaient à la merluche exactement le même nom qu'au cloporte, *asellus*. C'est ce que font encore les Vénitiens, disant *nasello*. Le poisson que le latin appelait *mustela*, l'italien l'appelle *donnola*, et nous allons voir plus loin que ces deux noms se retrouvent appliqués à la *belette*.

L'idée de nommer l'*aries*, mouton à clochette, mouton bélier[2], *bélier* se constate en français, en anglais et en hollandais (*bell-wether*, *belhamel*) ; les moutons des vagues sont des brebis en italien, *pecorelle* ; et dans toutes les langues, depuis le grec, la machine de guerre à heurter les murailles s'est dite du même nom d'animal, *bélier* ou *mouton*, κριος, *aries*, *ram* (ang.), *stormram* (holl.), *ariete* (esp.).

Belette.

La *belette* est peut-être l'animal qui pourrait donner lieu à la plus curieuse dissertation sémantique[3]. Dans presque toutes les langues son

---

1 Mot normand qui correspond à l'ancien français *vair* (latin *varius*) ; *bringé* n'est guère employé que pour désigner les vaches et les bœufs. NDA

2 De l'ancien français *bele*, cloche, mot venu lui-même du bas-allemand par la forme latine *bella*. NDA

3 Gourmont connaissait le texte de 1898 que le philologue Antoine Thomas reprendra sous le titre « Coup d'œil sur l'histoire et la méthode de la science étymologique » dans les *Nouveaux Essais de philologie française* : « Nous appelons belette l'animal que les Romains appelaient mustela et que la tradition latine, appellent encore aujourd'hui moustèlo, moutèle ou moutoile. D'où vient ce nom de belette ? On a supposé que belette était un diminutif de notre adjectif beau et que le nom de l'animal signifiait étymologiquement "la petite belle". C'est une hypothèse que suggère la phonétique ; mais pour que cette hypothèse devienne une certitude, il faut que la sémantique nous fournisse des indications qui soient d'accord avec cette hypothèse. Interrogeons-la. Elle nous apprendra que la belette s'appelle poulido, c'est-à-dire "jolie", en Rouergue : bellora, où il est facile de reconnaître le diminutif latin *bellula*, en milanais : kjœnne, c'est-à-dire "belle", en Danemark : schœntierlein, c'est-à-dire "jolie petite bête", en Bavière : coantig, c'est-à-dire "jolie", en Bretagne, etc., etc. Grâce à la sémantique, nous avons ville gagnée, et l'étymologie du mot français belette ne fait plus question pour nous. » (Antoine Thomas, *Nouveaux Essais de philologie française*, E. Bouillon, 1904, p. 28-29).

nom est une antiphrase. C'est une bête fort redoutée des paysans, comme le renard, comme la fouine, dont elle est parente. Or, on l'appelle à l'envi la jolie, la belle, la douce ! Son nom français vient du vieux mot *bele*, du latin *bella* ; la *belette*, cela veut dire la petite belle[1]. Les Anglais la nomment[2] la jolie ou la fée, *fairy :* les Bavarois, la jolie petite bête, *schoenthierlein* ; les Danois[3], la jolie, *kjoenne* ; les Suédois, la joueuse *lekatt* ; les Italiens et les Portugais, la petite dame, *donnola*, *doninha* ; les Espagnols, la petite commère, *comadreja* ; les Grecs d'aujourd'hui, la petite bru (νυμφιτζα[4]). À cette liste, il faut peut-être joindre son nom allemand, passé en hollandais, en anglais, en danois, *wiesel* ; on y trouverait *la blanche*. La même idée, ou celle de douceur, s'imaginerait dans le grec γαλη, *la blanche*, *la douce*[5], et ce serait encore *la douce* dans le latin *mustela*. Ces rapprochements paraîtront moins invraisemblables lorsqu'on saura que les idées de beau, de blanc, de doux sont, dans la tradition populaire, les antiphrases naturelles de l'idée de mauvais. En Roumanie, les *malae divae*, les mauvaises fées, les Ièlé, ne sont jamais appelées que les Bonnes, les Puissantes, les *Belles*, les *Blanches*, les *Douces*[6]. L'explication des folkloristes est que la belette, étant un animal dont on a peur, on ne prononce jamais son nom, car, croyance universelle, quand on parle du loup, on en voit la queue, quand on invoque le diable, le diable paraît ; prononcer le vrai nom de la belette, c'est attirer la méchante bête et c'est aussi, par cela même, la contrarier, puisqu'on la dérange, l'exciter à la dévastation. Mais si on lui donne des noms d'amitié, c'est comme si on la caressait, et elle devient ce qu'on la nomme. Il m'est agréable de rencontrer l'idéalisme verbal à l'état de tradition populaire et j'admets d'autant plus volontiers l'explication qu'elle n'explique rien, – en ce sens qu'il reste à nous faire comprendre comment le même euphémisme se retrouve dans les temps et les pays les plus éloignés ; il reste aussi à découvrir les *vrais noms* de la belette, si nous n'en sommes plus, comme

1 *Cf.* le rouergat : *la poulido*, la jolie. NDA

2 Ou l'ont nommée jadis, car le mot maintenant en usage est *weasel.* NDA

3 Même remarque ; le mot actuel est *vœsel.* NDA

4 Les Polonais disent *lasica*, mot où l'on trouve l'idée de flatterie ou de grâce. NDA

5 Mais le nom grec de la belette était plutôt ικτις (qui se glisse) ; γαλη aurait été la fouine, qui s'apprivoise comme un chat (Hœfer, *Histoire de la Zoologie.*) NDA

6 *La Veillée.* Douze contes roumains, traduits par Jules Brun, *Introduction*, par Lucile Kitzo, page xxx. – Les Arabes ne donnent jamais au lion son vrai nom *sbâ*. Ils disent : *Siai*, le seigneur, ou *Hoûche*, de *laïcha*, la bête, ou *meteloufٍ*, l'égaré. NDA

les Grecs, à la confondre avec le chat. En somme, ici comme devant le roitelet, nous constatons un phénomène psychologique. L'euphémisme est, d'ailleurs, assez fréquent dans la nomenclature populaire, mais il règne avec une grande fantaisie. Si l'inoffensive couleuvre qui, au pire, mangera quelques œufs, est parfois nommée, elle aussi, *la jolie*, elle est la vermine en Portugal (*bicha*), et on voit, dans nos dialectes provinciaux, l'épervier redoutable nommé tout crûment *le voleur* ; il est le *laire* en Auvergne et le *laron* en Dauphiné, et sans doute y reconnaît-il facilement le latin *latro*[1].

Pic. Plongeon. Pélican. Rouget. Dormiliouse.

Le *pic*, *espec*, *pivert*, est dit aussi *bêche-bois*, mot qui se trouve exactement en anglais, *woodpecker* ; le *plongeon* (en latin *mergus*) est le plongeur en allemand, *taucher*, le *pélican* (en latin *platea*) s'appelle en allemand l'oie à cuillère, *loffler*, *loffelgans* ; ce qui correspond aux vieux noms français de cet oiseau, *pale*, *pelle*, *pelle creuse*, *truble*, et à son nom populaire anglais, *shovelard*. L'idée de rouge ou de lumière a toujours servi à caractériser le *rouget* ; le grec disait ερυθρινος ; le latin, *rubellio* ; et pour les Hollandais, c'est le coq de mer, *zee haen*, et pour les Italiens, la lanterne, *lucerna*[2]. Il y a un poisson volant ou sautant qu'on appelle *hirondelle de mer* ou le *volant*, le *papillon* ; c'est le χελιδων et l'*hirundo* des anciens, le *volador* des Espagnols, le *zee swaluwe* des Hollandais.

Un autre poisson à gros yeux est appelé par Pline, *oculata* ; c'est l'*ochiado* du populaire, à Rome, et le *nigr'oil* du même populaire, à Marseille où l'on appelait aussi dans le même temps (au XVIe siècle) la torpille une *dormiliouse*, ce qui traduit délicieusement *torpedo*[3]. La *rainette*, *raine verte*, *verdier*, en ancien français, c'est, en allemand, la *grenouille feuille*, *laubfrosch*.

Tournesol.

Les noms de fleurs, qui sont parfois si étranges, témoignent particulièrement de la nécessité de certaines métaphores. Il est impossible

1 Antoine Thomas, *ouvrage cité*, p. 27. NDA

2 *Cf.* la *dorade*. « *Orata genus piscis appellatur a colore auri* », dit Festus. La dorade est un anglais *gilt-head* et *goldfish ;* en allemand, *goldfisch*. NDA

3 On l'appelle encore : *tremble*. NDA

que l'idée de soleil n'entre pas dans le nom de la grande fleur jaune appelée *tournesol* ; elle ressemble exactement aux faces du soleil dans les vieilles gravures et, de plus, elle se tourne sensiblement vers l'astre qu'elle semble suivre avec inquiétude : ses deux noms français, *tournesol* et *soleil*[1], traduisent cette double impression. C'est une fleur relativement nouvelle en Europe ; elle fut apportée du Pérou, au XVIe siècle. Le *tournesol* des Latins, *solsequia*, c'est notre *souci*, diminutif ou ébauche de la grande solanée américaine. La forme italienne de *tournesol* est *girasole* et l'espagnole, *girasol* : elles rappellent les trois mots grecs ηλιοτροπιος, ηλιοτροπιον, ηλιοπους dont le dernier désigne particulièrement le souci. Car une fleur bien différente, la *verrucaire*[2], en gréco-français *héliotrope*, tourne aussi selon le soleil ses odorantes fleurs violettes, et il semble qu'ηλιοτροπιον ait été traduit littéralement en allemand et en hollandais par *sonnenwende* et *zonnewende* ; ces deux langues possèdent, en effet, les formes *sonnenblume* et *zonnebloem* qui s'appliquent bien au soleil[3] ; le suédois dit *solrose*[4] ; le danois, *solsikke* ; l'anglais, *sunflower* ; le polonais, *slonecznie.* Les langues sémitiques ont des expressions pareilles : en arabe *chems*, soleil, et *echchems*, tournesol.

Coquelicot.

Au latin populaire *papavum* qui a fourni en français tant de formes singulières, pavot, pavon, papon, paveux, pavoir – le goût populaire substitua en plusieurs régions l'idée de *rouge*, et le latin du moyen âge appelle *rubiola*, la plante que la science qualifie de *papaver rubeum* ; cependant l'idée de rouge se fixa sur la crête de coq, puis sur le coq et enfin sur le chant du coq que rendait l'onomatopée *coquelicot* ou *coquericot.* Cette idée était, d'ailleurs, contenue soit directement, soit par confusion,

1 En Savoie, dans le Centre et au Canada, tourne-soleil. – On trouve dans les dialectes (Centre, Canada), *sourci*, pour *souci*. Les formes les plus anciennes sont la *solcie*, la *soucie*. Sous l'influence de *souci* (soucier), le mot changea de genre. NDA

2 En ital. et esp. : *verrucaria* et *verruguera*. C'est l'herbe aux verrues, mais il est préférable de ne pas la confondre avec une autre herbe aux verrues, l'éclaire. NDA

3 Malheureusement le soleil est appelé aussi *héliotrope* et l'héliotrope, *tournesol* ; confusion absurde dont il faut encore accuser le grec, – et dont on trouvera sans doute des traces dans ce paragraphe. Il y a encore un autre nom grec, *hélianthe*. En somme, trois fleurs : le *souci*, la *verrucaire*, le *soleil*, pour leur donner les seuls noms qu'elles puissent porter en français. NDA

4 Et aussi *solblomister* (fleur soleil). NDA

dans le nom même du coq (latin : *coccum*)[1] ; et c'est ainsi que les mêmes syllabes ont pu désigner deux choses aussi différentes qu'une fleurette et le chant d'un oiseau. L'exemple n'est pas unique, puisque la même aventure, mais pour d'autres motifs, est arrivée, comme on sait, au mot *coucou*[2], fleur et oiseau, tous les deux de printemps et de la même heure ; on a cru que la fleur naissait pour l'oiseau et pour le nourrir, – c'est une croyance générale que rien dans la création ne saurait être inutile ; mais cette fleur ou cette herbe, dédaignées des hommes et des bêtes domestiques, ou ces baies qui mûrissent loin dans les bois, à quoi servent-elles donc ? La réponse est écrite dans ces termes : herbe au loup, herbe à la vierge, herbe au diable[3]. Elles servent à Dieu, à ses saints, au diable, – ou au loup ; les Arabes disent au chacal ; elles servent aux animaux que nous ne voyons pas manger et qui vivent ; elles servent aux êtres surnaturels qui descendent pendant les nuits claires et à ceux qui rôdent pendant les nuits sans lune. Outre leurs noms distinctifs, presque toutes les plantes sauvages ont ainsi un surnom qui souvent est commun à des espèces fort différentes ; la flore populaire se meut dans l'heureuse imprécision de la poésie et de la nonchalance.

Il ne faut pas s'attendre à retrouver *coquelicot*, ou l'une des formes diverses de cette onomatopée, en dehors du domaine roman : la plus lointaine est le roumain *kukuriek*, et en France même elle s'est partagé les dialectes avec *papavum*. Cependant le coquelicot éveilla aussi, en Angleterre, l'idée de crête de coq et l'on y rencontre *cocks head*, *cock's comb*, *cockrose* (écossais). Les langues germaniques se contentent en général de l'expression rose ou fleur des blés qu'elles appliquent, d'ailleurs, avec indifférence, à la fois, au coquelicot et au bleuet.

Renoncule. Joubarbe. Fumeterre.

La renoncule, connue sous le nom de *bouton d'or*, a reçu dans les langues et les dialectes d'Europe[4] deux séries de noms ; les uns la désignent

1 Venu lui-même du verbe qui disait le chant du coq : Cucurrire solet Gallus, Gallina gracillat. (*Philomela*, 25.). NDA

2 Et Cuculi cuculant… (*Phil.* 35.) NDA

3 De même les poissons qui ne se mangent pas, et qui sont généralement très laids ou bizarres, sont appelés par les pêcheurs, *crapaud de mer*, *diable de mer*. NDA

4 Ici et dans plusieurs des paragraphes suivants, nous nous servons de la riche moisson de termes populaires recueillis par M. E. Rolland dans sa *Flore populaire*. Malheureusement, comme il ne traduit pas, une partie de sa nomenclature, dialectes étrangers et « petites

d'après la forme de sa feuille, les autres d'après la couleur de sa fleur. Les noms qui veulent expliquer sa feuille contiennent presque tous l'idée de pied de poule (ou de coq), ou l'idée de patte de grenouille[1], cette dernière idée souvent abrégée en l'idée de grenouille ; ceux qui veulent peindre sa fleur, l'idée d'or ou de jaune.

« Pied de poule » se rencontre en letton, *gaila pehdas* ; en allemand, *hahnenfuss* ; en hollandais, *haanevaet* ; en danois, *hanefod*. Le latin *pulli pedem* a donné à nos dialectes de nombreuses formes dont les types sont *piépou* et *poupié* ; ce dernier mot est devenu le français *pourpier*.

La « patte de grenouille » figure dans l'anglo-saxon, *lodewort* (herbe au crapaud) ; dans le moyen haut allemand, *froscfusz*, que traduit l'appellation normande, *patte de raine*. La « grenouille » toute seule, c'est le grec βατραχιον ; le latin, *ranunculus*[2], le roumain, *ranunchiu* ; le sarde, *erbo de ranas* ; l'ancien français, *grenouillette* ; le polonais, *zabiniek*[3].

L'idée de jaune s'exprime en français par *bouton d'or*, *jaunet*, *bassin d'or*, *fleur au beurre*, idées que l'on retrouve dans le suédois et le danois, *smorblomster* (*smœr*, beurre), dans l'allemand dialectal, *botterblum* (fleur de beurre), dans l'anglais, *butter-rose*, *golden cup*, *horse-gold* : cette dernière image, qui appelle les fleurs de la renoncule l'*or du cheval*, est particulièrement curieuse. Un dialecte suédois et l'islandais appellent le bouton d'or *fleur du soleil* (*solœga* et *soley*) : c'est encore l'idée d'or ou de couleur jaune.

Ce partage de métaphores est assez fréquent ; ainsi la *renouée*, en latin *centinodia* (herbe aux cent nœuds), porte le même nom (herbe aux nœuds) en anglais, *knot-grass* ; en flamand, *knoopgras* ; tandis que les langues Scandinaves la dénomment herbe du chemin (danois : *weigraes* ;

langues », est souvent inutilisable dans un travail de sémantique. – Au cours d'une excellente notice sur cette *Flore*, M. Louis Denise avait déjà exprimé le même regret. De même il avait constaté avec soin l'incohérence de la nomenclature populaire : « Les mêmes noms empruntés à des similitudes de couleur, à de grossières ressemblances de port ou de forme, à de prétendues propriétés identiques, s'appliquent indifféremment et dans les mêmes lieux à des plantes de familles très éloignées : l'ellébore est l'*herbe d'enfer* dans l'Aube, mais en Provence l'*erbo d'infer*, c'est le nénuphar. » (*Polybiblion*, 1897). NDA

1 On relève, mais moins souvent et pêle-mêle, les termes : pas, pied ou patte de loup, de lion, de corbeau, d'oie, de canard. De cette imprécision inévitable, il n'y a pas à tenir compte. NDA

2 Qui a directement passé en français, en italien, en espagnol, en portugais. Il y a la forme *ranouncles*, en provencal, mais la renoncule d'eau. NDA

3 *Zaba*, grenouille. Le mot s'applique peut-être plutôt à la renoncule d'eau. NDA

suédois : *trampgraes*). C'est le *plantain* que les Allemands disent *wegerich*. Cependant Hœfer[1] cite d'après le *De physica* de S. Hildegarde le mot *weggrasz*, le traduit par *traînasse* et l'identifie au *polygonum aviculare*, lequel est bien la *renouée*. Burbaun[2] traduit *centinodia* par *wegetritt*.

Une renonculacée est appelée populairement *queue de souris* ; c'est aussi le nom que lui ont donné les paysans dans une grande partie de l'Europe : *cola de raton* (Espagne) ; *mauseschwans* (Suisse) ; *mouse tail* (Angleterre) ; *musehale* (Danemark) ; *musrumpa* (Suède) ; *myszy ogon* (Pologne) ; *myschei kvost* (Russie).

Dans *joubarbe* on retrouve *jovis barba* ; c'est la barbe du dieu du tonnerre, parce que cette herbe garantit les maisons du tonnerre, d'après Opilius, qui l'appelle *vesuvium*. Cette idée se rencontre en Allemagne et en Hollande, où la *joubarbe* est *donderbaert*. Il n'y a pas trace de l'image conservée par le français du XVIe siècle, *patte de cheval* dans les noms actuels du *populage* ou *tussilage*, mais l'allemand dit *rosshuf*, sabot de cheval, le hollandais *hoesbladen*, herbe sabot, l'italien *unghia di cavallo*, l'espagnol *una de asno* ; c'est le latin officinal *ungula caballina*. Le *fumeterre*, *fumus terrae* a le même nom en allemand, *erdrauch* et *eerderoock*. Enfin la petite *serpentaire* a reçu en Allemagne et en France les mêmes vilains noms[3].

La fétuque dorée est appelée *grand couteau* ; les Anglais disent *sword-grass* (herbe-épée).

Adonis. Nielle.

La *fleur d'Adonis* n'est plus rougie par le sang du jeune dieu oublié, mais tantôt par celui de Vénus, tantôt par celui de Jésus : *sang de Jésus, sang de Vénus*, les deux grandes religions unies une fois de plus dans le geste de cueillir la même fleur. L'idée de sang semble inséparable de cette renonculacée[4] et son nom populaire français, *goutte de sang*, lui est donné en beaucoup de pays. On trouve en Italie *gozze de sangue* (Vérone), *gioze de sangue* (Trévise) ; en Espagne, *gota de sangre* ; en Suisse, *bluatstrœfli* et *blutstrœpfli*, en Carinthie, *bluetstrœpflan* ; en Suède, *bloddroppar*. L'idée

1 *Histoire de la Botanique*. NDA

2 *Enumeratio plantarum* ; Halle, 1721. NDA

3 Traductions exactes de *Sacerdotis virilia* (Hadrianus Junius, *Nomenclator*). NDA

4 Son nom grec αργεμονη lui venait de ce qu'elle servait, d'après Dioscoride, à guérir αργεμον ; l'idée de blanc est contenue dans le nom du mal (ulcère blanc) et non dans celui de la fleur. NDA

toute nue de rouge, mais d'une petite chose rouge, encore d'une goutte de pourpre, se rencontre dans l'ancien français *rubitz* ; dans le dialectal *rougeotte* (Vosges) ; dans l'avignonnais *roubisso* ; dans l'anglais *pheasant's eye* (œil de faisan) et *rose-a-ruby* (rouge rubis) ; dans le sicilien *russulida* et dans le roumain, *rushcutça*.

Nielle, c'est la « petite Noire », *nigella* ; les Grecs disaient de même μελανθιον et ils disent encore μελαντι. Le français *nielle* n'a, sans doute, jamais contenu l'idée qui est évidente dans *nigella* ; pour la retrouver, il faut aller chercher les formes verbales où la nielle est appelée l'herbe au poivre[1] et voici la *poivrette*, la *piperelle*, les *spezii*, les épices (Parme), l'*alipivre* (portugais) ; on trouve en allemand *Schwarz kümmel*, (le carvi noir) mais les langues modernes ont surtout baptisé la nielle d'après sa très vague ressemblance avec des cheveux, de la barbe, de la laine, une toile d'araignée et, rencontre assez curieuse, la *nielle* et l'*agnelle*, si différentes sémantiquement, ont fraternisé sur le terrain phonétique : on trouve dans le domaine d'oc, les formes *niella*, *gniella*, *niello*, *aniello*, *aniella* et, en Piémont, *agnela*. Le vieux français disait *barbute* et *barbue* ; à Parme, c'est comme en Normandie la *barbe de capucin*, *barba de fra* ; en Roumanie, la barbe de boyard, *barba boïarului* ; en Allemagne, la chevelure de Vénus, *Venushaar* et, image plus pittoresque, la fille de crin, *braut in haren* ; en Angleterre, la barbe blanche, *oldman's beard* ; en Catalogne *aranyas*, image que se disent nos patois avec *arogne* et *irogné* (toile d'araignée).

Violette de chien. Hépatique. Anémone.

Il y a une violette sauvage, très pâle et sans odeur, qui s'appelle dans une grande partie de la France *violette de chien*, c'est-à-dire bonne pour les chiens. Cette expression se retrouve en Wallonie *viyolette de tchin* ; en Galicie, *viola de can* ; en Allemagne, *hundsveilchen* ; en Luxembourg, *honzfeiol* ; en Flandre, *hondsvioletten* ; en Angleterre, *dog's violet* ; en Suède et en Danemarck, *hundefiol*. Le latin de nomenclature *viola canina* est la traduction de ces appellations populaires ; peut-être cependant l'a-t-il propagée dans quelques langues[2].

1 « Graine noire » est le nom de la nielle dans beaucoup de dialectes arabes. NDA

2 Le latin d'officine a certainement eu une très grande influence sur les noms même populaires des plantes ; il en a encore. Cela s'explique par les relations des pharmaciens et des cueilleuses de simples. M. E. Rolland a rencontré une de ces femmes connaissant les

L'*hépatique* ne semble pas avoir[1] de nom français, et on ne connaît pas son nom populaire latin. Sans qu'on puisse les soupçonner d'avoir littéralement traduit le latin savant *trifolium hepaticum*, les divers dialectes méridionaux lui ont, cependant, donné le nom d'herbe au foie, *erba del fetje*, d'*aou fégé*, *au fedzo*, etc. ; en italien, c'est aussi la *fegatella* ; en catalan, l'*erba fetgera* ; en espagnol, la *higadela*. Les langues germaniques, scandinaves et slaves constatent la même relation : anglais, *liver-wort* ; hollandais, *leverkruid* ; allemand, *leberblume* et *leberkraut* ; transylvanien, *liewerkrockt* ; islandais, *lifrarurt* ; suédois, *lefverrœt* et *lefverblad* ; danois, *leverurt* ; polonais, *watrobnik.*

L'histoire de l'anémone est pareille et tout aussi concluante. Son nom français le plus répandu semble *coquelourde*, où il est peut-être possible de reconnaître *clocca lurida* ; du moins l'idée de cloche se retrouve-t-elle clairement dans plusieurs des noms donnés à cette fleur : *clochette*, en certaines parties de la France ; *kuhschelle*[2] (clochette de vache) et *osterschelle* (clochette de Pâques), en Allemagne ; *klockenblome* (fleur à la cloche), aux environs de Brême ; *Coventry bells* (cloches de Coventry), dans le centre de l'Angleterre[3]. Mais il était particulièrement intéressant de savoir si la valeur du mot grec ανεμονη se rencontrait dans les noms véritables de l'anémone ou dans ses surnoms populaires. Or, partout, en Europe, l'anémone est l'herbe au vent, la fleur ou la rose du vent[4] : *erba del vent* (Gard), *erba de vent* (Milanais), *erba do vento* (Galicie), *flor del viento* (Espagne) ; c'est, en Allemagne : *windroschen* (la rose du vent) ; en Flandre, *windkruid* (herbe au vent) ; en Danemarck, *windrose* ; en Russie, *wetrezina*, la fleur du vent.

Aubépine. Chèvre-feuille. Rouge-Gorge. Fourmi-lion.

Il est tout simple que l'aubépine (*alba spina*), la blanche épine, porte ce même nom en presque toutes les langues, depuis l'italien *biancospino*

---

noms de *toutes* les plantes de son pays ; dans la liste que j'ai vue beaucoup de mots sont des déformations évidentes des noms du Formulaire (Mars 1899). NDA

1 Le *Nomenclator* lui donne le nom bizarre de *porcorau.* NDA

2 Pour le passage de l'idée de cloche (*clocca*) à l'idée de coquille (*concha*), on peut comparer l'allemand *schelle* (clochette) et l'anglais *shell* (coquille). De *cloque* à *coque* et réciproquement des interpositions sont fort possibles, surtout dans une région de la langue où la transmission des sons n'a jamais été fixée par l'écriture. NDA

3 Ou les *cloches du couvent.* NDA

4 Et même jusque dans le centre de la France et dans la Haute-Marne. – Les anciens avaient tenté des explications. L'*anémone* ne s'ouvre qu'au souffle du vent, dit Pline. Selon Hesychius, le vent au contraire, la froisse et la fane. NDA

jusqu'au danois *hvidtorn*. De même on s'explique assez facilement la fréquence linguistique du chèvrefeuille (ital. : *caprifoglio* ; all. : *geissblatt* ; holl. : *geitenblad* ; dan. : *giedeblad* ; suéd. : *getblad*), tous ces noms modernes ne sont peut-être que la traduction de *caprifolium*. Quand le mot latin est très explicite et quand toutes les formes linguistiques sont identiques, l'hypothèse de la traduction est admissible. Les dictionnaires donnent du mot *chèvrefeuille* cette plaisante interprétation : ainsi appelé parce que les chèvres aiment à brouter ses feuilles. Comme si les chèvres n'aimaient pas à brouter tout ce qui est vert ! Le chèvrefeuille, c'est la plante chèvre, la plante grimpante, tout simplement. Varron appelle *caprea* la vrille de la vigne et l'italien dit dans le même sens *capreolo*. Le mot latin s'est substitué, sans qu'on en comprenne le sens, aux noms indigènes qui avaient sans doute été faits, comme en Angleterre, avec l'idée de fleur qui a goût de miel, *honey sukkle*, ou celle de lien sauvage, lien des bois, *wood bine*[1]. Il en a peut-être été de même pour le *rouge-gorge*. Dans toutes les autres langues, de l'italien, *pettirosso*, à l'allemand, *rothkehlchen*, au danois, *rotkielke*, au polonais *czerwonogardl*, on soupçonne des mots latins et ces mots nous en avons l'écho dans le vers déjà cité à propos du roitelet :

> ... Et rubro pectore Progne[2]

Cependant, il est fort possible et bien conforme au mécanisme de l'esprit humain que la trouvaille *rouge-gorge* ou *rodkielke* soit spontanée dans chacune des langues où on la rencontre. Le vieux français disait : *rubéline*.

Mais pour le *fourmi-lion*, aucun doute n'est possible, puisque ce mot n'est que le résultat d'une trop bonne prononciation de l'*l* mouillée ou d'une mauvaise lecture du mot latin. *Formica-leo* est, en effet, soit une forme bâtarde calquée sur notre *fourmi-lion*, soit une déformation, par étymologie trop savante, du bas-latin *formiculo*, *formiculonem*, diminutif de *formica*. *Formiculonem* a donné en français *fourmillon*. Mais *formicoleo*

---

1 Ou *bind*. Hadrianus Junius donne plusieurs noms de chèvre-feuille en allemand du XVIe siècle ; les uns semblent vouloir dire la nourriture de la chèvre : *speckgilgen* ; les autres correspondent bien à la comparaison de la plante avec l'animal qui grimpe : *waldgilgen*. En vieux hollandais son nom est : les chèvres, *gheyten*. NDA

2 « Je regarde ce mot (*Progne*) comme employé ici pour désigner génériquement une famille de petits oiseaux, analogues à ceux qui sont nommés dans le même vers, et spécialement le rouge-gorge qui y est caractérisé très naïvement par ses propres attributs. » *Philomela*, XXXIIe remarque. NDA

se trouve dans Isidore de Séville et *formica-leo* dans le latin du moyen-âge. C'est cette dernière forme qui a été traduite dans presque toutes les langues de l'Europe. En effet, l'anglais *ant-lion*, l'allemand *ameiselöwe*, le flamand *mierenleeuw*, le danois *myrelove*, le suédois *myrlejon*, le polonais *mrowkolew* se traduisent tous avec une exactitude singulière par *formica-leo*, mais si *fourmi-lion* veut bien dire en français « fourmi qui est comme un lion », *ant-lion* signifie en anglais « lion qui est comme une fourmi », ou « lion qui mange les fourmis », etc. ; c'est *lion-ant* qu'il faudrait pour rendre *formica-leo*. En somme le *fourmi-lion* est bien le « lion des fourmis », c'est-à-dire que sa larve s'en nourrit volontiers ; c'est ce qui a fait accepter partout la métaphore latine, qui d'ailleurs est ingénieuse.

Autres mots : Corset. Clairon. Amadou. Navette. Béryl. Railler.

La formation de métaphores, durables ou passagères, est dominée par un ensemble de lois psychologiques que nous ne pouvons connaître que par la trace qu'elles laissent dans les combinaisons verbales. Ainsi l'idée de petit corps se retrouve dans presque tous les mots qui signifient aujourd'hui *corset*[1], comme Brachet l'a constaté ingénieusement, mais sans analyser le phénomène[2]. Voici, semble-t-il, la marche de cette métaphore qui n'a pu naître qu'avec le costume moderne des femmes, lorsque, l'« ajustement » remplaçant la draperie, la robe dut se partager en deux moitiés, le haut et le bas. Considérée en son ensemble, vide et dressée comme une armure, la robe se compose de la jupe et du buste ou *corps de la jupe* : ensuite toutes les femmes ayant la prétention d'être minces, le corps de la jupe[3] est devenu par courtoisie un petit corps ou corset et il deviendra sans doute un corselet. Dans cet exemple c'est aux lois de l'analogie que l'esprit a obéi ; une expression intermédiaire nous le certifie.

1 Angl. : *bodice* ; all. : *leibchen* ; dan. *livstykke* ; ital. : *corpetto* ; etc. NDA

2 « *Corset* est un diminutif de corps et veut dire proprement un petit corps ; cette métaphore est confirmée par les expressions identiques que nous offrent les autres langues : pour corset, l'allemand dit *kibchen* (petit corps) [...] l'anglais *bodice* (diminutif de body corps), l'italien *corpello* (petit corps ; de corpo, corps). » (*Dictionnaire étymologique*, p. XXVI). A. Brachet ajoute en note : « À l'origine, on ne disait point un corset, mais un corps (le corset étant considéré comme le corps de la jupe) ; et au XVIIIe siècle, Rousseau blâmait les femmes de porter des corps trop étroits. Corset ne signifie proprement qu'un petit corset. » (*Ibid.*).

3 *Corps*, pour *corset*, est resté en usage dans beaucoup de provinces, notamment dans le centre (*Glossaire* de Jaubert). J.-J. Rousseau l'emploie, mais son français est parfois un peu dialectal. NDA

Certaines métaphores sont si singulières qu'on hésite même devant l'évidence. Pour identifier plus sûrement les deux mots du provençal, *perna*, qui veulent dire l'un *jambon* et l'autre *bavolette*, M. Antoine Thomas rappelle fort à propos que de πετασος, chapeau, les Grecs avaient formé πετασων, jambon : « Ce serait un rapport inverse qui aurait fait baptiser, *perna*, bavolette, par les Gallo-Romains[1] » Le mot latin *gracilis*[2] avait pris le sens de trompette au son grêle ou clair ; c'est exactement notre mot *clairon*. Nous ne pouvons reconnaître dans *amadou*[3] le sens primitif d'appât, puisque la racine de ce mot est scandinave, mais nous trouvons réunies les deux significations dans l'*esca* des Latins, dans l'*adescare* des Italiens, dans l'εναυσμα des Grecs modernes. L'amadou, c'est la nourriture et l'appât du feu[4]. Il y a loin, semble-t-il, de l'idée de navire à celle de navette de tisserand ; on serait tenté de séparer les deux mots, si l'italien *navicella*, nacelle, et l'allemand *schiff*, bateau, ne couraient également sur l'eau et sur la trame des métiers. On a déterminé l'origine du mot *briller*[5] ; c'est *beryllare*, scintiller comme le béryl[6]. Que ne diraient pas les professeurs de belles-lettres si quelque « décadent » forgeait, briller n'ayant vraiment plus qu'un sens abstrait, *émerauder* ou *topazer* ! Le mot *railler* a la même origine latine que *raser* (*radere*, *rasus*, *raticulare*) qui a pris lui-même récemment un sens péjoratif ; on trouve en allemand *scheren*, raser, et *scherzen*, railler, en flamand *scheren*, raser, et *scherts*, raillerie.

Patache, mot espagnol, a d'abord désigné un petit bateau ; il a en portugais les deux sens, de même *coche*. *Gondole* a été le nom d'une voiture publique.

Nef a voulu dire navire et nef d'église ; vaisseau, remplaçant nef, a repris les deux sens. *Flanc*, c'est *flaccus*, mou ; l'allemand a *weiche*, flanc,

---

1 *Essais de Philologie française*, page 350. NDA

2 Qui était devenu *graile* en ancien français. Le verbe *grailler*, sonner du cor, est resté comme terme de vénerie, mais il a pris d'autre part le sens second et contradictoire de « parler d'une voix enrouée ». NDA

3 Ici encore, Gourmont emprunte à Brachet : « Bien qu'il n'existe aucun rapport de sens entre amadouer (appâter) et amadou, il est cependant indubitable que le dernier dérive du premier ; en italien *ad-escare* (amadouer) vient de *esca* qui veut dire à la fois appât et amadou. Les rapprochements nous montrent que la même métaphore qui relie *amadouer* à *amadou* existe dans plusieurs langues. » (*Ibid.*, p. 45).

4 Les Canadiens ont étendu le sens de *boitte*, appât, au sens de nourriture pour les bestiaux. NDA

5 Bréal note : « Qui pense encore, en prononçant le verbe *briller*, à la pierre précieuse – beryllus – dont on l'a tiré ? » (*Sémantique*, *op. cit.*, p. 132).

6 Et du même *béryl* vient aussi *bésicles*, anciennement *bericles* (*Beryenlus*) ! NDA

de *weich*, mou. Les Islandais disent un « ramoneur », dans le sens ironique où nous disons fumiste ; les Anglais, *chimney-doctor. Harceler* est identique, comme sens premier, à herser ; en anglais, *to harrow* veut dire dire herser et harceler. *Hâte*, au sens de morceau de porc rôti, est le mot hâte (*hasta*), pique, broche ; en province, *broche* signifie rôti.

Nos expressions « se ronger le cœur », « le cœur sur la main », « savoir par cœur », « le cœur plein », etc., se retrouvent dans l'ancien égyptien : *onôm-hêt* (mangeant-cœur), celui qui a des remords ; *bal-hêt* (œil-cœur), ingénu ; *djem-hêt* (trouver cœur), savoir par cœur ; *meh-hêt* (remplir cœur), contenter.

Pytheas ayant conté qu'au delà de Thulé il n'y avait plus ni eau, ni air, ni terre, mais une matière assez semblable au zoophyte appelé *poumon de mer*, Polybe, homme grave, le traite de menteur. Or, pour caractériser le même état de la mer du Nord, les Norvégiens disent *leverzee*, mer du foie, ce qui rend confusément une sensation analogue.

Les mots qui veulent dire *appeler* finissent très souvent par signifier *pleurer* ou *crier*. « *Plorarer apud antiquos plane inclamare*, » dit Festus. Il avait encore ce sens au IVe siècle, mais avait acquis celui de *pleurer*, le seul qu'il ait jamais eu dans la latinité des Gaules. *Quiritare*, appeler, devient en latin populaire *critare*, ce qui donna : *gritare* en italien, *gritar* en espagnol et portugais, *gridar* en provençal, *crier* en français, *to cry* en anglais. Or *to cry* a repris la signification de pleurer[1].

Compter et conter. Dessein et Dessin.
Pupille. Prunelle.

On sait avec quel soin les grammairiens distinguent l'un de l'autre *compter* et *conter*. À les entendre il n'y aurait pas deux mots plus éloignés, malgré leurs sonorités identiques, et il a fallu pour les confondre l'ignorance et la barbarie du moyen âge. Or il se trouve précisément que les deux ne sont qu'un : compter et conter, mot unique né du latin *computare*. Pour l'homme de tous les temps et de tous les climats, *compter* et *conter* représentent une seule et même opération ; un mot les traduit tous les deux : *énumérer*. Des chiffres ou des faits, on les énumère, on les compte. L'italien et l'espagnol sont d'accord en cela avec l'allemand et

1 Le développement qui précède, à partir de « Patache, mot espagnol », a été ajouté pour l'édition de 1905.

avec le danois : *contare* et *contar* ont, dans les deux premières langues, la double signification de nos deux mots ; en allemand compter, c'est *zahlen*, et conter, *erzalen* ; en danois compter, c'est *toele* et conter, *fortoelle*. Ce *toele* nous rappelle que l'anglais *tale* (conter) a eu primitivement la signification de *compter* ; il l'a perdue en partie, quand le mot *account* est entré dans la langue ; mais *account* a gardé, en partie, un peu du sens de *tale*. Il en est de même de notre mot *compte*, malgré tous les grammairiens ; dans *compte-rendu d'un livre*, on voit le mot *computare* au point mort où il ne signifie plus *compte* et ne veut pas encore dire *conte*. En différenciant les deux mots, la grammaire nous oblige à toutes sortes de petits mensonges, car il nous est réellement impossible parfois de savoir si nous *comptons* ou si nous *contons*. On ne devrait pas laisser les cuistres toucher à des organismes aussi délicats que le langage : du moins pourra-t-on désormais leur enseigner que les « tropes » sont une branche de la psychologie générale et qu'il faut réfléchir très longtemps avant que d'oser couper en deux morceaux et tailler à arêtes vives un bloc verbal que l'esprit humain laisse volontairement informe. Ils ont opéré la même scission entre *dessin* et *dessein* sans s'apercevoir, les pauvres gens, que la langue, incorrigible, recommençait exactement avec le mot *plan* les mêmes et indispensables confusions sans lesquelles les hommes cesseraient bientôt de se comprendre. Comme le mot *conte*, le mot *dessin* est unique ; le latin *designare* avait déjà tous les sens concrets et abstraits que comporte l'idée de *dessiner*. Le mot anglais *design* porte sans peine, avec une légère restriction (*drawing* lui ayant enlevé quelques-unes de ses nuances), la plupart des significations contenues dans notre double mot ; il en est de même en suédois avec *utkast*, en italien avec *disegno* et dans presque toutes les langues[1].

Bien d'autres mots seraient à noter que les dictionnaires séparent arbitrairement, quoique l'un ne soit que la métaphore de l'autre. *Pupille* est dans ce cas : qu'il signifie l'orpheline pourvue d'un tuteur ou la prunelle de l'œil, c'est toujours le latin *pupilla*, diminutif de *pupa*, petite fille (*pupata*, de la même famille, a donné *poupée*). La *pupille* de l'œil, c'est si bien la *fille de l'œil* que l'expression se retrouve tout entière en portugais où la *pupille* se dit *menina do olho*. Pareillement la *prunelle* des haies et la *prunelle* des yeux ne font qu'un. Le centre de l'œil a été comparé à la petite prune d'un noir bleu ou violacé qui mûrit parfois

1 Le polonais a créé les nuances : *rys*, trait, d'où : *rysunek*, dessin, et *zarys*, dessein. NDA

après les gelées ; par une métaphore analogue, mais bien moins jolie et bien moins juste, les Anglais appellent la prunelle de l'œil *eye-apple* et les Flamands, *oogappel*, la pomme de l'œil. Le polonais qui a le verbe *zrzeniac*, commencer à mûrir, appela *zrzenica* la prunelle de l'œil ; je ne sais dans quel ordre il faut établir les rapports de ces deux mots[1].

Un des inconvénients de la liberté prise avec *dessin*, *conte*, *pupille*, *prunelle* et tels autres mots par les grammairiens, c'est de rendre invisible la métaphore et ainsi d'engrisailler la langue. Séparé de l'idée qu'il représente, *dessein* n'est plus qu'une de ces abstractions verbales à moitié mortes dès le jour qu'elles sont nées et destinées à disparaître bien avant la langue dont elles ont fait partie. L'abstraction est une des causes de la mort des mots.

On voit donc que si le mécanisme de la métaphore est quelquefois mystérieux, ses oscillations n'en sont pas moins assez régulières et que la différence des langues n'implique pas une différence de marche ou de méthode[2]. Méthode, s'il fallait voir dans le choix des images l'influence d'une intelligence volontaire, comme le désire M. Michel Bréal[3] ; marche, s'il s'agit le plus souvent, et c'est notre avis, d'associations passives d'idées[4]. Sans doute, quelle que soit la métaphore, son âge ou

1 L'œil a pu être comparé à un charbon. Se souvenir du latin *pruna.* NDA

2 On tentera peut-être d'établir des groupes sémantiques comme on a établi des groupes linguistiques. D'après cette étude qui n'est qu'un essai rudimentaire, les groupes se répartiraient ainsi par rapport au français : d'abord l'anglais et l'allemand ; ensuite le hollandais (ou flamand), l'italien, le polonais ; enfin le suédois, le danois, l'espagnol et le portugais. Les langues sont nommées dans l'ordre de la fréquence de leurs métaphores identiques aux métaphores françaises. Les Anglais et les Allemands seraient de beaucoup, et à peu près au même degré, nos plus proches voisins sémantiques. NDA

3 L'exposé le plus clair du rôle de l'intelligence et de la volonté dans les phénomènes linguistiques se trouve dans l'introduction de la *Sémantique* de Bréal, intitulée « Idées de ce travail » : « Le progrès a consisté pour moi à écarter toutes les causes secondes et à m'adresser directement à la seule cause vraie, qui est l'intelligence et la volonté humaine. Faire intervenir la volonté dans l'histoire du langage, cela ressemble presque à une hérésie, tant on a pris soin depuis cinquante ans de l'en écarter et de l'en bannir. Mais si l'on a eu raison de renoncer aux puérilités de la science d'autrefois, on s'est contenté, en se rejetant à l'extrême opposé, d'une psychologie véritablement trop simple. Entre les actes d'une volonté consciente, réfléchie, et le pur phénomène instinctif, il y a une distance qui laisse place à bien des états intermédiaires, et nos linguistes auraient mal profité des leçons de la philosophie contemporaine s'ils continuaient à nous imposer le choix entre les deux branches de ce dilemme. Il faut fermer les yeux à l'évidence pour ne pas voir qu'une volonté obscure, mais persévérante, préside aux changements du langage. » (*Essai de sémantique.*, *op. cit.*, p. 7).

4 Cette formule révèle l'influence de la pensée associationniste. Des philosophes comme Locke, Hume, Stuart Mill ou Herbert Spencer posent que toute la vie mentale procède

son habitat, elle a toujours été une création personnelle ; ni les mots ni les idées ne peuvent être sérieusement considérés comme le produit naturel de cet être mythique qu'on appelle le Peuple. Pas plus que les contes ou les chansons populaires les mots métaphoriques ne sont une végétation sporadique analogue à la crue matinale des champignons dans les forêts ; les contes ont un auteur, les images verbales ont un auteur[1]. Mais le même conte ou le même mot ont pu être créés plusieurs fois et même simultanément ; pour les mots nous en avons la certitude par la coexistence des mêmes combinaisons d'images dans des langues très différentes ; pour les contes, cela est fort vraisemblable. Je crois que cela revient à dire que tous les cerveaux humains sont des horloges très compliquées et très fragiles, mais toutes construites sur le même plan et douées des mêmes rouages. La banalité de cette conclusion nécessaire me réjouit, car une étude de ce genre doit, pour avoir son intérêt, aboutir, quoique par un chemin détourné et nouveau, à la vieille route royale piétinée par les longues caravanes.

par évocations associatives automatiques. La théorie de l'association explique la genèse des idées en dehors de tout processus intellectuel d'abstraction et d'organisation logique : les idées partent des sensations ou images qui se modifient pour devenir de plus en plus abstraites. Cette théorie a été vulgarisée par l'ouvrage de Taine, *De l'intelligence* (1870) et sera reprise par la psychologie expérimentale.

1 Cette idée que toutes les métaphores ont un auteur se retrouve chez Bréal : « Telle image éclose dans quelque tête bien faite devient, en se répandant, propriété commune. Elle cesse alors d'être une image et devient appellation courante. Entre les tropes du langage et les métaphores des poètes il y a la même différence qu'entre un produit d'usage commun et une conquête récente de la science. L'écrivain évite les figures devenues banales : il aime mieux en créer de nouvelles. » (M. Bréal, *Sémantique*, *op. cit.*, p. 143).

LE VERS LIBRE[1]

I

« Si j'étais encore assez jeune et assez osé, je violerais à dessein toutes lois de fantaisie ; j'userais des allitérations, des assonances, des fausses rimes, et de tout ce qui me semblerait commode… » Gœthe disait cela en 1831[2], au moment même où les vieilles lois du vers français n'allongeaient leurs bras que pour mieux étreindre la liberté du poète. Victor Hugo désarticulait l'alexandrin, parfois jusqu'à la disgrâce, mais sans briser les liens d'airain qui maintenaient droite sa forme traditionnelle[3] ; agrandissant très peu le geste, il ajoutait aux membres des ornements nouveaux et obligatoires : après lui, la césure demeure et les douze syllabes que l'œil compte et que l'oreille cherche ; l'entrave inédite est la rime riche[4].

Pas plus que Ronsard ou que Malherbe, Hugo n'a modifié essentiellement le vers français[5].

---

1 Ce chapitre a été publié sous le titre « Entretiens sur le vers libre et sur Gustave Kahn », *La Revue Blanche*, oct.-déc. 1897.

2 Eckermann, II, 242. NDA

3 Gourmont prend le contre-pied de Gustave Kahn qui écrit dès la première page de sa préface à *Premiers poèmes* : « Ah ! ceci n'est point une attaque contre les poètes du passé : nous déclarions récemment que le symbolisme était une conséquence logique et fatale du romantisme. » (*Premiers poèmes*, *op. cit.*, p. 5).

4 Avant les poètes du Parnasse, les poètes romantiques de 1840 ont le culte de la rime riche. Sur ce point, voir Wilhelm Tenint, *Prosodie de l'école moderne*, Didier, 1844, préfacée par Victor Hugo. Les positions de Tenint seront reprises par Théodore de Banville dans son *Petit traité de poésie française* : « Dans la versification française, quand la Rime est ce qu'elle doit être, tout fleurit et prospère ; tout décroît et s'atrophie, quand la Rime faiblit. » (*Petit traité de poésie française*, Lemerre, 1872, p. 95).

5 Gourmont s'est toujours montré très partagé au sujet de Victor Hugo. Dans « Les ennemis de Victor Hugo », il se moque de la bêtise et de l'étroitesse d'esprit des critiques qui accablèrent le poète de leçons de grammaire et de versification. Mais dans son histoire du

Une telle modification est-elle possible ? Si elle est possible, doit-elle se faire dans le sens du vers libre ou dans le sens du vers rythmique, dans le sens de la mélodie ou dans le sens de la mélopée[1] ?

Jusqu'aux premières tentatives d'il y a dix ans[2], le vers français n'a jamais cessé (dans les bonnes pages des bons poètes) d'être, de huit, de douze ou de vingt-quatre syllabes, une phrase mélodique, limitée par le nombre même de ses syllabes, et, par cette limite, acquérant une forme précise, une vie individuelle. Ce vers, en son mode type, l'alexandrin, est vieux comme le monde français et comme le monde latin et comme le monde grec, où son nom était l'asclépiade[3].

L'alexandrin est fort antérieur à Alexandre de Bernay et à Lambert li Tors[4] ; ces deux grands poètes le rendirent populaire par leur génie à l'heure où l'antiquité enivrait le moyen âge, où Alexandre et Énée, Œdipe et Hélène étaient populaires autant que Berthe et Charlemagne ; leurs vers est le nôtre :

---

vers, il minore le rôle de celui qui écrit, présomptueusement à ses yeux, dans « Réponse à un acte d'accusation » : « J'ai foulé le bon goût et l'ancien vers français ». Selon Gourmont, c'est Verlaine et non pas Hugo qui a brisé les « liens d'airain » du vers français : il « acheva de désarticuler le vers romantique et, l'ayant rendu informe, l'ayant troué et décousu pour y vouloir faire entrer trop de choses, [...] il fut, sans le vouloir, un des instigateurs du vers libre. » (*Le Livre des Masques*, Mercure de France, 1896, p. 252).

1 La mélopée souvent associée à la monotonie se définit comme une déclamation avec accompagnement musical, elle implique nécessairement la parole, tandis que la mélodie est purement musicale. Cette double métaphore souligne le rôle modélisateur du paradigme musical dans la poétique symboliste.

2 Les premiers vers libres de Gustave Kahn et de Jules Laforgue ont été publiés en 1886 dans *La Vogue*, « minuscule revue » dirigée par G. Kahn. Ils voisinent avec les traductions des poèmes en vers libres de Walt Whitman.

3 En versification grecque et latine, l'asclépiade est un vers composé de quatre pieds que l'on peut scander de deux manières : soit un spondée, deux choriambes et un ïambe ; soit un spondée, un choriambe et deux dactyles. On le trouve surtout dans la poésie lyrique. Selon Gourmont (cette thèse sera reprise par Henri Morier), il a engendré l'alexandrin français. En 1892, dans *Le Latin mystique*, Gourmont évoque cette filiation : « *Sanctorum meritis* apparaît d'un grand intérêt pour l'histoire non moins de la poésie française que de la poésie latine. Elle offre, en effet, riche de tous ses éléments, notre définitif alexandrin. Comme il est puéril d'aller lui chercher une laborieuse origine lorsque *l'asclépiade imposait depuis Horace ses douze et presque immuables syllabes.* » (*Le Latin mystique. Les poètes de l'antiphonaire et la symbolique au Moyen âge*, Mercure de France, 1892, p. 152).

4 Alexandre de Bernay ou Alexandre de Paris est un poète français de la seconde moitié du XIIe siècle. Il est l'un des principaux auteurs du *Roman d'Alexandre*, compilation de poèmes de 20000 vers de douze syllabes (appelés « alexandrins » d'après le titre du roman). – Lambert di Tors, ou plus souvent le Tort, est un poète français considéré comme l'auteur de la troisième branche du *Roman d'Alexandre*.

Amer nule puciele | ne degna par amor
Les biaux chevax d'Arabe, | les mules de Syrie,
Les siglatons d'Espagne, | les pales d'Aumarie.

Près d'un siècle avant, le *Voyage de Charlemagne* avait amusé Paris et l'Ile-de-France[1] ; c'est un poème, presque parodique, d'une belle langue et d'une versification sûre : douze syllabes et la césure médiale :

Trancherai les halbers | et les helmes gemez

Aux mêmes époques, un vers latin était fort usité par les poètes de cloître ou de grand chemin :

Plena meridie | lux solis radiat.
(Abailard)

Est lingua gladius | in ore feminæ.
(*Satire goliarde*[2])

C'est un des vers familiers à Prudence :

Inventor rutili | dux bone luminis

et enfin à Horace :

Sic Fratres Helenæ, lucida sidera.

Il est toujours inutile, pour les questions de langue ou de littérature, d'en référer à la Grèce, puisque rien ne nous est venu de là que par l'intermédiaire de Rome ; cependant, pour achever cette histoire, il faut donner le patron de l'asclépiade latin :

1 *Le Voyage de Charlemagne à Jérusalem et à Constantinople* relate le pèlerinage de Charlemagne et de ses Pairs en Terre Sainte. Ce texte de la seconde moitié du XIIe siècle est considéré comme le plus ancien texte vernaculaire en alexandrins.

2 Le goliard désigne un clerc, un étudiant pauvre, en marge de l'Église, vivant de mendicité ou d'expédients, parfois au service de condisciples riches, et écrivant souvent une littérature satirique. Dans la préface qu'il rédige en 1913 pour *Le Latin mystique. Les poètes de l'antiphonaire et la symbolique au Moyen âge*, en remplacement de celle de Huysmans, Gourmont précise : « Par la politique [...] dont l'Eglise ne se désintéresse jamais, le latin du moyen âge prend contact avec la vie extérieure et s'y attache plus étroitement qu'on ne croit. En poussant par là, on trouverait vite les Goliards, ces clercs libres et errants, irrévérencieux et licencieux, dont les chansons et complaintes latines sont toutes païennes ou sacrilèges... » (« Une littérature inconnue », *Promenades littéraires-Cinquième série*, Mercure de France, 1913, p. 183).

Φαῖσι δήποτα Λήδαν ὐακίνθινον
(Sapho)

Si donc il s'agit de rénover « essentiellement » l'alexandrin, il s'agit de briser une tradition aussi vieille que la civilisation occidentale[1], et nous voilà en même temps assez loin de ce que dit trop légèrement Théodore de Banville dans sa Prosodie : « Le vers de douze syllabes, ou vers alexandrin, qui correspond à l'hexamètre des Latins, a été inventé au XIIe siècle par un poète normand[2]... »

Il ne faut pas citer cela sans correction. L'alexandrin n'a aucun rapport, ni de filiation, ni de parenté, vers syllabique, avec l'hexamètre, vers métrique, disparu avec la métrique latine elle-même, lors de la formation des langues novo-latines, où les mots, trop contractés (*latrocinium*-larcin), se refusent aux jeux savants de la prosodie. Comme la langue française, le vers français est un vers d'origine populaire, c'est-à-dire traditionnelle, et il ne pouvait emprunter au latin que des éléments assimilables à sa propre nature[3]. Dès l'origine il fut fondé sur le nombre et sur la césure ; le vers de huit syllabes lui-même, qui se trouve tout fait dans les hymnes de saint Ambroise, est coupé par la césure (*Chanson de Saint Léger*[4]). De ces deux règles absolues la seconde seulement a été niée (à peine) par les

1 Voir la note sur le *vers libre latin* à la fin de ce chapitre. NDA

2 Il s'agit d'une citation de seconde main. C'est Gustave Kahn qui, dans son étude sur le vers libre, cite Banville : « Le type du vers romantique est le vers binaire, aux jeux pairs de syllabes, dans sa dimension la plus grande admise, l'alexandrin. Banville dit : "Le vers de douze syllabes, ou vers alexandrin, qui correspond à l'hexamètre des Latins, a été inventé au XIIe siècle par un poète normand, Alexandre de Bernay ; c'est celui de tous nos mètres qui a été le plus long à se perfectionner, et c'est de nos jours seulement qu'il a atteint toute l'ampleur, toute la souplesse, toute la variété et tout l'éclat dont il est susceptible." C'est un des fondateurs du Parnasse, qui nous explique qu'il admet l'alexandrin, mais non le classique, l'alexandrin modifié (il le rencontre d'avance, avec joie dans *Les Plaideurs*, c'est vrai, mais utilisé pour la farce) par le romantisme. » (G. Kahn, *Premiers poèmes*, *op. cit.*, p. 9-10).

3 Gourmont pense l'histoire du vers sur le modèle de l'histoire de la langue. On se reportera dans ce volume à ses développements sur l'assimilation des mots étrangers par la langue française. Voir en particulier les chapitres VIII et IX de la première partie.

4 Dans « Stéphane Mallarmé et l'idée de décadence », Gourmont écrit : « Le jour où Saint Ambroise, écrivant des chansons pieuses, méconnut les principes d'Horace devrait être mémorable car il signale clairement la naissance d'une idée nouvelle. » (*La Culture des idées*, *op. cit.*, p. 115) Puis en 1913, dans la préface au *Latin mystique*, le critique revient sur cette évolution formelle : « Partie de l'influence biblique et horatienne, la poésie de saint Ambroise évolue lentement vers la forme syllabique et rimée à laquelle Adam de Saint-Victor et Thomas d'Aquin donnent leur perfection presque absolue. » (« Préface de l'auteur », 1913, *op. cit.*, p. 180).

romantiques, puis par Verlaine, parnassien de transition. Aujourd'hui un poète, même s'il n'admet pas le vers libre, consent non au vers sans césure (il n'y en a pas), mais au vers à césure variable.

La rime est aussi ancienne que le vers français et presque aussi ancienne que le vers latin syllabique ; c'est le troisième élément. Dès le XIIe siècle, Benoît de Sainte-More[1] rime très soigneusement, dédaigneux de la simple assonance qui avait déroulé sa musique assourdie le long des laisses de la grande épopée des premiers cycles ; au XIIIe siècle, Rutebeuf rime comme Banville, avec autant de virtuosité et de désinvolture[2]. L'affaiblissement de la rime aux deux derniers siècles ne fut qu'un signe de lassitude ou de décadence : le vers classique à rimes pauvres n'est que le produit d'un art anémié et titubant. Après les excès contraires du Parnasse, la rime en ces derniers temps s'est rénovée ; elle s'adresse d'abord à l'oreille, admettant ainsi des finales jumelles de son, quoique différentes à l'œil ; elle s'affaiblit même volontiers en assonances[3] qui, par leur nouveauté, sonnent parfois plus haut que les vieilles rimes usées au duo prévu. C'est un retour très heureux à la poésie orale[4].

La poésie est faite pour être récitée, comme la musique pour être jouée. Il est certain qu'à l'origine la parole, la musique et la danse concouraient équitablement à la poésie : la danse pourrait être l'origine du rythme. Le type de cette poésie primitive, c'est la ronde. On peut facilement jouir d'une représentation modeste de cet art antique et « intégral », un soir, dans une rue calme du vieux Paris. Des petites filles tournent enchaînées par les mains ; elles chantent ; elles sautent ; elles miment ;

---

1 Benoît de Sainte-More est l'auteur du *Roman de Troie*, composé à la suite du *Roman de Thèbes* à la fin du XIIe siècle. Ces œuvres s'inscrivent dans un mouvement de retour aux sources classiques. Ces 30000 vers sont des octosyllabes à rimes plates. Ce goût pour la littérature médiévale, Gourmont le partage avec Moréas : « déjà plein d'amour pour la langue française, M. Moréas se mit à l'école des vieux poètes et fréquenta jusqu'à Jacot de Forest et jusqu'à Benoît de Sainte-Maure. [...] à cette heure, parti de la *Chanson de Saint-Léger*, il en est, dit-on, arrivé au XVIIe siècle, et cela en moins de dix années : ce n'est pas si décourageant qu'on l'a cru. » (*Le Livre des Masques*, *op. cit.*, p. 215).

2 Gourmont a consacré une étude à Rutebeuf dans la revue *L'Ymagier* qu'il avait fondée avec Alfred Jarry, « Le Miracle de Théophile », *L'Ymagier*, 1896.

3 Gourmont partage avec Gustave Kahn ce goût pour l'assonance de fin de vers : « D'ailleurs nous ne proscrivons pas la rime ; nous la libérons, nous la réduisons parfois et volontiers à l'assonance. » (G. Kahn, *Premiers vers*, *op. cit.*, p. 33).

4 Cet éloge de l'assonance caractéristique de la poésie orale se retrouve dans le chapitre suivant « Le Vers populaire ». Gourmont note que dans la poésie populaire, « l'assonance remplace la rime ». (*infra*, p. 215).

et, au printemps, l'odeur des acacias se mêle au jeu et tous les sens sont pris et charmés.

De ces éléments la poésie en a dédaigné un, tout d'abord, celui qui exigeait du poète des grâces physiques, une éducation spéciale et le concours de plusieurs compagnons. Elle a sans doute été plus longtemps exclusivement fidèle à la musique, mais en séparant, pour ne les rejoindre que dans l'effet produit, deux arts déjà trop perfectionnés pour se confondre. Les trouvères allaient par deux, comme encore les chanteurs des rues (les coutumes se superposent sans se détruire) : l'un jouait de quelque viole, l'autre chantait ou psalmodiait. Dans *Aucassin et Nicolette* il y a une part de chant et, alternée, une part de récitation rédigée en prose[1].

Les vers cessèrent bientôt d'être chantés et même d'être récités ; depuis l'imprimerie ils sont imposés pour les yeux (hormis les exceptions que l'on sait). Or, le désaccord n'a cessé de s'aggraver entre l'écriture et la parole ; l'une est restée à peu près fixe, l'autre s'est modifiée assez profondément par le fatal affaiblissement des voyelles et l'assourdissement prévu des consonnes. Mais on ne lit pas que par les yeux ; on lit par les oreilles[2], on lit avec le souvenir de la parole et surtout les vers auxquels on demande des sensations musicales en même temps que des impressions sentimentales. Peu à peu l'absurdité des rimes pour l'œil a été perçue[3] ; des oreilles ont en vain cherché à différencier tels sons masculins, *mer*, de tels sons féminins, *mère* : on a connu que les *e* muets

---

1 *Aucassin et Nicolette* est un fabliau du XIIIe siècle en dialecte picard, écrit alternativement en prose et en vers de sept syllabes, selon le modèle du prosimètre. L'essai « La Poésie populaire », qui deviendra « Le vers populaire » dans l'*Esthétique*, a été publié dans *L'Ymagier* (tome II) en 1895-1896. Dans ce même numéro, Gourmont reproduit le texte du fabliau mis en orthographe moderne par lui-même. Le texte est accompagné de sa partition musicale, le critique mettant ainsi en lumière l'interdépendance du texte et de la musique.

2 Gustave Kahn écrit : « le vers et la strophe sont tout ou partie de phrase chantée et sont de la parole avant d'être une ligne écrite. » (*Premiers poèmes*, *op. cit.*, p. 31) Ce point de vue prend chez Gourmont la forme d'une opposition entre l'oreille, valorisée, et l'œil, fortement disqualifié, opposition que l'on retrouvera dans « La question de l'*e* muet » dans *Le Problème du style* : « Il faut donc, lorsqu'on veut écrire musicalement, n'interroger que son oreille et se défier de ses yeux » ; « pour obéir aux suggestions de l'œil, l'oreille se torture jusqu'à l'absurde. » (*op. cit.*, p. 174).

3 Gustave Kahn, de son côté, affirme au sujet de la rime : « Le poète parle et écrit pour l'oreille et non pour les yeux ». (*Premiers poèmes*, *op. cit.*, p. 27) Cette problématique sera reprise à partir de 1906 par Georges Lote. S'appuyant sur les acquis de la phonétique expérimentale, celui-ci se réfère, lui aussi dans son *Histoire du vers français*, à la déclamation et à l'adaptation musicale du vers : « il faut déplorer les progrès de la rime pour l'œil, qui égarera bien des poètes et leur fera trop souvent oublier que seules des considérations

n'étaient plus (hormis en un petit nombre de circonstances) que la vibration d'une consonne. Dès lors la classification des rimes masculines et féminines apparaissait erronée[1]. En fait, il n'y a plus guère en français qu'une seule catégorie de rimes, les féminines, *replet, plaie* ; *régale, régal* ; *seuil, feuille*, etc. ; les seules rimes masculines sont désormais celles que donnent les mots terminés par une voyelle nasalisée : *ent*, *in*, *on*, *ant*, *oin*, etc.[2], – toutes les autres rimes dites masculines pouvant s'accoupler en parfaite parité de son avec des rimes dites féminines, c'est-à-dire ornées du traditionnel *e* muet[3].

II

Ce bref résumé de l'histoire de la versification française[4] permettra plus facilement de discuter la théorie du vers libre, de juger si la réforme que l'on propose, et qui a déjà été tentée par deux ou trois poètes contemporains, est dirigée dans le sens traditionnel de la langue et de la poésie de France.

---

d'ordre acoustique doivent intervenir dans le choix des mots qui terminent le vers. » (G. Lote, *Histoire du vers français*, t. IV, Presses de l'Université de Provence, p. 7).

1 Dans *Le Problème du style*, Gourmont reprendra cette question en se référant aux principes posés dans l'*Esthétique* : « Une dissertation, même sommaire, sur l'*e* muet serait incomplète sans un essai de classification des rimes ; j'en ai antérieurement posé le principe ; des exemples le fortifieront. Il y a en français deux sortes de mots [...] les mots terminés par une consonne et les mots terminés par une voyelle. Les mots terminés par une consonne peuvent être appelés à finalité vibrante ou indéfinie ; les mots terminés par une voyelle peuvent être appelés à finalité sourde ou finie. On dira mots masculins, les mots sourds ; mots féminins, les mots vibrants. Le nouveau classement enrichirait les rimes masculines actuelles des mots terminés en (= ait) ; ée (= é-er, aimer) ; eue (= eux) ; ie (= i-it) ; iée (= ié-ier) ; uée (= ué-uer) ; oie (= oi-oit-oid) ; oue (= ou-out) – ue (= u-ut) ; uie (= ui-uit) ; ye (abbaye-obéit). Les rimes féminines gagneraient ac (= aque, sauf exception tabac, etc.) ; ail (= aille) ; air (= aire) ; al (= ale) ; ar ard, art (= are) ; at = atte, dans mat... » (*Le Problème du style*, *op. cit.*, p. 180-181).

2 Ajouter les quelques mots en ot, auxquels ne correspondent nulles finales en *oe* (le vieux français en avait beaucoup), en *oc*, *os*, en *at*, *ac*, *as*, quand la consonne finale n'est pas prononcée ; autrement les rimes seraient féminines. NDA

3 Sur un total d'environ trente mille mots français, il n'y aurait qu'un tiers au plus de rimes purement masculines, et encore il faut compter tous les adverbes, tous les participes présents, et tous les mots en *tion*, si laids. NDA

4 La question de l'*e* muet est traitée plus amplement dans le *Problème du style*. NDA

Il y a quelques vers libres intercalés dans les poèmes de Victor Hugo :

Ce qu'on prend pour un mont est une hydre ;
Ces arbres sont des bêtes ;
Ces rocs hurlent avec fureur ;
Le feu chante ;
Le sang coule aux veines des marbres.
(Les *Contemplations*.)

Typographiés, ces cinq vers font trois alexandrins, mais il faut nous méfier de la typographie ; elle joue dans l'histoire du vers libre un rôle trop souvent prépondérant[1]. Jadis il ne s'agissait pour un mauvais poète que de couper de la prose toutes les douze syllabes et d'orner les finales de quelconques rimes ; aujourd'hui, le hachoir est moins mesuré[2], et il coupe non plus selon l'arithmétique, mais selon des intentions difficilement appréciables. Nous supposerons donc que tous les vers sur lesquels portera notre critique sont récités et non pas écrits.

Dès après cet exemple, on pourrait clore la discussion et dire : le vers libre n'est autre chose que le vers familier romantique. Le poète, qui se croyait tenu à de certaines règles typographiques, s'est dégagé de ces règles et aussi de la rime obligatoire ; au lieu de chercher, par la rime, à donner l'illusion qu'il perpétuait la tradition de l'alexandrin, il se libère et d'un usage absurde et du souci de duper l'oreille ; maintenant il coupe le vers, non plus au commandement du nombre Douze, mais quand le sens s'y prête, d'accord avec un rythme secret et propre à dire une émotion particulière ; s'il use de la rime ou de l'assonance, c'est en vue soit de renforcer le rythme, soit de donner à la pensée une signification plus musicale.

On établirait aussi que telles suites de vers libres ne sont que des alexandrins décomposés ; on donnerait comme exemples, sinon comme preuves :

---

1 Ces vers que Gourmont réécrit en vers libres sont des alexandrins tirés de « Magnitudo Parvi » : « Ce qu'on prend pour un mont est une hydre ; ces arbres / Sont des bêtes ; ces rocs hurlent avec fureur ; / Le feu chante ; le sang coule aux veines des marbres. ».

2 Cette image du hachoir reprend un lieu commun du discours hostile au vers libre : les vers libres constitueraient un découpage aléatoire du flux de la prose. Elle entre en contradiction avec l'idée exposée ensuite par Gourmont, selon laquelle le vers libre est une unité de sens et « un rythme secret et propre à dire une émotion particulière ».

Car vois | les marbres d'or aux cannelures fines |
Sont riches du soleil qui décline, | versant
Avec sa joie la soif des vins | qu'elle mûrit[1] ; |

fragment qui dans l'original forme cinq vers de 2, 10, 9, 10, 4 syllabes ;

Oui c'est l'orfroi, | ce sont les pourpres constellées |
Des rêves orgueilleux comme des nefs | s'inclinent |
Ma gloire, à moi, | c'est d'embrasser tes deux genoux |
Ramenant vers leur cou | leur tunique défaite, |
Protégeant de leurs mains leurs regards aveuglés |
Baissent la tête | autour de nous, | silencieux |
Tu ris ! | faisons un hymme alors qui sonne au large |
Ris donc ! | disons que toute aurore est dans ta chair. |
(*La Clarté de Vie.*)

Ainsi Douze, le vieux nombre traditionnel et donc sacré s'impose à ceux même qui le nient et il s'assied à leur foyer, invisible pour eux seuls. M. de Régnier a parfois reçu aussi sa visite secrète[2] et il lui est arrivé, croyant faire des vers libres, de tracer le dessin vague de la strophe de Malherbe et de Lamartine, à condition que l'on ne compte pas certains *e* muets :

À la fontaine où l'eau goutte à goutte pleurait |
Avant l'aube et que vinssent les filles de la plaine, |
À l'heure où pâlissent les étoiles, | à la fontaine, |
Y laver leurs pièces de toiles |

1 Ces vers sont extraits d'un recueil de F. Viélé-Griffin, *La Clarté de Vie, Chansons à l'ombre-Au gré de l'heure – In memoriam-En Arcadie*, Mercure de France, 1897. – Ce passage de l'*Esthétique de la langue française* sera commenté par Robert de Souza dans *Où nous en sommes-La Victoire du silence*, H. Floury, 1906.

2 Le « vers libre régulier » de Henri de Régnier est accueilli favorablement par les critiques les plus hostiles à la forme nouvelle. Les premiers recueils du poète, *Poèmes anciens et romanesques* (1890) et *Tel qu'en songe* (1892), sont composés en vers hétérométriques où domine l'alexandrin. Henri Morier commente : « Les deux mètres dominants sont l'alexandrin qui précède tous les autres, de fort loin, et l'octosyllabe. Puis viennent les vers de 11 et 13 qui sont les nombres les plus proches, numériquement, de l'alexandrin. » (*Le rythme du vers libre symboliste-Henri de Régnier*, Les Presses académiques, Genève, 1943, p. 23). Mallarmé écrit au sujet de Régnier : « La réminiscence du vers strict hante ces jeux à côté et leur confère un profit. » (S. Mallarmé, *Œuvres Complètes* II, Paris, Gallimard, Bibliothèque de la Pléiade, 2003, p. 300). Et Gourmont dira de lui dans « La Vogue » qu'il a recherché « une heureuse fusion entre les deux formes » (*Promenades littéraires, Quatrième série*, Mercure de France, p. 66).

et encore :

> De la maison où l'âtre en cendre | croule en décombres ; |
> Ferme la porte | et que la paix du soir apporte |
> Son ombre sur ton ombre
> Et les soirs | apaisés ou tragiques ou calmes |
> Se reflétaient avec mon âme, | en ton miroir |
> (Poèmes.)

Cependant, si, après ces jeux, on venait à conclure que le vers libre n'est une nouveauté qu'en typographie, la conclusion serait injuste. Le vrai vers libre est conçu comme tel, c'est-à-dire comme fragment musical dessiné sur le modèle de son idée émotive, et non plus déterminé par la loi fixe du nombre[1]. Il est certain qu'on essaierait en vain de dépecer cette strophe de M. Vielé-Griffin ; elle est solide et souple ainsi qu'une corbeille de jonc.

> Dans les foins où les fleurs qui meurent
> Sont douces comme un vain regret ;
> Sous les saules qui pleurent et effleurent
> L'eau qui dort comme une morte à leurs pieds ;
> Elles vont vers l'automne et babillent
> Avec des mots de poète :
> La vie est faite et défaite
> Comme un bouquet aux mains d'une fille[2].

Ces vers si simples n'ont l'air d'exiger aucun commentaire et ne semblent nés d'aucune théorie ; cependant ils diffèrent de ceux que l'on fait apprendre par cœur aux petits enfants. En quoi exactement et qu'en pensent les théoriciens ?

1 Gourmont reprend à son compte l'argument vers-libriste de l'individuation de la forme. F. Vielé-Griffin écrivait par exemple en 1889 dans la préface de *Joies* : « Le vers est libre ; [...] ce qui veut dire que nulle forme fixe n'est plus considérée comme le moule nécessaire à l'expression de toute pensée poétique ; que, désormais comme toujours, mais consciemment libre cette fois, le Poète obéira au rythme personnel auquel il doit d'être, sans que M. de Banville ou tout autre "législateur du Parnasse" aient à intervenir. » (« Au lecteur », *Joies*, Tresse et Stock, 1889, p. 11) G. Kahn développera lui aussi cette idée : il s'agit « d'écrire *son rythme propre et individuel* au lieu d'endosser un uniforme taillé d'avance et qui le réduit à n'être que l'élève de tel glorieux prédécesseur. » (G. Kahn, *Premiers poèmes*, *op. cit.*, p. 28). Elle sera saluée par Mallarmé qui définit le vers libre dans *La Musique et les Lettres* comme « modulation individuelle, parce que toute âme est un nœud rythmique ». (Mallarmé, *Œuvres Complètes II*, *op. cit.*, p. 64).

2 Strophe extraite du poème « Ronde finale » du recueil *Chansons à l'ombre* de Francis Vielé-Griffin, *op. cit.*, p. 109.

Voici ce que dit M. Gustave Kahn.

Dans l'alexandrin tel que manié par les maîtres, il n'y a pas de césure fixe ; il y a, selon le vers une, deux, trois, quatre césures. Ces deux vers de Racine se coupent ainsi :

Oui je viens | dans son temple | adorer | l'Eternel
Je viens | selon l'usage | antique | et solennel

« Leur unité vraie n'est pas le *nombre* conventionnel du vers, mais un arrêt simultané du sens et du rythme sur toute fraction organique du vers et de la pensée[1]. » En d'autres termes, le distique est formé de huit petits vers de trois, trois, trois, trois ; deux, quatre, deux, quatre syllabes, – le vers étant « un fragment le plus court possible figurant un arrêt de voix et un arrêt de sens ».

Ces vers minuscules, M. Kahn les appelle des « unités », et il s'agit de les apparenter, de leur donner par des allitérations, des assonances, la cohésion qui en fera des vers véritables, « possédant leur existence propre et intérieure[2] ».

On admettrait cela volontiers, si la première partie du raisonnement ne semblait pas inexacte. En analysant le vers français, M. Kahn confond la déclamation et la versification[3], et il donne à la déclamation une fixité absolument arbitraire, car quelle objection à noter ainsi les vers de Racine :

Oui | je viens dans son temple adorer l'Éternel
Je viens | selon l'usage antique et solennel

Pourquoi détacher chaque membre de phrase ?

Est-ce que

Je viens dans son temple adorer l'Éternel

mis pour

Je viens adorer l'Éternel dans son temple

ne forme pas une phrase « indéchirable », au triple point de vue grammatical, rythmique et sémantique ? Et le

1 G. Kahn, *Premiers poèmes*, *op. cit.*, p. 20.
2 Préface des *Premiers Poèmes*. NDA
3 C'est aussi ce que fait Gourmont.

Oui

ici purement proclitique et lié au verbe dont il renforce le sens, « oui–je – viens », par quel moyen lui donnerons-nous une valeur, s'il reste seul, séparé de l'acte qu'il affirme ? En somme ce vers n'est qu'un seul mot, –

Oui– je– viens– dans– son– temple– adorer– l'Éternel

car il est un vers, et s'il n'était pas un seul mot, il ne serait pas un vers.

Et voilà ce qu'est le vers : un mot[1].

Dans ce mot de six, huit, douze syllabes, la césure n'est que l'accent inhérent à un mot[2]. L'accent reste fixe ou se déplace selon des règles qui n'ont jamais été étudiées, mais que le poète applique inconsciemment. Dans l'alexandrin ancien, l'accent est toujours en principe à la sixième syllabe ; et, si cet accent principal doit être déplacé, si l'affirmation de la pensée exige un temps fort avant ou après la sixième syllabe, cette sixième syllabe garde néanmoins un accent second. Dans le vers classique, ce déplacement n'est pas très rare :

Mais vous || qui me parlez | d'une voix menaçante
(Iphigénie)

Vous ne répondez point | mon fils || mon propre fils
(Phèdre)

Il est très fréquent dans le vers romantique,

Ils marchaient à côté | l'un de l'autre || des danses
Penchés || et s'y versant | dans l'ombre goutte-à-goutte
(Contemplations)

qui admet jusqu'à deux ou trois accents indépendants de l'accent principal :

---

1 Gourmont reformule la proposition de Mallarmé dans *Crise de vers* : « Le vers qui de plusieurs vocables refait un mot total, neuf, étranger à la langue et comme incantatoire, achève cet isolement de la parole ». (S. Mallarmé, *Œuvres complètes II*, *op. cit.*, p. 368). On se reportera aussi au début du chapitre sur le cliché.

2 L'ensemble de ce développement montre que Gourmont se situe dans le cadre de la théorie accentuelle du vers qui domine les études de versification depuis le milieu du XIXe siècle.

Qui || des vents ou des cœurs | est le plus sûr || Les vents.
(Contemplations)

De tous les éléments du vers français, la césure fixe est le plus caduc et le moins regrettable ; il faut au moins un temps fort sur un mot, sur un mot de douze syllabes, il en faut plusieurs ; sur un mot à voyelles variables, comme le vers, il est insensé d'exiger un accent fixe.

Beauté des femmes || leur faiblesse || et ces mains pâles
(Verlaine)

Ce vers admirable n'a, à la sixième syllabe, aucun accent ni fort ni moyen ; il n'a même que onze syllabes. Le vers de Victor Hugo, qui lui a servi de patron, a bien ses douze syllabes et, en dehors des deux césures après quatre et neuf, un accent très léger, mais que la diction peut fortifier, sur la syllabe traditionnelle :

Chair de la femme || argile | idéale || ô merveille

Jusqu'ici, quoique par des principes différents, nous sommes d'accord avec M. Kahn : le vers est un ; il ne comporte pas de césure fixe ; le rythme doit tendre à faire coïncider ses temps forts avec les temps forts de la pensée.

Il est plus facile encore, sans doute, de s'entendre sur la numération.

Depuis le XVIIe siècle, la plupart des vers français contenant des *e* muets sont faux. Reprenons Racine :

11. Il sort. Quel*le* nouvelle a frappé mon oreille.
11. Au moment où je parle, oh, mortel*le* pensée.
11. Et des cri*mes*, peut-être inconnus aux enfers.
10. Malheureuse ! voilà com*me* tu m'as perdue.
(Phèdre.)

10. Cel*les* mê*me* du Parthe et du Scythe indompté.
9. Tou*te* plei*ne* du feu de tant *de* saints prophètes.
(Esther.)

Mais Racine écrivait pour les oreilles ; son vers est remarquablement plein ; la faute de l'*e* muet est rare dans son œuvre ; il voulait douze syllabes et savait les trouver. D'ailleurs de son temps, l'*e* féminin parlait peut-être encore un peu, surtout dans la déclamation.

Victor Hugo :

> 10. Ils lut*tent* ; l'ombre emplit len*te*ment leurs yeux d'ange.
> 9. El*le* se sentit mère u*ne* secon*de* fois.
> 9. Sa mè*re* l'aime, et rit ; el*le* le trou*ve* beau.
> 9. La bel*le* lai*ne* d'or que le safran jaunit.
> 10. Les fem*mes*, les songeurs, les sa*ges*, les amants.
> (*Contemplations*.)

Le vers de dix syllabes se rencontre à chaque pas parmi les alexandrins de Hugo ; celui de neuf syllabes, çà et là ; de même chez Verlaine[1] :

> 9. Tel*le* la vieil*le* mer sous le jeu*ne* soleil.
> 10. Sages*se* d'un Louis Raci*ne*, je t'envie.
> 10. Sur tes ai*les* de pierre, ô fol*le* cathédrale.
> 10. Des étoi*les* de sang sur des cuiras*ses* d'or.
> (*Sagesse*.)

Mais ce qui donne à son alexandrin un ton si nouveau, c'est qu'il est presque toujours incomplet ; dans la si belle prière *C'est la fête du blé*, si on laisse de côté la dernière strophe volontairement écrite en vers pleins, sur seize vers il y en a deux de dix syllabes, cinq de douze, et neuf de onze ; dans la pièce XVI *(Sagesse)* sur douze vers, il n'y en a que trois de réguliers.

L'alexandrin traditionnel n'est qu'une superstition[2].

M. Kahn dit, de l'*e* muet : « Une autre différence entre la sonorité du vers régulier et du vers nouveau découle de la façon différente dont on y évalue les *e* muets. Le vers régulier compte l'*e* à valeur entière, quoiqu'il ne s'y prononce pas tout à fait, sauf à la fin d'un vers. Pour nous qui considérons, non la finale rimée, mais les divers éléments assonances et allitérés qui constituent le vers, nous n'avons aucune raison de ne pas le considérer comme final de chaque élément et de le scander alors comme à la fin d'un vers régulier. Qu'on veuille bien remarquer que,

---

1 Gourmont confond déclamation et versification, la structure du vers est pour lui totalement dépendante de sa réalisation *orale*. Il écrira dans « La question de l'e muet » : « Le même vers peut avoir neuf, dix, onze, douze, treize syllabes et plus, selon que l'on prononce ou non les *e* qu'il contient, écrits ou non écrits. » (*Le Problème du style*, *op. cit.*, p. 172).

2 Gourmont reprendra cette idée du mètre comme « superstition » dans *Le Problème du style* : « Il faut que les poètes sachent bien que la croyance à l'*e* est une survivance, comme la croyance aux fantômes. Mais on peut, par des jeux de glaces, créer des fantômes factices, et c'est ce qu'ils font, quand ils nous donnent à prononcer dans leurs vers une voyelle qui, en vérité, n'existe pas. » (*op. cit.*, p. 177).

sauf le cas d'élision, cet élément, l'*e* muet, ne disparaît jamais même à la fin du vers ; on l'entend fort peu, mais on l'entend[1]. »

Il a fallu citer ce passage pour montrer combien l'analyse des sons est difficile puisqu'un poète tel que M. Kahn, aussi savant et aussi réfléchi, y échoue complètement. L'*e* muet à la fin du vers, « on l'entend fort peu, mais on l'entend ». En effet, – et on l'entend même, nous l'avons expliqué plus haut, quand il n'est pas figuré ; on l'entend dans *mol*, dans *seuil*, dans *trésor*, dans *impair*, dans *nef*, dans *Siam*, dans *désir*, etc., – mots identiques pour la prononciation finale à : *molle*, *feuille*, *encore*, *impaire*, *greffe*, *gamme*, *désire*, etc. Si, selon le système de M. Kahn, on décompose le vers en éléments, chaque élément terminé par une muette perdra une syllabe. Il n'y a point de prononciation intermédiaire, quant au son, entre *eu* et *e* (nul) ; les différences sont d'intensité, en hauteur ou en durée. L'*e* muet, qu'il faut appeler féminin, se prononce après ou avant certains groupes de consonnes contenant une liquide ou une sifflante : les *prêtres frivoles*, – et encore à condition que la récitation soit oratoire et non familière. Nul dans : *lettre*, il est marqué dans : *lettre patente*. Quelques autres exceptions sont admissibles, par exemple pour les monosyllabes, *de*, *ne*, *je*, etc., – mais seulement s'ils précèdent ou suivent une voyelle atone ; si deux de ces monosyllabes se suivent l'une des muettes disparaît : je *le* veux.

Il en est de notre *e* muet actuel comme de celui qu'on rencontre en certains mots de l'ancien français, virg*e*ne, ang*e*le, apost*e*les, an*e*me, vierge, ange, apôtre, âme, dont la valeur était purement étymologique et qui ne se prononçait jamais, tandis que l'*e* féminin qui ne se prononçait pas à la fin du vers ou à la césure se prononçait en position :

> 1 2 3 4 5 6
> Sains Andrieu li Apost*eles* | li ot raison aprise
> *(Chanson d'Antioche)*

> 1 2 3 4
> Filz, la toe an*eme* | seit el ciel absolude
> *(Chanson de Saint Alexis)*

Toute cette partie de sa rythmique, que M. Kahn emprunte à l'ancienne versification, est donc erronée[2] ; mais cette erreur, dans le

---

1 Gustave, Kahn, *Premiers poèmes*, *op. cit.*, p. 31.

2 À l'instinct du poète, Gourmont oppose, avec quelque condescendance, le savoir du critique éclairé par l'histoire de la langue et par la linguistique. De même qu'il souligne

vers libre n'est pas essentielle. S'il nous est égal que les alexandrins de Verlaine n'aient que onze syllabes, nous accepterons volontiers qu'un vers que M. Kahn compte pour vingt-et-une ou même peut-être vingt-deux syllabes (dont quelques-unes très faibles) n'en ait en réalité que dix-huit :

> 6 5 4 3
> Dans les épithalames | les forêts de piques | et les cavales |dans l'arène.

Il est même, les muettes rayées, fort curieusement combiné, ce vers, avec ses groupes en nombres décroissants, six, cinq, quatre, trois, et bien conforme aux principes que le poète s'est à lui-même posés.

M. Henri de Régnier, malgré qu'il aime les mourantes muettes, oublie aussi leur existence, parfois, car est-il bien sûr qu'en écrivant :

> Qu'ils portent en grappes aux pans de leur robe écarlate

il ait voulu un vers de quatorze syllabes ? Dans la pièce V du *Fol Automne*[1], les vers, nominalement de treize syllabes (presque tous) n'en ont que douze et souvent moins. Cela ne choque pourtant aucune oreille musicale, puisque nous sommes, depuis plusieurs siècles, accoutumés à ces brisures du rythme. Mais le vers de M. de Régnier, même s'il a un air de « vers libre », demeure, avec des innovations purement musicales, le vers syllabique : après Verlaine, nul liseur de vers ne peut chez lui se trouver dépaysé. Il en advient tout différemment chez M. Vielé-Griffin et chez M. Kahn ; l'un semble être parti du vers romantique familier, à rejet et à césure variable pour aboutir à un système complexe de rythmes entrecroisés ; l'autre, M. Kahn, imagina le système que nous avons indiqué et dont nous avons critiqué le principe. Admettons-le, cependant, mais pourvu qu'il s'agisse des vers de M. Kahn, et seuls, car il serait malhonnête de juger une œuvre d'après les règles qui n'ont pas guidé son élaboration.

---

ici les erreurs voire « l'échec complet » de Kahn, il pointera dans *Le Problème du style*, l'erreur de Vielé-Griffin sur cette même question : « Quand M. Vielé-Griffin dit qu'il y a cinq ou six nuances d'*e* en français, il se trompe sur le terme, non sur le fait. Il confond l'*e* avec la vibration finale nécessaire à la production vocale d'une consonne quelconque ; mais il ne se trompe pas en notant que cette vibration peut passer par une nombreuse série de gradations. » (*op. cit.*, p. 176).

1 *Poèmes anciens et romanesques.* NDA

III

Il s'agit donc de savoir comment M. Kahn groupe les périodes de pensée musicale qu'il appelle les éléments du vers.

Nous avons déjà le vers à nombre décroissant.

En voici un à trois éléments égaux :

> Les allégresses | ô sœurs si pâles | s'appellent et meurent[1].

Un autre, formé encore de trois éléments, six, quatre et quatre, ce qui donne l'impression d'un alexandrin à deux accents prolongé comme par un geste qui se maintient.

> Les Tigres si lointains | qu'ils en sont doux | aux bras d'Assur.

Dix-sept syllabes bien unies peuvent faire un vers qui réponde encore à la définition : n'être qu'un seul mot :

> Dans les brassées d'épis joyeux et les tapis de fleurs lumineuses[2].

Mais il est imprudent de dépasser seize syllabes (non compris les muettes) :

> Ni les épouses de tes vizirs | qui s'entr'ouvrent sous tes regards[3]

Encore ce vers n'est-il que l'accouplement de deux vers de 8 syllabes. Celui-ci est d'un rythme plus savant (trois, quatre, trois, six) :

---

1 Vers extrait des *Palais Nomades* (*Premiers poèmes*, *op. cit.*, p. 121). Le voici en contexte : « Dans leur allance aux paradis / Par les sereines litanies / Les pas s'en sont allés si loin que souvenirs. / Les Tigres si lointains qu'ils en sont doux aux bras d'Assur / Et les chariots trébuchants aux fêtes par l'azur, / Planez par les fanaux plus rouges. / Les allégresses, ô sœurs si pâles, s'appellent et meurent / Et la ronde a passé qui recommence et meurt. / Plus lointains les fanaux plus rouges. »

2 « Dans les brassées d'épis et les gerbes de fleurs de lumière / passe ondoyante la mascarade rayée de printemps – / Résonne à pas lourds en nous, le pas de bronze / le pas de conscience aux durs frolis d'armures – / Dans les brassées d'épis joyeux et les tapis de fleurs lumineuses / sommes nous dormants au miroir d'anciennes années » (« Chansons d'amant », *ibid.*, p. 206).

3 « Quand le roi vint à sa tour / la belle vint lui dire – Ah, Roi / Ni les épouses de tes vizirs qui s'entr'ouvrent sous tes regards / ni les lointaines exilées qui pleurent les forêts barbares ne décèlent les inconnus que dénouent mes bras tour à tour. » (« Chansons d'amant », *ibid.*, p. 182).

Aux margelles des puits profonds qui s'ignorent en ses yeux inconnus[1].
(*Chansons d'amant*)

En groupe, le vers libre de M. Kahn apparaît surtout tel que libéré de la tyrannie du nombre symétrique[2]. Il serait puéril alors de vouloir compter les syllabes. Nous sommes en présence d'une phrase coupée en fragments analytiques plutôt même que rythmiques. Ces vers sont régis par le mouvement intérieur de la pensée, et non plus par un mouvement extérieur et imposé d'avance. L'alexandrin s'allonge et s'accourcit selon que l'idée a besoin d'ampleur ou de resserrement et le rejet, comme un rejeton de rosier planté en bonne terre, pousse et verdoie selon sa vie propre : l'allitération et les assonances internes ou finales rejoignent les deux vies et les parent de leurs feuillages.

Ou bien ce sera un rythme dont les brisures multipliées sembleront à merveille adoptées à une idée de légèreté et de grâce :

L'universel baiser court sur les hautes tiges
comme un menu vol de papillons,
tendresse brève, espoir long
sur la plaine humaine voltigent
coquelicots, pivoines, pavots,
l'heur est léger, longue est la peine
mais partout partent les pollens
pour de futurs étés toujours beaux[3].

C'est là un art agréable, mais ce mouvement est-il vraiment nouveau dans la versification française ? N'est-ce pas refaire en libre ébauche ce qui fut déjà strictement dessiné ? Trop strictement, peut-on répondre, et nous voulons rendre les estampes non pas moins nettes, mais plus claires et qu'entre les traits noirs se joue plus de soleil, et aussi que les traits soient un peu tremblés comme, fabriquées par la nature, les feuilles

1 « Aux margelles des puits profonds qui s'ignorent en ses jeux inconnus / je les oublierai, perdu dans un rêve de bras nus. » (« Chansons d'amant », *ibid.*, p. 178).

2 C'est précisément ce que ne fait pas Gourmont puisqu'il cite toujours les vers de Kahn de manière isolée. Dès lors, on ne perçoit plus les différences de longueur des vers libres ni cette « discontinuité du rythme » des poèmes que Gourmont finira par déplorer (*cf. infra* p. 203).

3 Première strophe du poème « La Terre » qui figure dans le recueil *Le Livre d'images* de Gustave Kahn, Mercure de France, 1897, p. 85. Dans la première publication dans la *Revue Blanche* en 1897, Gourmont indique en note qu'il cite les poèmes qu'on lui a communiqués en épreuve.

sont découpées, quoique uniformes, selon un tel caprice, que l'on ne vit jamais deux feuilles pareilles. Peut-être, mais il reste contre les vers libres (les vers trop libres) de M. Kahn une objection que M. Kahn nous expose lui-même, sans s'en douter et sans en avoir l'air, c'est que ses vers réguliers (ou qui le semblent) sont meilleurs que les autres.

En tous il y a une grande richesse d'images, la preuve d'une réelle force de création, des variations heureuses sur des thèmes variés, et le souci de rendre sa pensée poétique à la fois comme spectacle et comme musique ; les images chantent et les musiques se dessinent. Cela est assez particulier dans la poésie contemporaine. Mais, pour atteindre cette harmonie complexe, M. Kahn use d'une trop grande discontinuité de rythmes, et parfois cela blesse. Les airs commencés ne sont jamais finis. À peine s'est-on laissé aller à un bercement, que l'on se réveille secoué par une brusque volte du mouvement ; cette discontinuité du rythme entraîne la discontinuité du ton : il y a tangage et il y a roulis. Quand ces heurts nous sont épargnés, aucune des objections qui se lèvent à l'arrivée des vers libres ne sont plus valables. Si un vers défaille et manque d'une ou de deux syllabes, si tel autre dépasse le nombre qui donne au poème son allure, la marche du rythme emporte ces récalcitrants dans sa procession. C'est la foule qui entraîne d'un pas égal le boiteux et le géant ; les disparates se fondent dans l'unité. Je crois que l'art suprême est de donner des illusions d'harmonie. Au lieu d'attirer l'attention sur des discontinuités même voulues et nécessaires, il faut les voiler et les rendre invisibles au premier coup d'œil ; que la note en discord aille par des harmoniques imperceptibles s'absorber dans l'accord des notes fondamentales.

Voici une strophe, ou une laisse[1], qui fera comprendre qu'un vers de neuf, de dix, de onze syllabes peut s'apparier, sans briser le rythme, avec une pluralité d'alexandrins :

> Ils virent les pins sévères de la mélancolie
> barrer les blancheurs septentrionales.
> Ils virent les nefs dorées s'amarrer à l'aval
> du pont où veillent les statues de saints,

---

1 G. Kahn emploie lui aussi, au sujet de ses propres poèmes, le terme de *laisse* pour désigner un type de strophe qu'il oppose à la « strophe fermée » : « La rime ou l'assonance doivent donc être des plus mobiles, soit que le poème soit conçu en strophes fermées, ou qu'on utilise la formule dénommée depuis les *laisses rythmiques*, dont le premier exemple se trouve dans *Les Palais Nomades*… » (*Premiers poèmes*, *op. cit.*, p. 33).

puis ils virent l'eau couler et les hommes passer,
dans les chaudes clairières, sous le soleil d'été
les fées et les lutins qui leur baisaient les seins,
et ils entendirent le cor enchanté
par les forêts en source et les fleurs des taillis[1].

Il faut estimer que tous les vers de cette laisse sont de même *nombre* ; il ne faut plus, ici moins que jamais, compter les syllabes, il faut les nombrer. Des deux premiers vers, le plus *long*, si l'on nombrait avec une précision chimique, serait peut-être le second. Même observation pour :

Des torses de vaincus, fixés avec des chaînes
au socle de la statue pyramidale.

et pour :

On eût dit que chantaient flûtes et violons
sur la largeur douce de la plaine[2].

C'est là un résultat et, en définitive, un gain. La rime est traitée avec sagesse. L'on voit volontiers accouplées ces sonorités identiques, hier ennemies, *cuir – buires*, *roi – voix – joie* au mépris de la vaine habitude des yeux ; des assonances fort délicates, telles que : *ciel – hirondelle*, *quête – verte*, *guimpe – limbe* ; d'agréables rimes intérieures[3] qui rappellent, avec beaucoup plus d'art, les jeux des poètes latins du XIIIe siècle :

O Méditerranée, salut ; voici Protée
qui lève de tes vagues son front couronné d'algues.

Qu'elle devient discrète, la vieille rime tyrannique qui faisait sonner son bâton sur les dalles comme un suisse de cathédrale ! Si discrète qu'il faut la chercher, redevenue fleur, sous le feuillage des mots.

Il ne suffit pas d'avoir de bons sentiments, un cœur doux et d'aimer bien sa tendre amie, pour écrire de bons vers libres ; il faut aussi beaucoup de talent et même beaucoup de science. Il est improbable que le

---

1 G. Kahn, *Le Livre d'images*, *op. cit.*, p. 140.

2 *Ibid.*, p. 214.

3 Sur le rôle des rimes intérieures, Kahn écrit : « nous soutenons notre rime telle quelle par des assonances, nous plaçons des rimes complètes, à l'intérieur d'un vers correspondant à d'autres rimes intérieures, partout où la rythmique nous convie à les placer. » (G. Kahn, *Premiers poèmes*, *op. cit.*, p. 33).

commun des poètes s'approprie les secrets de cet art aussi facilement que les procédés parnassiens ; mais, quels que soient l'avenir et la destinée de cette poétique, il reste que par Moréas, Gustave Kahn, Vielé-Griffin, Verhaeren, Henri de Régnier (car les recherches et les résultats furent parallèles) un vers plus libre est possible en France[1] et, avec ce vers, des laisses d'aspect nouveau, et avec ces laisses, des poèmes assez différents, en ce qu'ils ont d'acceptable et de très bon, pour justifier des espoirs qui n'avaient paru d'abord que d'obscurs désirs.

1 On notera de la formule « vers *plus* libre » et non pas « vers libre » qui montre le lien qui unit aux yeux de Gourmont le vers libre au vers régulier dont il dérive par un processus gradué.

NOTE SUR UN VERS LIBRE LATIN[1]

Vers le neuvième siècle, en même temps que le vers latin, de mélodique, se faisait syllabique, la prose oratoire subissait la même transformation, les syllabes aiguës étant devenues les syllabes fortes. La prose rythmique et la poésie syllabique ont la même origine et sans doute le même âge.

La prose rythmique tient à la fois de la prose et du vers[2] ; c'est ce que nous dit l'auteur d'une ancienne *Vie de Saint-Wulfram*[3] : elle tend à quelque similitude avec la douce cadence du vers, *ad quamdam tinuli rhythmi similitudinem*[4] ; elle ne se compose pas absolument de vers, puisque ses vers ou versets n'ont pas un nombre fixe d'accents ; elle n'est point de la prose pure, puisque l'accent y joue un rôle sans doute prépondérant, quoique obscur. La rime ou l'assonance achèvent de la différencier d'avec la prose ordinaire. Ses éléments sont donc, je ne dis pas, *le* vers libre, mais *un* vers libre.

Le début du *Speculum humanæ Salvationis*[5] est un exemple de ce vers libre latin, mais fort médiocre ; il ne tient plus que par la rime, qui est lourde et banale ; ce sont des versets dont la nudité est vraiment sans aucun mystère ; les accents sont difficiles à situer et le rythme est nul : c'est loin de toute poésie. *La Vie de Saint-Chef*[6] a plus de mouvement :

---

1 Cette note ne figure pas dans les « Entretiens sur le vers libre et sur Gustave Kahn » publiés dans *La Revue Blanche* en 1897. Gourmont l'a ajoutée pour la publication en volume en 1899.

2 Sur la « prose rythmique », on se reportera au chapitre X du *Latin mystique*. Gourmont y explique les modifications subies par l'hymne : « Moins par ignorance de la métrique que par raffinement musical, les poètes commencèrent, non plus à mesurer, mais à nombrer les syllabes : il n'y a plus ni brèves ni longues absolues ; il n'y a que des brèves et des longues par position ; la quantité est déterminée non plus par la morphologie de la syllabe, mais par la nécessité du rythme. » Gourmont ajoute : « l'abandon de la traditionnelle métrique doit lui faire prendre le nom de prose ou de séquence régulière. » (*Le Latin mystique : les poètes de l'antiphonaire et la symbolique au moyen âge, op. cit.*, p. 151-152).

3 Wulfram de Sens ou Saint Wulfram (plus souvent Vulfran), moine à l'abbaye de Saint-Wandrille de Fontenelle près de Rouen. Archevêque de Sens, il se consacra ensuite à la conversion de la région de la Frise aux Pays-Bas. Sa vie fait l'objet d'un récit hagiographique au IXe siècle.

4 Édélstant du Méril, *Latina quae medium per ævum carmina*, etc. ; Évreux, 1847 ; p. 62. NDA

5 Le *Speculum humanae salvationis* ou *Miroir du Salut* est un texte latin anonyme de théologie populaire écrit en vers à la fin du moyen âge.

6 *Loc. cit.* – Chef ou Cherf est Theodoricus ou Teudericus. Dans le passage que nous citons, il s'agit d'abord de saint Rémi. NDA

Cujus tunc temporis candidissima fama,
Famosissima claritudo,
Clarissima miraculorum coruscatio
Non solum vicina quaeque loca,
Verum etiam totius Europae terminos
Adusque Oceani limbos
Illustrabat.

Il serait encore assez laborieux de compter les accents en ces phrases mal déterminées ; cependant on se sent en présence de vers évidents.

Mabillon[1] a recueilli une curieuse pièce rythmique.

C'est une description de Vérone, écrite au temps où Pépin, fils de Charlemagne, était roi des Lombards[2].

Magna et praeclara pollet urbs haec in Italia,
In partibus Venetiarum,
Ut docet Isidorus,
Quae Verona vocitatur olim antiquitus.
Per quadrum est compaginata,
Murificata firmiter,
Quadraginta et octo turres praefulgent per circuitum :
Ex quibus octo sunt excelsae,
Quae eminent omnibus...

Là encore l'intention rythmique est très sensible et nul ne confondra un poème de ce ton avec de la prose pure.

Mais le véritable vers libre latin doit être cherché dans la séquence. Selon la définition de M. Léon Gautier la séquence est une prose divisée en périodes ou phrases musicales[3]. Or il semble que le vers nouveau, le vers libre, peut aussi se dire tout simplement : une période musicale ; et cette période, demeurant liée harmoniquement à toutes les autres périodes du poème, doit cependant pouvoir en être séparée et alors

1 Jean Mabillon (1632-1707) est un moine bénédictin de l'abbaye de Saint-Germain-des-Prés. Sa collecte de copies d'actes conservés dans les abbayes d'Europe aboutit à son *De re diplomatica*, texte fondateur de la « diplomatique » ou étude des actes officiels. Au cours de ses voyages, en Suisse, en Allemagne, en Italie, il s'intéresse à l'histoire de la liturgie, discipline dont il est le grand initiateur, notamment par son ouvrage *De liturgia gallicana* (1685). Il est aussi l'éditeur des œuvres de saint Bernard.

2 Mabillon, *Vetera Analecta*, 1675, t. I. NDA

3 Œuvres d'Adam de Saint-Victor ; 1re édition. – Nous avons étudié la séquence avec quelque détail, mais surtout au point de vue littéraire, dans le *Latin mystique*, chapitres VII et VIII. NDA

vivre d'une vie propre, une, absolue. En un tel système le nombre des syllabes accentuées n'est déterminé que par le pouvoir auditif d'une oreille : au-delà d'un certain nombre de syllabes, il n'y a plus de vers, parce que l'oreille ne sait plus les placer instantanément. Tout vers pour lequel il y a des doutes sur la place des accents n'est pas un vers ; ou est un mauvais vers ; ou est un vers qui ne prendra sa forme et sa valeur que lorsque cette place aura été, par l'étude ou par la diction, nettement déterminée.

Les vers des séquences ne paraissent pas toujours d'excellents vers ; c'est que la rythmique en est difficile et que, composées pour ou sur de la musique, elles boitent sans cet appui. Il faut cependant les comprendre et les aimer telles qu'elles sont et selon leur écriture tronquée. Même sans la musique le *Victimae pascali laudes*[1] est un admirable poème en vers libres.

Ce vers latin, ce vers des séquences, presque sans rime, a un nombre variable de syllabes, d'accents ; comme il diffère de l'idée que nous pouvons nous faire d'un vers latin, français, ou allemand[2], il faut bien lui donner un nom nouveau et admettre qu'à la suite du vers mélodique et en même temps que le vers syllabique il y eut en latin un vers libre. Quoique nous ne le comprenions pas très bien, il existe ; il fut cultivé pendant trois ou quatre siècles ; il satisfaisait les oreilles délicates accoutumées aux nuances du chant neumatique ; il se chantait d'abord, mais il se lisait, puisqu'on en faisait des recueils en le séparant de sa mélodie. Qu'un tel vers nous paraisse plus près de la prose qu'il n'y est en vérité, cela vient sans doute de notre ignorance ; mais aujourd'hui même et s'il s'agit ne notre littérature, il semble plus facile de sentir que de définir la nuance qui sépare tels vers libres de telle prose rythmique.

À vrai dire, M. Léon Gautier a expliqué le vers des séquences par le parallélisme syllabique ; la séquence se compose d'une préface d'un

1 Le *Victimae Pascali laudes* est un chant liturgique célèbre du IXe siècle. Gourmont le cite longuement et le commente dans *Le Latin mystique* : « il faut, à Pâques ou durant le temps pascal, l'entendre, dénuée de chœurs et de vocalises adjoints par les valsomanes qui détiennent les orgues riches, soit à Saint-Sulpice où le plain-chant n'est pas méprisé, soit en une église humble. Notker était musicien, composait ensemble les phrases verbales et les phrases vocales : ainsi, sans nul doute, Wipo et presque tous les séquentiaires. Dans le *Victimae*, l'air, de même que le rythme, change à chaque verset ; il est, comme il sied, glorieux et triomphant, et pourtant sombre, n'exprimant qu'une noble joie. » (*Le Latin mystique*, *op. cit.*, p. 129).

2 Cependant l'influence des chants populaires allemands est possible. Voir *L'Histoire de l'École de Chant de Saint-Gall*, par le P. Schubiger ; Paris, 1865. NDA

vers, d'une finale d'un vers, et d'un nombre illimité de vers simples ou redoublés, vers appelés alors *versiculi* ou *clausulæ*. Mais ceci nous donne le mécanisme de la séquence et non l'essence du vers. D'ailleurs la prose rythmique autre que la séquence échappe à cette définition.

Dans la séquence quand les *clausulæ* sont doubles, la seconde est calquée sur la première : cela donne une strophe très élémentaire. Quant au nombre des syllabes, d'une clausule à l'autre, il varie de quatre ou cinq à vingt-cinq syllabes et même davantage. Il en est de même dans la prose rythmique, où un certain parallélisme syllabique ou d'accent se laisse aussi parfois deviner ; à cela s'ajoutent la rime ou l'assonance, extérieures ou intérieures, parfois l'allitération. Ce qu'il y a de permanent dans ce vers n'est pas caractéristique du vers même ; ce qu'il comporte d'accidents ou d'ornements pourrait plutôt servir de point de départ pour une définition, mais esthétique et non prosodique. Donc maintenons, quoique inexacte ou peut-être absurde, l'expression : vers libre.

Vers libre : je ne prétends ni à une assimilation ni même à une comparaison entre le vers de l'école de Saint-Gall[1] et le vers d'aujourd'hui, quoique l'un comme l'autre soient obscurs. J'ai seulement voulu montrer qu'à huit siècles de distance on retrouve, en des circonstances peu analogues, la présence d'un vers qui souffre mal l'analyse prosodique, et qui est essentiellement différent de toutes les formes du vers, latines ou françaises. Si le vers des séquentiaires fut légitime, le nôtre n'a pas des droits moindres, car sa valeur esthétique est très souvent supérieure.

1 L'abbaye de Saint-Gall accueillit vers 870 des moines de Jumièges chassés par les Normands et qui avaient apporté avec eux les premiers antiphonaires. L'un de ces moines, Notker, s'en inspira pour créer le genre de la séquence. Gourmont y fait souvent référence dans *Le Latin mystique*.

LE VERS POPULAIRE[1]

Il y a dans les traditions littéraires un double fleuve. Le premier coule à découvert ; le second, occulte, fut jusqu'en ces dernières années insoupçonné. Les deux littératures roulent sur le même fond de sable : l'homme et ses vieux malheurs[2] ; très souvent, ils s'en vont, parallèles, l'un à fleur de terre, l'autre dedans, – portant au même but, le définitif oubli, d'identiques barques[3].

---

1 « Le vers populaire » a paru d'abord dans *La France moderne*, n° 62, le 3 juillet 1892, sous le titre « La Poésie populaire ». Gourmont a ensuite repris cet article en 1896 sous le titre « De la poésie populaire » dans la revue *L'Ymagier*, tome II (1895-1896), revue qu'il a fondée avec Alfred Jarry, avant de l'insérer en 1899 dans l'*Esthétique de la langue française*. Entre février 1888 et mai 1889, Gourmont s'était essayé à l'écriture de poèmes inspirés de la chanson populaire, publiés dans *La Tradition, Revue générale des contes, légendes, chants, usages, traditions et arts populaires*. Il s'agit de « Le Moulin qui moud de l'amour », imité d'un thème suédois, publié le 15 février 1888 ; « La Ballade des cheveux blonds » le 15 novembre 1888 ; « La Ballade des trois têtes » le 15 mai 1889. Le premier poème est précédé de ce texte : « Il n'est pas impossible, peut-être, pour un poète, d'imiter l'inimitable chanson populaire, c'est-à-dire de s'approprier par l'étude cette poétique particulière à laquelle obéissent, sans en avoir conscience, les auteurs anonymes des chansons. À opposer à l'extrême recherche des Parnassiens et des Symbolistes, également stériles, où s'abolit la clarté et le bon sens, on trouverait dans la simplicité nécessaire à la forme populaire plus d'un effet nouveau. On dira si cette tentative est originale ou seulement bizarre. Remarquons que tous les sujets peuvent être traités en vers rythmiques et assonancés. L'assonance, avec ou sans refrain, supporte parfaitement le lyrisme ; j'essaierai de le prouver un jour. C'est d'ailleurs une théorie sur laquelle je me réserve de revenir tôt ou tard plus au long. » (*La Tradition, Revue générale des contes, légendes, chants, usages, traditions et arts populaires*, 15 février 1888).

2 « La poésie populaire, elle aussi, dit des anecdotes, mais exprimées symboliquement : elle chante en termes proférés pour toujours, *l'éternel fait-divers* mais généralisé et arrangé selon une forme lyrique et musicale. » (R. de Gourmont, « Littérature hongroise : "Folk-Lore" », Mercure de France, septembre 1891, p. 176-178)

3 Dans sa première version dans la revue marseillaise *La France moderne*, le début de cet article présentait quelques différences. Il était précédé d'une épigraphe : « Les personnes, / Qu'elles veulent boire du lait, / Qu'elles se donnent / La peine d'entrer. » / (Inscription d'une laiterie aux environs de Marseille) – Et le ton de Gourmont était plus mordant à l'égard des « classiques » : « Il y a dans les traditions littéraires un double fleuve, le premier coule à découvert : mis en jarres et en bouteilles, c'est l'eau bourbeuse des classiques et

Voici un antique sujet « à mettre en vers » : *Héro et Léandre*[1]. Ovide le broda, et Musée, et d'autres, et hier encore, *sans aucun doute*, tel poète[2]. Or, en même temps qu'Ovide, en même temps que Musée, en même temps, *sans aucun doute*, que tel poète d'aujourd'hui, – un rapsode inconnu, ignorant Ovide, Musée et tout ce qui est écrit, puisant dans une tradition strictement *orale* chantait, lui aussi, mais pour un autre public, « Héro et Léandre ».

Allez en France, allez en Flandre, en Allemagne ou en Suède, priez la vieille qui tricote ou la jeune fille qui bêche de vous chanter « l'histoire de l'amoureux qui se noya en nageant vers sa belle, l'histoire où il y a une tour et dans la tour un flambeau[3] » : si elle daigne ou si elle ose, la vieille ou la jeune vous chantera, version flamande[4] :

« Ils étaient deux enfants de roi, ils s'aimaient si tendrement. Ils ne pouvaient se rejoindre. L'eau était trop profonde. Que fit-elle ? Elle alluma trois flambeaux, le soir, quand le jour eut disparu.

« O mon ami, viens, viens et nage vers moi ! Ainsi fit le fils du roi, il était jeune.

---

des histoires de la littérature. Le second, occulte, fut jusqu'en ces dernières années insoupçonné. Ces deux littératures roulent sur le même fond de vase. » (« La poésie populaire », *La France moderne*, 3 juillet 1892, p. 14)

1 Héro, prêtresse d'Aphrodite, à Sestos, ville de l'Hellespont, était aimée de Léandre, un jeune homme qui vivait à Abydos, sur la côte asiatique du détroit. Le mariage était impossible car Héro avait fait vœu de chasteté. Aussi, chaque nuit, Léandre nageait de l'Europe vers l'Asie, guidé par une lampe de la tour d'Héro. Mais une nuit d'orage, un vent fort éteignit le signal et Léandre se noya. Le lendemain, son corps fut entraîné vers le rivage, au pied de la tour où se trouvait Héro. En apercevant le corps inanimé de Léandre, Héro, désespérée, se jeta à la mer.

2 Ce sujet a été traité par Homère, Virgile et Ovide (*Héroïdes*, XVIII, XIX). Musée « le grammairien », poète égyptien de langue grecque, est l'auteur au Ve siècle d'un *Héro et Léandre* en hexamètres.

3 Comme la quasi-totalité des vers de chanson que cite Gourmont dans ce chapitre, cet exemple est tiré de l'ouvrage d'Eugène Rolland, *Recueil de chansons populaires*, Maisonneuve, 1883-1890, 6 volumes. Le but de l'auteur est « de fournir des matériaux aux savants qui voudront étudier cette branche intéressante du Folklore, relativement aux origines, aux procédés de composition, au rhythme, à la rime, à l'esthétique et à la mélodie. On n'a fait jusqu'à présent que rapprocher, et cela d'une manière incomplète, les chansons de différents pays, en prenant pour point de départ le sujet traité. Mais une étude approfondie des autres points de vue indiqués ci-dessus devrait tenter quelqu'un, connaissant bien à la fois la littérature comparée et l'histoire de la musique et de la danse. » (*Recueil*, volume I, *op. cit.*, p. 3) E. Rolland a recueilli deux chansons qui relèvent de ce thème : « Le Flambeau d'amour » et « L'Amant noyé » (*Recueil*, III).

4 *Recueil de Chansons populaires*, par E. Rolland. Paris, 1883-1890, 6 vol. in-8. NDA

« Une vieille femme le vit, bien mauvaise mégère. Elle alla souffler les lumières et le jeune brave fut noyé. – O mère, mère chérie, ma tête me fait si mal, laissez-moi aller me promener quelque temps, me promener le long de la mer.

« O fille, ma fille chérie, seule tu n'iras point là, mais éveille ta jeune sœur, qu'elle aille se promener avec toi. – O mère, ma jeune sœur est encore une si jeune enfant, elle cueille toutes les fleurs qu'elle trouve sur le chemin.

« Elle cueille toutes les fleurs, elle laisse les feuilles. Alors, les gens se plaignent et disent : voilà ce qu'ont fait les enfants du roi ! – O fille, ô ma fille chérie, seule tu n'iras point là, mais éveille ton plus jeune frère, qu'il aille se promener avec toi.

« O mère, mon jeune frère est encore un si jeune enfant ! Il court après tous les oiseaux qu'il trouve sur son chemin. – La mère alla à l'église, la fille se mit en chemin, jusqu'à ce que, au bord de l'eau, un pêcheur, le pêcheur de son père elle trouva.

« O pêcheur, dit-elle, pêcheur, pêcheur de mon père, pêche donc une fois pour moi, tu en seras récompensé. – Il jeta ses filets dans l'eau, les plombs touchaient le fond. En un instant, il pêcha le fils du roi, il était jeune.

« Que retira-t-elle de sa main ? Une bague d'or rouge. – Prends, dit-elle, brave pêcheur, cette bague d'or rouge. – Alors, elle prit son amant dans ses bras et le baisa à la bouche. – O bouche, si tu pouvais parler, ô cœur, si tu étais en vie !

« Elle retint son amant dans ses bras et sauta avec lui dans la mer. – Adieu, dit-elle, beau monde, vous ne me reverrez plus. Adieu, ô mes père et mère, adieu tous mes amis, je m'en vais au ciel. »

Une telle ballade ne provient ni des latins, ni des grecs, ni des poètes d'académie, ni d'aucune littérature écrite ; l'art en est très spécial, si spécial que nul poète, même un poète allemand, n'en pourrait faire un pastiche acceptable[1]. La ballade de *Lénore* si médiocrement sentimentale chez Burger[2], se révèle, au contraire, dans sa forme orale, telle qu'une admirable vision fantastique[3] ; et *le Plongeur*, – une des plus populaires des

1 Il y a peut-être là une allusion au poème « Héro et Léandre » dans les *Poésies* de Schiller, traduit par Xavier Marmier et publié par Charpentier en 1874.

2 Le poète allemand Gottfried-August Bürger (1747-1794) est l'auteur d'une ballade « Lénore » (1773) qui sera traduite par Gérard de Nerval en 1830 (*Lénore et autres ballades*).

3 Dans *La Poésie populaire et le Lyrisme sentimental* (1899), le poète et critique Robert de Souza cite ce passage de Gourmont, qu'il a lu dans *La Poésie populaire*, livret extrait de « L'Ymagier » (1898). Il appuie sa démonstration selon laquelle il n'est pas d'art « plus

chansons connues, comme il y a loin de celle de Schiller[1], qu'apprennent les écoliers, à celles que chantent les vieilles « le soir à la chandelle » !

Une poésie non écrite doit avoir des règles de versification toutes différentes des règles de la poésie littéraire, naguère admises sans révolte, aujourd'hui, il est vrai, presque démodées.

Le vers populaire français est un vers syllabique. Les plus communs comportent quatre, cinq, six, sept, huit, dix syllabes :

> (4) La belle Hélène
> (6) Dans la mer est tombée...
> (5) Il n'a pas vaillant
> La fleur d'une épine...
> (5) Tu n'es plus fillette
> À l'âge de quinze ans...
> (6) Tambour, joli tambour,
> Donne-moi ta fleur de rose...
> (7) Il la mène sous une ente.
> Oh ! qui graine sans fleurir.
> Quand ils furent sous cette ente :
> – C'est ici qu'il faut mourir !
> (8) Le Rossignol prend sa volée,
> (7) Au château d'Amour s'en va.
> (8) J'ai vu passer la belle Hélène
> Qui paît ses moutons dans la plaine.
> (10) J'ai bien aussi des châteaux par douzaines
> Et sur la mer deux ou trois cents navires[2].

C'est une question de savoir s'il ne faut pas considérer comme ne faisant qu'un vers ou deux vers les strophes ou couplets composés de deux ou de quatre petits vers. M. Doncieux[3] dans ses savantes études

---

éloigné de la forme classique, de l'idéal latin » que « l'art populaire de tous les pays, même du nôtre. » (*La Poésie populaire et le Lyrisme sentimental*, Mercure de France, 1899, p. 34)

1 « Le Plongeur » est une ballade de Friedrich Schiller (1797). Un jeune page qui se jette dans l'Océan, pour y chercher une coupe d'or que le roi avait promise en cadeau à qui irait la chercher. Le page revient avec le précieux objet et relate son voyage au milieu des créatures effrayantes de l'Océan. Le roi, dans sa cruauté, jette une seconde fois sa coupe, promettant cette fois de le faire chevalier et de lui donner sa fille en mariage s'il ramène la coupe. Le page se jette à l'eau et ne revient pas.

2 Tous ces exemples sont tirés du *Recueil* d'Eugène Rolland.

3 Georges Doncieux est un folkloriste qui a publié la plupart de ses travaux dans la *Revue des Traditions populaires* et dans la revue *Mélusine*. À partir de la collecte de chansons populaires, sa méthode consiste à choisir dans les différentes versions d'une même chanson les éléments qui étayent son « texte critique », restauré selon des critères assez subjectifs,

critiques[1] sur la chanson populaire va jusqu'à ne considérer que comme un couplet de deux vers, la suite de quatre vers de huit syllabes, dont deux sans rimes. Il a restitué ainsi un curieux *chant monorime de la Passion* :

> La passion du doux Jésus, | qu'est moult triste et dolente,
> Écoutez-la, petits et grands, | s'il vous plaît de l'entendre.

L'hiatus n'est jamais évité ; très souvent des liaisons inattendues le suppriment :

> Mon bon ami de cœur
> S'en va-*t*-aller en guerre…

Le rejet est inconnu : la répétition le remplace, soit formée d'un mot, soit d'un vers entier :

> *Beau pommier, beau pommier,*
> Aussi chargé de fleurs
> Que mon cœur l'est d'amour…

Ces vers ne sont strictement rimés que par hasard :

> Vous avez pâle *mine*,
> Je vois à vos jolis yeux bleus
> Que l'amour vous *domine*,

L'assonance remplace la rime[2].

> Va me porter cette *lettre*
> À ma mie qui est *seulette*…
> J'ai laissé tomber mon *panier*,
> Un beau monsieur l'a *ramassé*…

---

d'ordre esthétique avant tout. Ce texte primitif est donc un document fictif établi à partir de jugements de valeur qui écartent les variantes trop divergentes. Il s'appuie souvent sur le *Recueil* d'Eugène Rolland et discute ses thèses. Doncieux rassemblera ses travaux dans *Le Romancero populaire de la France-Choix de chansons populaires françaises-textes critiques avec un avant-propos et un index musical par Julien Tiersot*, E. Bouillon, 1904. Dans l'édition de 1905 de l'*Esthétique*, Gourmont cite abondamment cet ouvrage, discute certaines de ses thèses et surtout ajoute à son étude un post-scriptum en forme de palinodie.

1 Réunies sous ce titre : *Le Romancero français* (1903). NDA

2 Sur l'importance de l'assonance interne et finale dans le vers libre, voir le chapitre précédent « Le vers libre ».

Montagne et *langage* sont des assonances ; *serpe* et *veste* ; *chèvre* et *mère* ; *souci*, *jalousie* ; *logis*, *famille* ; *mise*, *mille* ; *ville*, *fille* ; *noces*, *homme* ; *morte*, *folle* ; *gorge*, *rose* ; *œuf*, *pleut*, etc.

On rencontre des pièces entières sans rime, ni assonance, ainsi la ballade qui commence ainsi :

J'ai fait l'amour sept ans,
Sept ans sans en rien dire,
O beau rossignolet,
J'ai fait l'amour sept ans,
Sept ans sans en rien dire.

On voit cependant que, dans ce cas, la répétition y supplée.

La synérèse se rencontre à chaque instant : quand une syllabe muette gêne pour la mesure, on la laisse tomber dans la prononciation ;

(6) Il ne faut qu'un *pe*tit vent
(6) Pour envoler les fleurs...
(8) El*le* fait l'hiver, el*le* fait l'été
(6) Sous le pli de sa mante...
(8) El*le* fait le rossignol chanter
(6) À minuit dans sa chambre
(8) El*le* fait la terre reverdir
(6) Sous ses pieds, quand el*le* danse...
(5) Gentil co*que*licot
Mesdames
(5) Gentil co*que*licot
Nouveau

(Les syllabes soulignées ne comptent pas dans la mesure du vers.)

Si le vers manque d'une syllabe on y supplée :

J'irai me plaindre
J'irai me plaindre
(6) Au duc de Bourbon *(duque)*

Mais de par la musique ces trois derniers petits vers n'en forment en réalité qu'un seul de 15 syllabes[1] :

1 Sur ce point également, l'étude sur le vers populaire préfigure l'analyse du vers libre. Gourmont reprendra à G. Kahn l'idée du vers libre formé de cellules rythmiques qui sont autant de « petits vers ».

J'irai me plaindre, j'irai me plaindre au duque de Bourbon[1].

Je crois que l'on peut noter, d'après les derniers vers cités, deux rythmes particuliers dans la poésie populaire, l'un binaire, rythme de marche, l'autre ternaire, rythme de danse :

El*le* fait || l'hiver || el*le* fait || l'été
Dans le pli || de sa mante.

En général, le vers populaire est très fortement scandé, et garde, même sans musique, une allure de chant :

Je voudrais || que la rose
Fût encore || au rosier...
Ma mè || re j'ai || une au || tre sœur,
Une au || tre sœur || qu'est tant jolie...

Les strophes ou couplets varient de un jusqu'à huit vers, le refrain y joue un grand rôle, mais c'est une étude trop spéciale, trop intimement liée à la musique des chansons pour qu'il soit possible de l'introduire ici : au premier abord, la question paraît inextricable de savoir si paroles et musiques sont nées ensemble, si la musique, dans tel ou tel cas, a été faite pour les paroles, ou les paroles pour la musique.

La poésie populaire est le pays de la licence, de toutes les licences : on pourrait même dire que la licence est la seule vraie règle de sa versification. Nous venons de parler de la synérèse, qui est fondamentale : en voici bien d'autres. Vous rencontrerez des formes verbales, – déformations[2] exigées par l'assonance, en des chansons monorimes, aussi étranges que : je *cherchis*, je me *couchis*, il s'*endorma*, il *vena* :

J'ai *descendu* dans mon jardin
Cueillire la lavande...
Je prends mon échalette (*échelle*).

1 Voir plus haut le chapitre sur le vers libre. La chanson populaire et la ronde justifient assurément les vers de 13, 14, 15 syllabes et plus. Je consigne ici ce rapprochement qui m'avait échappé tout d'abord. NDA

2 L'emploi de ce mot met en lumière l'unité de l'idiome et la langue poétique. Dans l'un et l'autre cas, l'agent de ces « déformations » est le peuple. Sur la déformation comme loi linguistique et comme principe de création poétique, voir *supra* le chapitre « La Déformation ».

Mon panier sous mon bras.
M'en vais de branche en branche,
Les plus belles, je *cueillas*...
Il la prit par sa main blanche,
Dans son jardin la *menit*....
Vous avez la main *teindue (teinte)*
De couleur de violette...

Ce n'est pas d'un effet bien désagréable. Un tel procédé se retrouve dans l'ancienne poésie italienne. Dante, notamment, n'écrit-il pas, en vue de la rime : *dolve* pour *dolse* ; *vui* pour *voi* ; *morisse* pour *morissi* : *soso* pour *suso* ; *diede* pour *diedi* ; *lome* pour *lume*, etc.

Pas désagréable, non plus, l'emploi de certains mots désuets ou forgés :

Le premier mois de l'année,
Que me donnerez-vous, ma mie ?
– Une *perdrisolle* (perdrix),
Qui va, qui vient, qui vole
Qui vole dans les bois...

Il l'envoyait au bois
Cueillire la *noisille* (noisette)...

Il fait virer les *ouailles*
Quand elles sont dans le blé...

À toutes les *virées*
Demande à m'embrasser...

et dans la jolie ronde *Quand Byron voulut danser* :

Son chapeau fit apporter,
Son chapeau *en clabot*...

Certaines de ces déformations sont exquises : telle la féminisation du mot *cœur* :

Dors-tu, *cœure* mignonne,
Dors-tu, *cœure* jolie ?

Des expressions qui semblent de terribles lieux communs reviennent avec insistance ; il faut les comprendre. Dans la bouche des filles, mon cœur *volage*, mon cœur *en gage*, mon *avantage*, etc., sont toujours un euphémisme pour un mot trop clair et devenu trop brutal, que le vieux français traitait avec moins de réserve[1].

Ce système, d'une simplicité toute barbare et primitive, peut aboutir à des effets remarquables de rythme, de pas marqué, de mouvement fortement scandé ; il est assez rare qu'une harmonie bien notoire de diction puisse en sortir. D'ailleurs, presque tout ce qui, de la chanson populaire, arrive au jour, se compose de fragments informes, pleins de trous, de grossiers rafistolages ; il n'y a, en langue française, du moins, que très peu de ces ballades entièrement belles et sans bavures[2]. Quelques-unes sont d'une étrange obscurité et l'on s'étonne que la mémoire les garde aussi fidèlement. En voici une de ce genre qui est fort agréable :

Mon père a fait faire un étang,
C'est le vent qui va frivolant
Il est petit, il n'est pas grand,
C'est le vent qui vole, qui frivole
C'est le vent qui va frivolant.

Il est petit, il n'est pas grand.
Trois canards blancs s'y vont baignant.

Trois canards blancs s'y vont baignant.
Le fils du roi les va chassant.

Le fils du roi les va chassant
Avec un p'tit fusil d'argent.

Avec un p'tit fusil d'argent
Tira sur celui de devant.

Tira sur celui de devant.
Visa le noir, tua le blanc.

Visa le noir, tua le blanc,
fils du roi, qu'tu es méchant,

O fils du roi, qu'tu es méchant,
D'avoir tué mon canard blanc.

D'avoir tué mon canard blanc,
Après la plume vint le sang.

1 Ces expressions figurées renvoient à la virginité perdue des jeunes filles.

2 C'est à quoi veut remédier M. G. Doncieux en établissant, au moyen de versions et de variantes, un texte critique et, en somme, très vraisemblable, des chansons populaires. NDA

Après la plume vint le sang.
Après le sang l'or et l'argent.

Après le sang l'or et l'argent,
C'est le vent qui va frivolant.
Après le sang, l'or et l'argent,
C'est le vent qui vole, qui frivole,
C'est le vent qui va frivolant[1].

Celle-ci peut passer pour une des plus charmantes. Elle appartient au cycle de *La fille qui fait trois jours la morte pour son honneur garder* :

Où sont les rosiers blancs,
La belle s'y promène,
Blanche comme la neige,
Belle comme le jour,
À qui trois capitaines
Ont voulu faire l'amour.

Le plus jeune des trois
La prit par sa main blanche :
– Soupez, soupez la belle,
Ayez bon appétit,
Entre trois capitaines,
Vous passerez la nuit. –

Au milieu du souper
La belle tombe morte.
– Sonnez, sonnez trompettes,
Violonnez doucement,
Voilà, ma mie est morte,
J'en ai le cœur dolent.

---

1 En 1894, dans son compte-rendu des *Minutes de sable mémorial* d'Alfred Jarry, Gourmont compare les poèmes de celui-ci avec cette ballade, « délicieusement obscure » : « On aimera, en ce gros petit volume, une originalité ingénue, de ce noble égoïsme plus soucieux de se dire que de s'informer si le discours charme autrui. Se dire, sans doute, mais non pas avec la pauvre sincérité d'un simple (ou trop belle pour nous); se dire tel que nous font les ambiances d'un moment broyées avec la couleur fondamentale, – indestructible et qui remonte. Ce sera ici la *vision d'images d'une naïveté singulière*, vision avidement bue par une imagination spongieuse et cellulairement déformée par une multitude de petits miroirs animaux qui veulent rendre, comme un moulin, la farine du grain. [...] Une œuvre d'art écrit se reconnaît à l'abondance des métaphores nouvelles; toute métaphore nouvelle est obscure : toute œuvre d'art écrit, digne de ce nom, est obscure. Pour moi, Dieu merci ! s'il y a peu de choses neuves, il y en a beaucoup d'obscures; ce sont les plus belles. Mon père a fait faire un étang... » (R. de Gourmont, « Les Minutes de Sable mémorial », *Mercure de France*, octobre 1894, p. 177-178)

– Où l'enterrerons-nous,
Cette blanche princesse ?
Au logis de son père
Il y a trois fleurs de lys,
Nous prierons Dieu pour elle ;
Qu'elle aille en paradis. –

Au milieu du convoi.
La belle se réveille,
Disant : – Courez, mon père,
Ah, courez me venger,
J'ai fait trois jours la morte,
Pour mon honneur garder.

La morale des chansons populaires est à la fois très légère et très sombre : le peuple y apparaît comme uniquement en quête du plaisir, et principalement de l'amour. Si l'amour est souvent tragique, le mariage est grotesque ou terrible : tromper ses parents, voilà l'affaire de la fille ; tromper son mari, voilà l'affaire de la femme ; tromper son amant, tromper sa maîtresse, voilà l'affaire des amantes et des amants. La vengeance est fréquente, fréquent le suicide. Les passions élémentaires surgissent violentes et cyniques, comme dans la chanson du *Vieux Mari*, dont sa femme attend la mort pour en porter au marché la peau, et avec le prix s'acheter un mari neuf et jeune. C'est partout la candeur et la férocité de la bête amoureuse. L'impudeur y est parfois charmante et la passion superbe (*Marion, Jean Renaud*). La fillette, spécialement, y apparaît à nu, tantôt se laissant mourir de désespoir, tantôt *ne disant pas non* au cavalier qui passe, *pourvu qu'il ait bourse pleine*, tantôt victime de sa paresse et de sa mauvaise conduite :

Les soldats l'ont laissée
Sans chemise et sans pain…

Telle chanson, comme la *Mal Mariée*, révèle le pessimisme résigné de gens qui sentent que la vie est mauvaise, et mauvaise sans remède ; mais telle autre dit bellement la joie héroïque de l'amour, comme la *Fille dans la Tour*, dont voici une version mutilée :

Le roi Louis est sur son pont,
Tenant sa fille en son giron.
Elle lui demande un timbalier
Qui n'a pas vaillant six deniers.

– Eh oui, mon père, oui je l'aurai,
Malgré ma mère qui m'a portée,
Je l'aime mieux que tous mes parents,
Vous, père et mère, qui m'aimez tant !

– Ma fille, il faut changer d'amour,
Ou bien vous irez dans la tour.
– J'aime mieux aller dans la tour
Que de jamais changer d'amour !

– Qu'on fasse venir mes estafiers,
Mes geôliers, mes guichetiers !
Qu'on mette ma fille dans la tour,
Elle n'y verra jamais le jour.

Elle est restée dans cette tour
Sept ans passés sans voir le jour.
Au bout de sa septième année,
Son père y vint la visiter.

– Eh bien, ma fille, comment vous va ?
– Ma foi, mon père, ça va bien bas.
J'ai les pieds pourris dans la terre
Et les côtés mangés des vers.

– Ma fille, il faut changer d'amour
Ou bien vous resterez dans la tour
– J'aime mieux rester dans la tour
Que de jamais changer d'amour !

La *Triste Noce*[1], assez peu connue, est, dans sa simplicité tragique, une des plus mémorables parmi les grandes ballades françaises et, ce qui est fort rare, elle paraît intacte et complète :

J'ai fait l'amour sept ans,
Sept ans sans en rien dire,
O beau rossignolet,
J'ai fait l'amour sept ans
Sept ans sans en rien dire.

Mais au bout des sept ans
Voilà que je me marie,

1 Publiée dans le numéro 6 de *L'Ymagier*, revue que les deux poètes avait fondée, cette ballade est utilisée par Alfred Jarry dans *Le Surmâle (*1902*)*. Le personnage d'André Marcueil évoque « une chanson fort connue et imprimée dans plusieurs recueils de folklore ». Alors que le chant du rossignol est un symbole euphémisant de l'acte sexuel, Jarry donne à la romance un sens clairement érotique.

O beau rossignolet,
Mais au bout des sept ans
Voilà que je me marie.

J'ai cueilli-z-une rose
Pour porter à ma mie,
O beau rossignolet,
J'ai cueilli-z-une rose
Pour porter à ma mie.

La rose que j'apporte.
C'est une triste nouvelle,
O beau rossignolet,
La rose que j'apporte,
C'est une triste nouvelle.

On veut me marier
Avec une autre fille,
O beau rossignolet.
On veut me marier
Avec une autre fille.

La fille que vous prenez,
Est-elle bien jolie ?
O beau rossignolet.
La fille que vous prenez
Est-elle bien jolie ?

Pas si jolie que vous
Mais elle est bien plus riche,
O beau rossignolet.
Pas si jolie que vous
Mais elle est plus riche.

La belle, si je me marie,
Viendrez-vous à la noce ?
O beau rossignolet,
La belle si je me marie
Viendrez-vous à la noce ?

Je n'irai pas à la noce
Mais j'irai-z-à-la danse,
O beau rossignolet.
Je n'irai pas à la noce
Mais j'irai-z-à la danse.

Oh ! si vous y venez
Venez-y bien parée,

O beau rossignolet,
Oh ! si vous y venez
Venez-y bien parée.

Quel habit veux-je prendre
Est-ce ma robe verte ?
O beau rossignolet,
Quel habit veux-je prendre
Est-ce ma robe verte ?

Oh ! la couleur violette
Est encore la plus belle,
O beau rossignolet,
Oh ! la couleur violette
Est encore la plus belle.

Entrant à la maison,
Salut, les gens de la noce,
O beau rossignolet,
Entrant à la maison,
Salut, les gens de la noce.

Non pas la mariée,
Car je la devrais être,
O beau rossignolet,
Non pas la mariée,
Car je la devrais être.

Le marié la prend
Pour faire un tour de danse,
O beau rossignolet,
Le marié la prend
Pour faire un tour de danse.

Au premier tour de danse
La belle change de couleur,
O beau rossignolet,
Au premier tour de danse
La belle change de couleur.

Au deuxième tour de danse
La belle change encore,
O beau rossignolet,
Au deuxième tour de danse
La belle change encore.

Au troisième tour de danse
La belle est tombée morte,

O beau rossignolet,
Au troisième tour de danse
La belle est tombée morte.

Le marié la prend,
Dessus son lit la porte,
O beau rossignolet,
Le marié la prend,
Dessus son lit la porte.

Apportez de l'eau de rose
Aussi de l'eau-de-vie,
O beau rossignolet,
Apportez de l'eau de rose
Aussi de l'eau-de-vie.

Pour donner à ma mie,
Car je crois qu'elle est morte,
O beau rossignolet,
Pour donner à ma mie,
Car je crois qu'elle est morte.

Il va chez le sonneur
Pour faire sonner les cloches,
O beau rossignolet,
Il va chez le sonneur
Pour faire sonner les cloches.

Et sonnez-les si bien
Que chacun les entende,
O beau rossignolet,
Et sonnez-les si bien,
Que chacun les entende.

S'en va chez le fosseur
Pour faire creuser la fosse.
O beau rossignolet,
S'en va chez le fosseur
Pour faire creuser la fosse,

Faites la profonde et large
Que trois corps y reposent,
O beau rossignolet,
Faites-la profonde et large,
Que trois corps y reposent.

Celui de ma mie, le mien,
Celui de l'enfant qu'elle porte,

O beau rossignolet,
Celui de ma mie, le mien,
Celui de l'enfant qu'elle porte.

Il rentra dans sa chambre
Et se coupa la gorge,
O beau rossignolet,
Il rentra dans sa chambre
Et se coupa la gorge.

Les gens de la noce disent :
Grand Dieu ! quelle triste noce.
O beau rossignolet,
Les gens de la noce disent :
Grand Dieu ! quelle triste noce.

Les jeunes gens qui s'aiment
Mariez-les ensemble,
O beau rossignolet,
Les jeunes gens qui s'aiment
Mariez-les ensemble.

Que l'émotion esthétique que donne une telle complainte soit d'une nature un peu spéciale, je le veux bien ; mais il ne faut pas la dire vulgaire, car, après tout, il s'agit ici du drame humain élémentaire et nu.

P.-S. – Cette étude, qui date d'environ quinze ans, serait assez différente en quelques passages, si elle avait été écrite après la publication du *Romancero français* de Georges Doncieux (1903). Sans croire absolument, comme lui, à la possibilité de restituer le texte intégral et premier des chansons populaires, j'admettrais assez volontiers, pour plusieurs d'entre elles, une origine assez récente. De plus, j'abandonnerais volontiers la théorie du double courant. La source littéraire est sans doute unique. Le peuple n'a inventé ni ses chansons, ni ses contes. Il les a reçus jadis, exactement comme aujourd'hui, de la main des poètes et des conteurs de profession[1].

1 *Le Romancero populaire de la France-Choix de chansons populaires françaises-textes critiques avec un avant-propos et un index musical par Julien Tiersot*, E. Bouillon, 1903. – Ce revirement de Gourmont en 1905 entre en écho avec les thèses de certains romanistes, comme Joseph Bédier, qui récusent les théories romantiques sur l'épopée : ils ne croient plus ni à la création collective ni à la transmission *orale* des chansons de geste. Dans *Légendes épiques, recherches sur la formation des chansons de geste*, J. Bédier récuse la création collective au profit de la thèse « individualiste ». Il prend ses distances à l'égard de la transmission orale et insiste sur la nécessité de « considérer les œuvres comme elles sont, dans les textes existants [...] au lieu de

LE CLICHÉ[1]

Il n'y a pas de différence essentielle entre la phrase et le vers ; le vers n'est qu'un mot, comme le mur n'est qu'un bloc[2]. Ni du mur, ni du vers, ni de la phrase on ne peut retirer une pierre ni un mot, que le bloc ne se fende et croule. Sans pousser la règle à l'absolu et sans requérir le secours précaire des comparaisons, on dira plus nettement que la phrase est une suite de mots liés entre eux par un rapport logique. Le mot constate l'existence d'un être, d'un acte, d'une idée ; la phrase constate les relations multiples, directes ou inverses, des idées, des êtres, des actes. Ces relations peuvent être fugitives, uniques, rares ; elles peuvent être permanentes ou, malgré leur diversité, considérées selon leur état le plus fréquent, le plus visible, le plus connu : une phrase faite une fois pour toutes exprime parfaitement ces rapports vulgaires au retour rythmique ou périodique. Par allusion à une opération de fonderie élémentaire usitée dans les imprimeries[3], on a

s'épuiser à chercher pour les chansons de geste des modèles hypothétiques qui auraient été perdus. » On peut rapprocher cette palinodie de la conclusion du chapitre sur la métaphore où Gourmont dénie au peuple toute capacité à créer des métaphores : « ni les mots ni les idées ne peuvent être sérieusement considérés comme le produit naturel de cet être mythique qu'on appelle le peuple » ; « la métaphore a toujours été une création personnelle » (p. 183).

1 Ce chapitre est d'abord paru sous le titre « Philosophie du cliché » dans *Le Mercure de France*, n° 109, janvier 1899.

2 Cette entrée en matière relie ce chapitre aux deux précédents. Gourmont fait sienne une idée fondamentale des vers-libristes, qu'il a exposée dans le chapitre « Le Vers libre », à partir de l'exemple emprunté à la préface des *Premiers poèmes* de Gustave Kahn, le vers d'*Athalie* : « Oui, je viens dans son temple adorer l'Éternel ». Ce vers, dit Gourmont, forme une phrase « indéchirable » « au triple point de vue grammatical, rythmique et sémantique [...] En somme, *ce vers n'est qu'un seul mot* » (p. 196). Cette identification du vers au mot reprend la formule de Mallarmé dans l'« Avant-dire au *Traité du verbe* » en 1886 : « Le vers qui de plusieurs vocables refait un mot total, neuf, étranger à la langue et comme incantatoire. » (*Œuvres Complètes* II, *op. cit.*, p. 678) Mallarmé la reprendra à la fin de « Crise de vers ». Le critique forge donc la notion négative de *cliché* comme « bloc infrangible » à partir d'une définition positive du vers.

3 Le mot *cliché* (participe passé substantivé du verbe *clicher*) désigne d'abord dans le vocabulaire spécialisé de la typographie (1ère attestation en 1809) « une plaque métallique en

donné à ces phrases, à ces blocs infrangibles et utilisables à l'infini, le nom de clichés. Certains pensent avec des phrases toutes faites et en usent exactement comme un écrivain original use des mots tout faits du dictionnaire.

Il faut ici différencier le cliché d'avec le lieu commun. Au sens, du moins, où j'emploierai le mot, cliché représente la matérialité même de la phrase ; lieu commun, plutôt la banalité de l'idée[1]. Le type du cliché, c'est le proverbe, immuable et raide ; le lieu commun prend autant de formes qu'il y a de combinaisons possibles dans une langue pour énoncer une sottise ou une incontestable vérité[2].

Des hommes peuvent parler une journée entière, et toute leur vie, sans proférer une phrase qui n'ait pas été dite. On a écrit des tomes compacts où pas une ligne ne se lit pour la première fois. Cette faculté singulière de penser par clichés est quelquefois développée à un degré prodigieux et sans doute pathologique[3]. Peut-être que des réflexions

---

relief à partir de laquelle on peut tirer un grand nombre d'exemplaires d'une composition typographique, d'un dessin ou d'une gravure, sans avoir à composer, dessiner ou graver à nouveau » (T.L.F.). Cet emploi en typographie sera éliminé par un nouvel emploi dans le domaine de la photographie à partir de 1865. On trouve la première attestation lexicographique du mot au sens de « phrase ou idée rebattue » dans le *Grand Larousse du* XIX*e siècle* en 1869. Le sème retenu pour cet emploi figuré est la reproductibilité infinie du modèle. Pierre Larousse propose un récit des origines du cliché : né dans l'imprimerie d'un journal, il correspondrait au cri lancé par les typographes à la lecture des mêmes formules répétées. La métaphore filée des « casses géantes » et de « l'atelier typographique » dans l'essai de Gourmont prend acte de cette origine.

1 Gourmont reprendra cette distinction dans *Le Problème du style* : « *L'Astrée* a fourni des lieux communs bien plutôt que des clichés » (*op. cit.*, p. 114) ou encore : « Le pastiche involontaire est au plagiat ce que le lieu commun est au cliché ; c'est une imitation qui s'éloigne du trait strict [...] qui néglige la forme limitée des figures pour en garder l'expression particulière. » (*Ibid.*, p. 144).

2 Gourmont nuance d'emblée sa condamnation du lieu commun. En liant le lieu commun à la vérité, il renoue avec la rhétorique aristotélicienne, où le terme n'a pas de sens péjoratif : les *lieux communs* sont communs aux trois genres de discours et s'opposent en cela aux *lieux spécifiques*, particuliers à un genre, les sujets de louange, par exemple, pour le genre épidictique.

3 Cette entrée en matière est révélatrice de l'allégeance de Gourmont à la psychologie de Théodule Ribot (1839-1916) et plus particulièrement à sa théorie de la mémoire exposée dans *Les Maladies de la mémoire* (1881). Le cliché sera d'abord analysé en tant que mécanisme cérébral et non comme fait de langue. La méthode de Ribot consiste à appréhender les phénomènes psychologiques à partir de leurs dysfonctionnements « pathologiques » : « Les désordres et les maladies de cette faculté [...] nous apparaissent comme soumis à certaines lois qui constituent le fond même de la mémoire et en mettent à nu le mécanisme. » (*Les Maladies de la mémoire*, Alcan, 1881, p. 2).

sur ces phénomènes seront utiles à ceux qui observent curieusement le mécanisme de la pensée humaine.

Il y a, de jadis, un opuscule grotesque, maintes fois réimprimé et encore colporté ; c'est un *Sermon en proverbes*[1] ordonné pour satiriser soit les gens qui évoquent trop, par la sagesse des nations, leur propre niaiserie, soit les prédicateurs qui répétaient toujours les mêmes exhortations vaines comme le vent qui égrène l'herbe des cimetières ; le pauvre auteur enfile donc avec un certain soin les proverbes les plus connus, jusqu'à faire quatre pages dont le sens est fort bien suivi et que l'on comprend, pourvu qu'on ne soit pas devenu hébété dès la première : « Prenez garde, n'éveillez pas le chat qui dort ; l'occasion fait le larron, mais les battus paieront l'amende ; fin contre fin ne vaut rien pour doublure ; ce qui est doux à la bouche est amer au cœur, et à la chandeleur sont les grandes douleurs. Vous êtes aises comme des rats en paille ; vous avez le dos au feu et le ventre à table ; on vous prêche et vous n'écoutez pas ; je le crois bien, ventre affamé n'a point d'oreilles ; mais aussi rira bien qui rira le dernier. Tout passe, tout casse, tout lasse : ce qui vient de la flûte retourne au tambour, et on se trouve le cul entre deux selles ; on veut recourir aux branches, mais alors il n'est plus temps, l'arbre est abattu ; c'est de la moutarde après dîné ; il est trop tard de fermer l'écurie quand les chevaux sont dehors. » Tel livre d'hier n'est pas rédigé selon un système différent, si l'on admet que l'écriture par clichés puisse être un acte raisonnable et volontaire. Dans le discours du colporteur boiteux, on trouve encore quelques traces du vieux burlesque ; dans certains tomes modernes offerts aux loisirs démocratiques, on ne découvrira rien qui émerge au-dessus de la platitude. C'est le vide rigoureux des légendes interplanétaires, le *nihil in tenebris*[2] de l'imagination scolastique.

Que l'on se figure donc un atelier typographique où les casses, organismes géants, contiennent non pas des lettres, non pas des mots entiers, comme on l'a expérimenté, mais des phrases ; cela sera l'image de certains cerveaux : « A…, destiné à la noble carrière des armes, recevait une éducation virile, et se préparait à porter dignement le nom de

1 Il s'agit du *Sermon en proverbes, suivi de vie et mœurs des Nations de l'Europe*, Imprimerie de Moisand, Beauvais (vers 1800).

2 « Un moine du onzième siècle avait écrit un ouvrage intitulé : *le Rien dans les ténèbres* ; Entragues ne put jamais en trouver d'autre trace que la mention du titre : c'était un des livres inconnus qu'il aurait voulu lire. » (R. de Gourmont, *Sixtine*, UGE, 1981, p. 67)

son père[1]. – B…, toujours traité en enfant gâté, dont la volonté et les caprices sont des ordres, ne quittait guère le foyer paternel, où il prenait des habitudes d'oisiveté et de paresse. – N'ayant eu pour le soutenir ni l'affection, ni les conseils de sa mère ; mal surveillé, mal dirigé par un père trop faible qui, toujours en admiration devant son fils, lui passait tous ses caprices, excusait toutes ses fantaisies, à dix-huit ans B… était sceptique et frondeur, ne croyant ni à Dieu ni à diable. – Il était homme à ne reculer devant rien, à n'être arrêté par aucun scrupule. – Aveuglé par son amour paternel, C… ne suivit pas les progrès incessants du mal, cette gangrène morale qui s'empare du cerveau d'abord pour descendre ensuite au cœur. – Il faut que jeunesse se passe. » Voilà le genre. J'en ai pris l'exemple dans un vieux journal et j'estime que, de telles phrases ayant, sous leurs diverses variantes syntaxiques, été imprimées, depuis quarante ans, des centaines de fois, il est à peu près impossible de découvrir le feuilleton où je les ai copiées. Mais cela n'importe pas, puisque précisément elles ont été choisies pour donner l'impression d'un cerveau anonyme et du parfait servilisme intellectuel. Ce cerveau anonyme est pourtant doué de deux ou trois qualités ou affections particulières : d'une mémoire spéciale, très étendue ; d'une faculté abstractive qui semble en corrélation avec une cécité cérébrale presque absolue.

La mémoire est un phénomène très complexe et tout mécanique. Il s'emmagasine dans notre cerveau une multitude de petits « négatifs » qui, à l'occasion, se reproduisent instantanément en exemplaires plus ou moins nets. Un cerveau conserve plus volontiers tels de ces négatifs[2] ; il y a par exemple la mémoire visuelle et la mémoire verbale[3] ; elles peuvent coïncider, elles peuvent s'exclure. Littérairement, ces deux mémoires

---

1 Ce passage sera cité et commenté par Jean Paulhan dans *Les Fleurs de Tarbes ou la Terreur dans les Lettres* [1941], éd. Jean-Claude Zylberstein, Paris, Gallimard, coll. « Folio essais », 1990, p. 54.

2 Dans *L'Énergie spirituelle*, Bergson s'élève contre cette représentation métaphorique très simplificatrice de la mémoire, qui est, dit-il, celle de « tous les matérialistes » : « Nous parlions tout à l'heure de *clichés*, de phonogrammes : telles sont les comparaisons qu'on trouve dans toutes les explications cérébrales de la mémoire ; les impressions faites par des objets extérieurs subsisteraient dans le cerveau, comme sur *la plaque sensibilisée* ou sur le disque phonographique. À y regarder de près, on verrait combien ces comparaisons sont décevantes. » (H. Bergson, *L'Énergie spirituelle*, Félix Alcan, 1922, p. 54)

3 La réflexion de Gourmont sur ces deux types de mémoire se poursuivra dans *Le Problème du style* en 1902, en particulier dans le chapitre « La Vision et l'émotion », réflexion stimulée par la parution de l'*Essai sur l'imagination créatrice* de Ribot en 1900.

réunies sont la condition d'un talent original[1] ; isolée, la première est représentative de ces hommes qui ont vu, senti, pensé et qui ne peuvent cependant se traduire clairement ; la seconde répond à ce qu'on appelle vulgairement la « mémoire » en style pédagogique ; elle ne peut produire qu'un talent purement oratoire ou abstrait, nécessairement limité, superficiel et sans vie[2]. Cette seconde mémoire semble pouvoir se subdiviser, quand il s'agit du style ou de l'écriture[3] en mémoire des mots et mémoire des groupes de mots, locutions, proverbes, clichés. Il y a des aphasiques qui n'ont perdu que la mémoire du mot et qui peuvent désigner la chose par une périphrase ; on retrouverait les traces d'une telle maladie dans certains écrits vulgaires, et avec cette aggravation qu'alors la périphrase n'a souvent aucun sens, ne correspond qu'à une intention et ne pourrait être remplacée par un mot. Ainsi dans une des phrases citées, le passage : « ... cette gangrène morale qui s'empare du cerveau d'abord pour descendre ensuite au cœur ». Cela est peut-être d'un degré au-dessous de l'aphasique qui, pour « couteau », dit « ce qui sert à couper[4] » ; c'est un bruit, mais à peine labial, le soufflement de l'asthmatique.

Cependant, il s'agit de mémoire, et d'une mémoire étendue et sûre, quoique bornée d'un côté. Les amnésiques du verbe oublient d'abord ce qu'il y a de plus particulier dans le langage, les noms propres, les

1 « Il peut arriver, mais cela est très rare, que la mémoire visuelle et la mémoire émotive règnent équilibrées dans le même cerveau. Le résultat donnera, selon la physiologie particulière de cet homme, selon sa race, selon le sol qui l'a nourri, un Chateaubriand, un Flaubert. Chez Flaubert, l'équilibre est si parfait qu'on demeure, l'ayant bien étudié, frappé d'étonnement. Dans Chateaubriand, la mémoire visuelle est dominante. C'est pourquoi il fut jusqu'à la fin de sa vie la proie du style, tandis que Flaubert, dans sa dernière œuvre, avait pu le restreindre à son vrai rôle, qui est de second plan et d'accompagnement. [...] La faculté maîtresse du style, c'est donc la mémoire visuelle. » (*Le Problème du style*, *op. cit.*, p. 34).

2 Dans *Le Problème du style*, ce type d'écrivain dominé par la mémoire verbale sera nommé « idéo-émotif » (terme tout juste entré dans le vocabulaire de la psychologie). Gourmont lui reconnaît certaines qualités : « tout le travail de passage du réel à l'idée et de l'idée au réel » a « été fait d'avance pour eux par les écrivains antérieurs. Ils se servent volontiers de tout ce qui a été sacré par l'usage, des phrases connues, riches de ferments émotionnels pour avoir traîné partout, des locutions, des proverbes, de tout ce qui abrège, de tout ce qui résume. » (*Ibid.*, p. 38).

3 On ne tente ici que des insinuations, laissant à d'autres le soin d'en vérifier ou d'en nier la valeur scientifique, d'après les principes de M. Ribot, *les Maladies de la Mémoire.* NDA

4 Gourmont emprunte directement à l'ouvrage de Ribot : « Certains malades privés seulement d'une partie de leur vocabulaire, mais incapables de trouver le mot propre, le remplacent par une périphrase ou une description. Pour ciseau, ils disent "ce qui sert à couper" ; pour fenêtre, "ce par où l'on voit clair" ». (*Les Maladies de la mémoire*, *op. cit.*, p. 124-125).

substantifs, les adjectifs ; les parties du langage qui ont la vie la plus dure sont les phrases toutes faites, les locutions usuelles[1]. Des malades, incapables d'articuler un mot, retrouvent leur langue pour expectorer des « clichés » ! La sorte de style qui nous occupe serait donc une des formes de l'amnésie verbale élevée à la puissance littéraire. On suppose que dans la formation des langues l'ordre d'apparition des mots a été inverse de l'ordre de disparition constaté dans certaines maladies[2], les mots précis ayant été trouvés ou fixés les derniers, quand les esprits ont été capables d'idées nettes bien délimitées, tandis que les mots abstraits, appris d'abord, tels grands mots de la religion, de la philosophie, de la politique, restent dans les lobes, et témoignent jusqu'à la dernière heure de la puérilité d'une intelligence. Ce mécanisme explique les conversions tardives, le goût des vieillards pour les formules morales, ainsi que la psychologie des fanatiques qui n'ont jamais pu atteindre le mot net correspondant à un fait nu ; l'emploi du cliché, en particulier, accuse une indécision qui est un signe certain d'inattention et de déchéance. Mais certaines mémoires même tronquées peuvent, selon l'expression de M. Ribot, s'exalter dans leur portion saine : et ceci fait comprendre l'état de l'homme qui ne pense que par clichés ; il y a là un phénomène très curieux d'exaltation de la mémoire partielle[3]. Pour l'expliquer, il n'est besoin que de la théorie de l'association[4] ; un proverbe en amène

---

1 Ce développement suit de très près le chapitre de Théodule Ribot sur l'aphasie ou « amnésie des signes » dans *Les Maladies de la mémoire*. L'aphasie y est définie comme la désintégration de l'élaboration *volontaire* des énoncés linguistiques, groupes de mots ou phrases. Ribot expose les différents stades de cette dissolution : « La marche de l'amnésie va du particulier au général. Elle atteint d'abord les noms propres qui sont purement individuels, puis les noms de choses qui sont les plus concrets, puis tous les substantifs qui ne sont que des adjectifs pris dans un sens particulier, enfin viennent les adjectifs et les verbes qui expriment des qualités, des manières d'êtres, des actes. » (*Ibid.*, p. 133).

2 Ribot établit une relation entre l'ordre de la dissolution linguistique chez les aphasiques et l'évolution des langues indo-européennes : « La science du langage nous fournit aussi des indications précieuses pour notre sujet. [...] L'évolution du langage s'est faite, comme on devait s'y attendre, dans un ordre inverse à celui de la dissolution chez les aphasiques. [...] L'évolution naturelle du langage n'explique-t-elle pas les stades de sa dissolution chez l'aphasique, dans la mesure où une création spontanée et la dissolution d'une langue artificiellement apprise sont comparables ? » (*Ibid.*, p. 135).

3 Cette dernière formule est directement empruntée à la description par Ribot des amnésies périodiques : « à côté de la mémoire normale il se forme pendant les accès *une mémoire partielle*, temporaire et parasite. » (T. Ribot, *Les Maladies de la mémoire*, *op. cit.*, p. 81)

4 Il s'agit d'une thèse développée par des philosophes comme Locke, Hume, Stuart Mill ou Herbert Spencer. Elle pose que toute la vie mentale, y compris dans ses manifestations les

un autre ; un cliché traîne après lui toutes ses conséquences et toutes ses guenilles verbales. C'est un long cortège dont le défilé surprend, même après qu'on en a compris le mécanisme.

Voici. Un homme est doué à un bon degré de la mémoire visuelle et de la mémoire verbale simple ; s'il décrit un paysage, même imaginaire, même fantastique, même irréel, c'est qu'il le voit. Le schéma de ses gestes serait alors identique chez lui et chez le dessinateur qui alternativement lève la tête et crayonne. Pour réaliser sa description il n'a besoin que des mots et de l'usage familier de la langue ; la construction de sa phrase est déterminée par sa vision[1] ; il ne pourrait employer des clichés que si ces clichés concordaient parfaitement avec la vision mentale qu'il évoque intérieurement. Les clichés ne concorderaient que si la vision était exactement celle qui a déterminé la première fois le choix des mots particuliers, ensuite répétés et arrivés à l'état de cliché. Cela est impossible, du moment qu'on suppose que l'écrivain est sincère et qu'il est doué, comme cela fut d'abord convenu, des deux mémoires, visuelle et verbale.

Dans l'autre cas, au contraire, le paysage écrit n'est pas une description, mais une construction de logique élémentaire ; les mots échouent à prendre des postures nouvelles, qu'aucune réalité intérieure ne détermine ; ils se présentent nécessairement dans l'ordre familier où la mémoire les a reçus : ainsi depuis cinq siècles les poètes français inférieurs chantent, avec les mêmes phrases nulles, le printemps virgilien.

Tous les écrivains dénués de la mémoire visuelle n'ont pas nécessairement une excellente mémoire des signes, ou plutôt des groupes de signes. Dans leur cerveau inactif, les associations de clichés se font difficilement. Pour ces amputés de tous les membres on rédigea des dictionnaires. L'un, le plus beau, a pour titre *le Génie de la langue française*[2] ; on y trouve la plupart des mots du vocabulaire et, à leur suite,

---

plus élevées, relève d'évocations associatives automatiques. La théorie de l'association explique la genèse des idées en évacuant tout processus intellectuel d'abstraction et d'organisation logique : les idées partent des sensations ou images et se modifient pour devenir de plus en plus abstraites. Elle a été vulgarisée par l'ouvrage de Taine *De l'intelligence* en 1870. C'est aussi cette « théorie de l'association » qui, selon Gourmont, explique le processus métaphorique : « il s'agit le plus souvent, et c'est notre avis, d'associations passives d'idées » (voir *supra*, p. 182).

1 « La faculté maîtresse du style, c'est donc la mémoire visuelle. Si l'écrivain ne voit pas ce qu'il décrit, ce qu'il raconte, paysages et figures, mouvements et gestes, comment aurait-il du style ? » (*Le Problème du style*, *op. cit.*, p. 34).

2 *Le Génie de la langue française, ou Dictionnaire du langage choisi, contenant la science du bien dire, toutes les richesses poétiques, toutes les délicatesses de l'élocution la plus recherchée, etc.*, par

la série des phrases toutes faites et comme cristallisées autour de l'idée qu'ils représentent. On ouvre et l'on voit aussitôt : « l'abeille diligente butiner sur les fleurs – voltiger de fleur en fleur – errer dans la plaine fleurie – ravir le miel que renferme la fleur– dormir sur le sein d'une rose – charger son vol léger du suc des fleurs – piller le thym et le serpolet– se rouler dans le calice des fleurs », et cela, comme le dit si bien l'auteur ingénu, « selon toutes les délicatesses de l'élocution la plus recherchée ». Si l'on franchit quinze cents colonnes, voici « les bras – la coupe – les pièges – le siège – le trône de la volupté ; voici des yeux noirs comme du jais – des yeux à demi-voilés par de longues paupières – des yeux dont on arrache le bandeau fatal – des yeux qui se détachent – des yeux qui se repaissent – des yeux qui se fondent en pleurs – des yeux qui lancent des éclairs », et plusieurs de ces images furent belles, mais elles ne le sont plus, puisqu'elles ne sont pas nouvelles[1].

Ce dictionnaire ne semble pas avoir été goûté ; il contient trop d'expressions qui n'ont été dites qu'une fois ; le cliché ne s'y rencontre pas du premier coup et il faut aller chercher parmi un taillis épineux d'expressions déconcertantes, puisque le souvenir ne les reconnaît pas. L'homme qui écrit par clichés est difficile à tromper ; à défaut de mémoire, il a de l'instinct et on ne le ferait pas coucher avec une phrase qui ne se serait pas prostituée à plusieurs générations de grimauds.

Un recueil du même genre fut publié au siècle dernier, mais la littérature était modeste alors ; l'on se contentait d'un dictionnaire d'épithètes[2], livre misérable et qui n'a d'intérêt que comme représentant psychologique d'une basse époque. Non que le révérend père fût prude ou timoré ; il note les épithètes de Voltaire et des poètes galants et la

Goyer-Linguet ; 1846. NDA

1 Trois ans plus tard, Gourmont ironisera à nouveau sur cet ouvrage dans *Le Problème du style* : « L'élève de M. Albalat consulte en vain le dictionnaire des lieux communs littéraires, celui de Goyer-Linguet, par exemple, qui s'appelle mirifiquement *Le Génie de la langue française* (1846) ; il verra les étoiles s'allumer, briller, scintiller, rayonner, flamboyer, étinceler, rire, rougir, pâlir ; il apprendra qu'elles ont des yeux, des regards, qu'elles lancent des lueurs, qu'elles sont pareilles à des diamants… » (*Ibid.*, p. 28).

2 *Les Épithètes françaises rangées sous leurs substantifs, ouvrage utile aux poètes, aux orateurs, etc.*, par le R. P. Daire, sous-prieur des Célestins de Lyon. À Lyon, M.DCC.LIX. – Ce livre a été refait récemment et, le croira-t-on, pour guider dans les sentiers de la vertu littéraire les jeunes disciples de l'Apollon noir. Je ne sais si je m'explique clairement ; le volume a pour titre : *Album poétique ou la Nature et l'Homme* et il a été publié à Cap-Haïtien par un magistrat de couleur, M. Ch. Anselin. Rien de plus réjouissant que le choix des épithètes, par exemple celles du mot gorge : plantureuse, grasse, magnifique, énorme, etc. NDA

grossièreté même ne le rebuta pas, mais c'est précisément parce qu'il est bien de son temps qu'il est épouvantable. Son livre est glacial ; ses clichés sont des grêlons tombant sur un toit de plomb. En reprenant les mots abeille, volupté et yeux, on trouve dans le catalogue du prieur des Célestins : Abeille : badine – bourdonnante – diligente – importune – imprudente (Voltaire) – industrieuse – laborieuse – ménagère – mouchetée – ouvrière – piquante – prévoyante – vagabonde ; Volupté : douce – efféminée, – enfantine – étudiée – fine (Voltaire) – folâtre – grossière – lâche – obscène – prodigue – profane – pure – riante – sévère – subtile – sucrée ; Yeux : abusés – assassins – attendris – bandés – bouchés – chassieux – cruels – délicats – ébaubis – éblouissants – éloquents – ennemis – éplorés – fistuleux – fondus – gémissants – homicides – hypocrites – impudiques – langoureux – noyés – pochés, etc.

Il y a là un moment triste. On voit la poésie malade poussée dans une petite voiture par un vieux Célestin jovial et méticuleux qui la mène à l'hôpital. Le vers français se fait par le procédé que les régents enseignent avec fruit pour le vers latin ; on a des principes ; on sait que « les épithètes sont destinées à rendre le discours plus énergique » et « qu'elles produisent un ornement sensible dans le style, pourvu qu'elles soient bien ménagées et qu'on en use avec discrétion, sans émousser le goût en les multipliant trop[1] ». La discipline du collège a incliné les esprits à ne considérer que les idées les plus générales ; l'abstrait domine la vie. L'abeille plane immobile dans l'espace, sans relations avec les choses que selon le caprice du rhétoricien ; on use de l'abeille, non comme d'un être, mais comme d'un signe, qu'une ficelle incline. La poésie du dix-huitième siècle et, malgré Buffon[2], sa prose donnent l'impression d'une littérature d'aveugles ; non seulement la mémoire visuelle semble partout abolie, mais on dirait que même la vision oculaire est un sens rare ou encore en enfance. Il est difficile de voir ; c'est une faculté animale et c'est un don humain. Des hommes voient avec génie : rien de ce qui a passé sous leurs yeux ne leur est impossible à évoquer. Victor Hugo était un de ces voyants[3]. Chaque fois qu'il levait les yeux, un monde

1 Cette citation est tirée de la préface du *Dictionnaire des épithètes* de Louis-François Daire.

2 Sur le style de Buffon, voir le chapitre « La Légende de M. Buffon » dans *Le Problème du style*, *op. cit.*, p. 131.

3 Dans *Le Problème du style*, Gourmont écrira : « Hugo est d'un mécanisme simple, presque élémentaire, et parfait. Toutes les sensations qu'il éprouve, et ce sont les yeux surtout qui

nouveau entrait en lui et n'en sortait plus qu'au jour des incantations imaginaires. La poésie, en somme, et l'art, quel qu'il soit, a pour outil premier l'œil. Sans l'œil, il n'y a que des raisonneurs.

L'éducation, telle qu'elle est pratiquée depuis trois siècles sans modifications sérieuses, développe particulièrement le goût de la phrase toute faite ; et il importe peu qu'elle soit latine ou seulement française, puisque les auteurs français dont on « orne la mémoire[1] » des enfants sont des succédanés des auteurs latins et leurs meilleurs traducteurs. Dans l'un ou l'autre ordre, le principe est de cultiver la mémoire verbale aux dépens de la mémoire visuelle. On n'enseigne pas à regarder, mais à écouter ; il semble que les enfants ne devraient avoir des yeux que pour lire, des yeux postiches qu'ils remettraient dans leur poche, la leçon sue, comme le professeur, ses lunettes. L'oreille est la baie favorite ; le Saint-Esprit entre toujours par l'oreille ; mais sous la forme de mots et de phrases qui s'inscrivent au cerveau tels qu'ils sont prononcés, tels qu'ils ont été entendus ; et ils en ressortiront un jour, identiques en sonorité et peut-être nuls en signification. Ce qui entre par l'œil, au contraire, ne peut sortir par les lèvres qu'après un travail original de transposition ; raconter ce qu'on a vu, c'est analyser une image, opération complexe et laborieuse ; dire ce que l'on a entendu, c'est répéter des sons, peut-être comme un mur.

Cependant pour certains cerveaux, toute lecture, tout discours se transforme en images ; le souvenir sonore de la phrase n'est pas conservé. C'est l'opération inverse de la réduction de l'image visuelle en paroles. Michelet[2] ou Flaubert ont puisé en des écritures antérieures des visions aussi intenses que celles qu'aurait pu leur donner le spectacle même des mœurs et des tragédies de jadis. De tels esprits sont assez souvent inaptes à traduire exactement une langue en une autre ; ils perçoivent une image

---

l'enrichissent, il les traduit en verbe au moyen d'images visuelles, uniformément. » (*Ibid.*, p. 52)

1 La formule est reprise au discours de la rhétorique scolaire. Elle se rencontre par exemple dans un manuel de rhétorique comme les *Principes de rhétorique française* d'Augustin Pellissier dont la première publication date de 1867 : « Cultiver son cœur, *orner sa mémoire*, lire et méditer les grands modèles sont des conditions sans lesquelles la méthode serait inutile » (A. Pellissier, *Principes de rhétorique française*, Hachette, 1881, p. 4).

2 Ce processus est également décrit dans *Le Problème du style.* Le style de Michelet, dit Gourmont, « est le produit de cette faculté très heureuse de métamorphoser l'abstrait en concret. » (*Ibid.*, p. 36).

et la transposent par des phrases, au lieu de calquer directement la phrase sur la phrase : ils le sont plus souvent encore à répéter textuellement des mots ; la mémoire littérale accompagne rarement la mémoire visuelle.

La mémoire visuelle rend les hommes indociles ; la mémoire littérale dispose à la passivité. Il est donc tout naturel que ce soit cette faculté que les écolâtres aient le plus volontiers labourée avec la charrue de leur méthode. Le latin fut un des meilleurs socs de rechange de cette charrue traditionnelle ; il a creusé un bon sillon dans les cerveaux et préparé une moisson baroque : la citation. La citation est latine, essentiellement. Elle est, comme dit le prieur des Célestins, un ornement et une béquille ; elle pare le discours et elle le renforce. Elle est la moisissure des styles rances et l'argument des raisonnements illogiques. Quels clichés plus vénérables que les centons de Virgile et d'Horace, et quels coins plus faciles à enfoncer ! Leur sens douteux ou vain permet de les insérer partout où il y a un trou. Sait-on ce que veut dire le *Sunt lacrymæ rerum*[1] ? À peine. « Expression tirée de l'Énéide, affirme un guide-âne populaire, et qui sert à faire entendre que la vue d'une grande infortune excite la pitié : *les choses elles-mêmes arrachent des larmes.* » Et la banalité de cette pensée, en effet, incite à pleurer. Alors on se demande par quel miracle ces trois mots, enlevés comme trois brins de fil à la robe admirable d'un poème, ont pu se conserver pendant des siècles dans le musée de la mémoire ? C'est sans doute que leur obscurité fait leur grâce et leur force[2] ; ils disent ce que l'écrivain ne sait pas dire, quoi qu'il sente ; ils font croire à celui qui en est ému que celui qui les profère abrège par un signe connu la longue litanie de ses émotions, tandis que celui qui les écrit revêt placidement son impuissance d'une forme dont il connaît, pour l'avoir éprouvée, la vertu communicative et tyrannique. Le guide-âne allégué encadre volontiers dans un exemple d'écriture chacune des fleurs dont il est l'herbier ; il y en a de délicieux : « *Dulces reminiscitur Argos* (Il revoit en souvenir sa chère Argos). Expression dont Virgile se sert pour rendre plus touchante la douleur d'un jeune guerrier qui meurt loin de sa patrie. *Nous vîmes au Jardin des plantes une jeune girafe dont l'air mélancolique rappelait le* dulces reminiscitur Argos. »

1 Virgile, *Énéide*, livre I, v. 462.

2 Deux interprétations sont en effet possibles, selon que l'on considère « rerum » comme un génitif objectif : « il y a des larmes pour les choses qui en valent la peine » ou subjectif : « les choses ont des larmes » ; « les objets pleurent ».

Quelles sont les sources des clichés ? Naturellement les œuvres qui ont eu un succès durable et dont l'influence s'est étendue sur plusieurs générations, sinon sur plusieurs siècles. L'histoire du cliché serait l'histoire même des littératures dans leurs rapports avec la mode. Comme il y a toujours eu des écrivains privés de la mémoire visuelle, et que la mémoire verbale est un des signes les plus apparents de la vocation littéraire, l'usage des phrases toutes faites se retrouve à toutes les époques ; tout auteur célèbre traîne après lui un cortège équivoque qui répète ses mots et ses gestes. Le zèle de ces imitateurs est redoutable, non pour la réputation, sans doute, mais pour le charme futur des chefs-d'œuvre. Ils avilissent promptement, en les insérant dans leurs pages, les plus belles images des livres dont le succès les grise et les surexcite ; de ces panneaux vulgaires, les tableaux déjà troués et décolorés passent dans les loges, se font vignettes pour orner les lettres, sornettes pour égayer les conversations. L'imitation est la souillure inévitable et terrible qui guette les livres trop heureux : ce qui était original et frais semble une collection ridicule d'oiseaux empaillés ; les images nouvelles sont devenues des clichés. Il faut très longtemps pour que l'œuvre ainsi tuée par une sorte d'envoûtement renaisse à la vie littéraire ; il faut que toute la littérature intermédiaire et imitatrice disparaisse dans l'oubli ; alors l'œuvre primitive, lavée et réhabilitée, s'offre à nouveau dans sa grâce première. Des livres ne virent ou ne verront jamais cette heure-là : *Télémaque*, l'œuvre la plus imitée, phrase à phrase, de toutes les littératures, est pour cela même, définitivement illisible. C'est dommage, peut-être, et c'est injuste, mais comment goûter encore « les gazons fleuris – ces beaux lieux – qu'elle arrosait de ses larmes – un silence modeste – une simplicité rustique – les doux zéphirs – une délicieuse fraîcheur – le doux murmure des fontaines » ? Voici la fameuse grotte tapissée de vigne, de cette vigne devenue vierge au cours des années ; voici les mille fleurs naissantes qui émaillent toujours les vertes prairies ; voici le doux nectar, la vie lâche et efféminée, la jeunesse présomptueuse ; voici « le serpent sous les fleurs ». Oui, *latet anguis in herba* : tout cela en somme est traduit du latin[1]. Sans doute, mais *Télémaque* eut cependant une grâce qu'il eût conservée si les imitateurs avaient été moins empressés à effacer sous leurs grossières caresses le velouté du fruit[2].

1 Il s'agit d'une citation extraite des *Bucoliques* de Virgile.

2 Gourmont consacre un chapitre entier à cette œuvre dans *Le Problème du style*, « Le Cerveau de Fénelon », où, prenant le contre-pied d'Antoine Albalat, il montre que le récit de

Ici, il y a une objection qui se dresse grave et ironique. N'est-il pas possible, au contraire, que le zèle des imitateurs ait été à la fois l'ensevelisseur et l'embaumeur de *Télémaque* et de toutes les œuvres dont le sort fut pareil ? Cela est très possible. C'est parce que les images de *Télémaque* sont devenues des clichés que nous ne pouvons plus les aimer ; mais si elles étaient restées en leur état original, nous ne les comprendrions peut-être plus et nous n'aurions même pas l'idée d'entr'ouvrir le livre pour nous réjouir à des visions énigmatiques. Ainsi les œuvres de littérature, toutes condamnées à la mort, périraient, les unes étouffées par l'oubli, les autres étouffées par l'admiration. L'oubli serait préférable si l'admiration ne laissait du moins surnager, après le naufrage, deux mots : le nom de l'auteur ; le titre du livre. Les privilégiés de la gloire sont peut-être les écrivains dont les œuvres se transmettent de ferveur en ferveur comme le secret d'Isis ; le peuple de la littérature n'est point tenté pour elles d'un amour irrespectueux, et une élite de fidèles, où il y a des prêtres, récite, en guise de prières, les pages adorées du livre défendu à la foule[1]. Il semble que Verlaine, Villiers, Hello, Mallarmé soient destinés à cette gloire qui n'est limitée qu'en étendue et qui est celle de Villon, de Théophile, de Tristan, de Beckford, de Vigny, de Baudelaire. Seuls, les Shakespeare, plus faciles à compter, résistent à la prostitution du génie, parce que, redevenus pareils à la nature qu'ils représentent, ils offrent aux hommes moins une source d'imitation qu'une source d'art, un monde nouveau et second où l'on peut puiser sans honte et sans peur, éternellement.

Parfois les écrivains illustres, après des années ou des siècles, se délivrent de la meute des imitateurs parasites ; c'est l'interrègne, puis la résurrection de la gloire et d'une influence désormais restreinte, mais profonde. Racine, obscurci par des générations de copistes, a resplendi de nouveau. Chateaubriand renaîtra bientôt de son bûcher, à moins que de fougueux zélateurs ne ridiculisent encore, pour un demi-siècle, une œuvre qui fut éblouissante.

Fénelon n'est pas écrit en clichés mais que les images sont « l'origine des clichés qu'elles sont devenues » (*op. cit.*, p. 112). Le cliché est donc le produit de la lecture, de la réception de l'œuvre. Il avancera un second argument dans sa défense du *Télémaque* : « La phrase toute faite est la condition même de la clarté d'un style. » (*Ibid.*)

1 Ce développement préfigure les analyses de Gourmont dans les « Nouvelles dissociations d'idées », « La gloire et l'idée d'immortalité », « Le succès et l'idée de beauté » repris dans *Le Chemin de velours*.

On ne s'occupe pas assez des mauvais écrivains ; je veux dire qu'on les devrait châtier d'une main plus ferme. Certains devraient se donner cette fonction d'annuler, par une critique impitoyable, le travail des imitateurs, grattage et lavage. L'effort, même d'un pauvre d'esprit, à dire ingénuement son âme inachevée, est touchant comme la lutte d'un brin d'herbe contre une pierre ; la pierre est parfois vaincue. Le labeur trop persévérant des truqueurs doit être détruit, comme une toile d'araignée, jusqu'à ce que la vilaine bête soit morte dans son trou. À moins qu'on ne se borne (c'est la méthode scientifique) à observer les mœurs littéraires avec le désintéressement de Swammerdam ou de Réaumur[1] ; à constater les dégâts que font les hommes dans l'idée de beauté et dans toutes les idées générales, comme l'entomologiste suit curieusement la trace d'une invasion de chenilles vertes sur les fleurs de son jardin. Cette méthode est difficile à concilier avec la sensibilité esthétique, et nul, qui aime l'art, ne peut répondre qu'il n'en déviera jamais, l'ayant adoptée : on en laisse le choix aux volontés, selon leurs tendances.

Un style original est le signe infaillible du talent, puisque, en art, tout ce qui n'est pas nouveau est négligeable. Hors de l'art, c'est-à-dire dans les œuvres qui n'ont plus pour but la transposition de la vie en écritures, en formes, en sonorités ; dans les œuvres abstraites ou dans celles où l'auteur doit s'astreindre à l'exactitude historique[2], le style se passe de cette nouveauté sans laquelle un poème, par exemple, est inexcusable : un poème, un roman ou toute fiction, car en littérature il n'y a que des poèmes. Riche d'images, le style tend à l'obscurité ; une image nouvelle, étant la représentation presque directe d'un fragment de vie, est beaucoup moins péremptoire que le cliché, lequel est, si l'on ose dire, une image abstraite. Schopenhauer, Taine et Nietzsche ont

---

1 Jan Swammerdam (1637-1680) est un naturaliste hollandais à la fois médecin, anatomiste et entomologiste. Michelet lui consacre un long développement dans *L'Insecte* (1860). René-Antoine Ferchault de Réaumur (1683-1757) est un naturaliste et physicien qui s'intéressa à l'histoire naturelle (étude des invertébrés).

2 Pour comprendre Balzac, il faut 1° le considérer comme un historien, soucieux avant tout d'être exact, et de bien expliquer la vie ; 2° en référer à sa méthode de travail : « En travaillant trois jours et trois nuits, j'ai fait un volume in-18 intitulé : *Le Médecin de Campagne.* (*Correspondance*, 28 sept. 1892) » ; 3° étudier son style, qui est souvent admirable, plein d'images neuves et évocatrices, qui n'est très mauvais que si, emporté par sa fougue, il le modèle, instinctivement, sur la vulgarité d'un épisode ; 4° noter que Balzac a été l'écrivain le plus imité depuis soixante ans. NDA

fait de la métaphysique ou de la psychologie en un style plein d'images expressément créées par eux pour expliquer leurs visions ; tous les trois furent de grands visionnaires devant lesquels l'Abstraction elle-même, comme au regard d'un démiurge, se mettait à vivre et à remuer sous ses longs voiles gelés par les hivers philosophiques. C'est la mentalité de Platon et, poussée au génie, la méthode d'Hermas, de Jean de Meung et de Palafox[1]. Mais Kant, avant sa triste conversion, a proféré des choses éternelles, et peut-être la seule vérité, avec les phrases toutes faites, pâles, froides, de la vieille scolastique.

On a dit qu'il y a des écrivains dont le style, entièrement purgé d'images, n'est qu'une suite de propositions grammaticales demeurées à l'état d'armatures ou de lignes ; c'est une illusion. Presque tous les mots, même isolés, sont des métaphores[2] : tout groupe de mots détermine nécessairement une image : elle est neuve et concrète, si les mots n'ont pas encore été groupés selon ces rapports ; elle est abstraite ou parvenue à l'état de cliché, si ce groupement des mots a lieu selon des rapports usuels ou connus. Ni le style de Stendhal[3], ni celui de Mérimée[4], ni le style même

---

1 Jean de Meung est l'auteur avec Guillaume de Lorris du *Roman de la Rose* écrit entre 1237 et 1280 qui réunit deux fictions allégoriques. L'évêque espagnol Juan de Palafox y Mendoza (1600-1659) est l'auteur d'un récit allégorique : *Le Voyage spirituel, où l'on voit toutes les richesses de la science du salut, et la tromperie de l'esprit du monde. Le Pasteur* d'Hermas est un récit édifiant du second siècle de l'ère chrétienne qui relève du genre des *Apocalypses.* La première partie de l'ouvrage est occupée par un récit de cinq « visions » qui manifestent sur un mode allégorique la gravité du péché et la miséricorde de Dieu. Gourmont citera à nouveau ces auteurs de récits allégoriques dans *Le Problème du style* comme exemples de « la faculté très heureuse de métamorphoser l'abstrait en concret » (*op. cit.*, p. 36).

2 *Cf. supra* la première phrase du chapitre sur la métaphore : « Dans l'état actuel des langues européennes, presque tous les mots sont des métaphores » (p. 159).

3 Sur le style de Stendhal vu par Gourmont, on se reportera à l'article « Le style et l'art de Stendhal » : « Bien qu'au premier abord il semble n'écrire qu'assez mal, surtout pour ces hommes emplis de rhétorique qu'on appelle les lettrés, il n'en faut pas moins le considérer comme un des maîtres du style. Sa prétention de lire une page du Code civil avant de se mettre au travail n'est que le mot d'un homme qui place au-dessus de tout le naturel, la précision et la clarté et qui croit que le Code possède ces diverses qualités. Ce sont bien celles du style de Stendhal, et le Code est obscur et diffus. Chacune des subtiles phrases de Stendhal veut dire une chose très nette, quand il s'agit d'action, quand il s'agit d'un mouvement de l'intelligence, et ne prête au commentaire que s'il explique des sentiments, que s'il exprime l'état d'une sensibilité. "C'était comme un archet qui jouait sur mon cœur", dit-il d'un paysage qui l'a ému. » (*Promenades littéraires, 5ᵉ série*, Mercure de France, 1913, p. 106).

4 Sur « l'absence de style » de Mérimée, voir « Un célèbre amateur. Prosper Mérimée » : « Mérimée avait presque toutes les qualités qui font un excellent écrivain : de l'imagination

du Code ne sont exempts d'images ; seulement ces images sont tellement usées, elles ont si longtemps roulé dans les vagues de la parole que voilà des galets unis et ronds où il semble que nul regard mental ne puisse découvrir les linéaments du paysage ancien. « Tout condamné à mort, dit le Code, aura la tête tranchée » ; cela est net, sec et froid ; cela ne laisse à l'entendement aucune alternative ; ce n'est plus une image, c'est une idée, mais une idée qui, à peine comprise, redevient l'image que les mots, sans le savoir, ont tracée avec du sang. Le style le plus décharné est parfois vivant ; une goutte d'eau ressuscite le rotifère[1] desséché ; une lueur d'imagination restitue aux mots glacés leur valeur émotionnelle.

Il y a donc deux classes de clichés, ceux qui représentent des images dont l'évolution, entièrement achevée, les a menés à l'abstraction pure ; et ceux dont la marche vers l'état abstrait s'est arrêtée à moitié chemin, – parce qu'ils n'avaient reçu à l'origine qu'un organisme inférieur et une forme médiocre, parce qu'ils manquaient d'énergie et de beauté. C'est pour ceux-là qu'il faudrait réserver le mot « cliché » ; les autres seraient mieux nommés « images abstraites ».

Sans images abstraites, la littérature, identique à la vie, serait, comme la vie, incompréhensible ; elles représentent les points lumineux d'un poème, d'un paysage ou d'une figure. Le style de Mallarmé doit précisément son obscurité, parfois réelle, à l'absence quasi totale de clichés, de ces petites phrases ou locutions ou mots accouplés que tout le monde comprend dans un sens abstrait, c'est-à-dire unique. Les abstractions sont bien vraiment les lumières du style. Mais que de génie pour les disposer, ces lumières que tous les yeux reconnaissent, guider les esprits vers une seule maison, étoiles ! Car c'est la nuit, ou bien ce clair de lune éternel, mélancolique d'avoir touché tant de fronts polis par la sottise – *per amica silentia lunæ !*

Peut-être y a-t-il aussi des images inusables, des clichés en diamant, des phrases toutes faites depuis sans doute le commencement du monde et encore belles et jeunes. Trois ou quatre émotions particulièrement

et de la mesure, de l'audace et du goût, de la pénétration, l'art d'observer la vie sans en avoir l'air, mais il avait peu de style. Il écrit vraiment trop comme cela vient, avec trop de confiance dans les ressources naturelles de son esprit. Jamais à coup sûr, et ceci encore le différencie de l'artiste original, il ne se préoccupa de la forme dont il allait revêtir la matière qu'il venait de trouver. Pour lui, le sujet d'un conte était tout ; la manière de le mettre en œuvre, peu de chose. » (*Promenades littéraires, Première série*, Mercure de France, 1904, p. 113).

1 Les rotifères sont des vers de très petite taille vivant dans les eaux douces.

chères à l'homme se peuvent dire avec les mots les plus simples, les plus frustes, avec des locutions qui, proférées une fois, sont devenues définitives et comme pareilles à ces roses fées qu'on n'effeuillait pas sans punition[1].

En somme, puisqu'il s'agit de littérature, il y a des images qui sont belles ; il y en a qui sont laides ; il y en a de délicates et de vulgaires ; il en a que leur nouveauté ne sauve pas d'être ridicules ; il y en a d'immortellement jolies. Il y en a peu. Ensuite, de même que certaines fleurs qui se veulent seules pour briller, elles pâlissent et se rident, dès qu'elles sont deux ou trois – dissemblables des Grâces. Il faut les aimer et les craindre : on peut toujours les sous-entendre ; elles sont le filigrane du papier où l'on écrit, quand on sait écrire.

On a enseigné l'art d'écrire[2]. On l'enseigne encore, mais avec une foi plus faible. L'art d'écrire est nécessairement l'art d'écrire mal ; c'est l'art de combiner, selon un dessin préconçu, les clichés, cubes d'un jeu de patience. Le cube a six faces. Jetez les dés. Le nombre des combinaisons possibles (il y a peut-être cent mille clichés dans Goyer-Linguet) touche à l'infini dans l'absolu ; elles sont toutes mauvaises, et le jeu est dangereux qui habitue l'esprit à recevoir, sans travail et sans lutte, la becquée. Peu à peu, et nécessairement, une idée, une sensation, telle émotion vitale ou intellectuelle, se trouve associée à l'expression toute faite dont la lecture évoqua jadis dans le cerveau cette même idée, cette même sensation, cette même émotion. Il faut une grande force de réaction personnelle, une grande énergie cellulaire pour résister à la douce facilité d'ouvrir la main sous le fruit qui tombe : il est si agréable et si naturel à l'homme de se nourrir du jardin qu'il n'a bêché, ni semé, ni planté. Les écrivains enclins à cette paresse, et ce ne sont pas toujours ceux de la moindre intelligence, doivent prendre soin de n'employer au moins que des clichés arrivés enfin à l'état abstrait, dont les images usées n'ont plus aucune signification visuelle : cela pourra donner à leurs œuvres un air de froideur extrême ; cela les sauvera du ridicule.

---

1 Cet argument en faveur de la réhabilitation du cliché sera repris dans *Le Problème du style* : « La phrase toute faite est la condition même de la clarté d'un style. Il faut savoir effacer l'image neuve pour mettre à sa place l'image vieille, pourrie, mais phosphorescente et qui jalonne de lueurs la route inconnue. Une page sans clichés est une suite d'énigmes ; cela rebute l'esprit le plus curieux, l'"œdipe" le plus patient » (*op. cit.*, p. 46).

2 J'ignorais, en rédigeant ce chapitre, le livre de M. Albalat, *L'Art d'écrire enseigné en vingt leçons*, lequel paraissait à peine. Il est bien meilleur que son titre, en ce sens qu'il soulève toutes sortes de questions de psychologie linguistique, alors qu'on aurait pu s'attendre à un simple manuel scolaire. Voir *le Problème du style*. NDA

Les clichés définitifs, en effet, avant de mourir dans l'abstraction, passent par la phase du ridicule. Il en est de même des mots, et cette rencontre est un argument de plus pour démontrer que les clichés sont de véritables mots à sens complexe. Arsène Darmesteter a noté la situation humble où l'ironie a réduit des mots jadis nobles, tels que « déconfit – occire – preux – sire – castel[1] ». Ce malheur échoit principalement aux mots « poétiques », à ces mots dont abusent les mauvais vers et que telle rime annonce avec une redoutable certitude. Cela se représente à toutes les époques de la langue française et de toutes les langues, mais en atteignant surtout les mots d'origine étrangère. Ainsi : « rosse – lippe – reître – hâbleur – duègne – matamore – donzelle – bizarre » ont en allemand, en espagnol, en italien un sens fort honnête[2]. Passé en anglais, le mot « beau » prit le sens de « fat », et, passé en français, le mot « dandy (élégant) » se trouva très vite chargé d'une acception ironique. L'étude des clichés donnerait d'analogues résultats, mais plus curieux encore et bien plus concluants, parce que les exemples seraient innombrables de ces images jadis charmantes et qui ont aujourd'hui le ridicule des vieux visages fardés. Pour en cueillir aussitôt plusieurs paniers, il suffit d'ouvrir encore une fois *Télémaque*, ce témoin précieux d'un moment de la langue française : « les pavots du sommeil – une joie innocente – à la sueur de leur front – secouer le joug de la tyrannie – fouler aux pieds les idoles – l'espérance renaît dans son cœur », sont des expressions qui exigent le sourire et qui ne peuvent plus se proférer qu'avec ironie, mais elles furent jeunes, éloquentes et sérieuses.

Les professions qui comportent l'usage constant de la parole ou de l'écriture sont des conservatoires tenaces de clichés. On sait le rôle politique de la Sphère, de l'Hydre, du Spectre. Les sphères sont nombreuses et leur nombre augmente à mesure que, dans les médiocres foules parlementaires, s'accroît, par défaut d'intelligence, le besoin de l'imitation[3]. Nous avons « la sphère d'influence – la sphère diplomatique – les sphères politiques

---

1 Ces exemples sont empruntés à Arsène Darmesteter qui, dans *La Vie des mots*, s'attache au « comique que met en œuvre la langue familière quand elle abuse de ces mots majestueux qui ont le malheur d'être démodés » : « Voyez où sont descendus ces beaux termes *déconfire, déconfiture, ocire, preux, prouesse, sire, castel, manoir, galetas.* » (*La Vie des mots étudiée dans leur signification* [1887], Delagrave, 1927, p. 108).

2 *Bizarro*, par exemple, voulait dire, en espagnol, vaillant. NDA

3 Allusion au principal concept de Gabriel Tarde exposé dans *Les Lois de l'imitation : étude sociologique* (1890).

– une sphère plus étendue – la sphère intellectuelle – la sphère morale – la sphère d'activité – une sphère plus élevée – la sphère des idées – la sphère des progrès démocratiques – la sphère des intérêts matériels, etc. », toutes locutions où « sphère » n'évoque plus aucune image, sinon en certains esprits irrespectueux ; non seulement le mot est arrivé au dernier période de l'abstraction, mais il semble même, la plupart du temps, n'avoir qu'une valeur de redondance oratoire, ne correspondre à rien. Il en est de même des hydres et des spectres, deux mots tellement dénués de valeur visuelle qu'ils sont presque toujours interchangeables dans les locutions chères au parlementarisme. Cependant on rencontre le plus souvent : « le spectre clérical – le spectre de 93 – le spectre du moyen âge – le spectre du passé – le spectre du despotisme – l'hydre des révolutions – l'hydre de l'anarchie » ; en 1848, on invitait le pouvoir à « bâillonner l'hydre des rues ». La politique partage avec la morale l'usage des principes et des bases et pendant que les uns se placent « sous la sauvegarde de nos immortels principes », d'autres, sans vergogne, « sapent les bases de l'édifice social ». Quels jolis tableaux pour les théâtres mécaniques de la foire au pain d'épices ! Le répertoire politique est si riche en abstractions qu'on serait tenté de croire que les intérêts dont on charge un député sont tout à fait immatériels et semblables à ceux que défendent dans leurs discours les rhétoriciens du concours général. Ces malheureux, dévorés par le verbalisme, possèdent encore, outre ceux qui sont immortels, toute une série de principes, tels que : le principe sur lequel tout roule – le principe solidement assis – le principe posé trop légèrement – le principe inflexible – le principe qui a germé d'une manière féconde » ; ils détiennent aussi « l'hommage rendu aux principes, l'étrange aberration de principes, les principes sacrés, et les principes consacrés ». Voici encore « le progrès des lumières – les progrès de notre décomposition sociale – le progrès incessant vers l'avenir » ; dans ce monde-là il n'est question que de « mettre le fer rouge sur nos plaies – sur le chancre qui nous dévore – sur la gangrène du parlementarisme » ; en 1840, on conseillait « d'extirper la gangrène jésuitique qui ronge la société ». Quel jour se passe sans qu'on nous informe « du flot montant de la démocratie, de l'invasion de la démocratie, de la nécessité de se retremper dans le sein du suffrage universel », sans qu'on flétrisse ces patrons inhumains « qui s'engraissent de la sueur du peuple » ? Ce dernier cliché, ridicule pour celui qui « voit » les images écrites par les paroles, est tout à fait abstrait pour ceux qui l'emploient ; c'est un juron ;

il est abstrait comme un juron et signifie, non pas les mots qu'il contient, mais la colère de celui qui profère les mots.

Les clichés du patriotisme professionnel sont difficiles à citer dans une étude où l'on ne veut ni indigner, ni faire rire. Un des plus bénins est celui-ci : « depuis nos malheurs, » phrase doucereuse où on assimile la France à une vieille dame à cabas « qui a connu de meilleurs jours ». Telle que la suggère l'ensemble des clichés patriotiques, l'idée de patrie est étroitement liée dans le peuple à l'idée de revanche, de bataille, d'armée ; cela ne va pas plus loin. Le battu guette son vainqueur – avec prudence. Quant à l'idée historique, une et complexe, qu'évoque ce mot – succédané du mot royaume, dans les hommes de race, elle n'a pas produit de clichés. Elle n'est pas populaire ; elle n'est pas « sortie de l'intimité ».

Ces exemples peuvent suffire, car chacun, maintenant, achèvera facilement, s'il lui plaît, un tableau psychologique des professions dessiné avec les clichés familiers.

Tels clichés, abstraits pour celui qui écrit, gardent pour celui qui lit une valeur d'image ; si donc plusieurs métaphores de ce genre se rencontrent liées ensemble par un rapport maladroit, il en résulte un effet de comique assez amusant. Une phrase d'Albert Wolf[1] disait : « Plongez le scalpel dans ce talent tout en surface, que restera-t-il, en dernière analyse ? une pincée de cendre[2]. Le P. Didon[3] a écrit dans un livre récemment loué : « Celui qui vous parle s'est plongé jusqu'à la moelle dans son siècle et dans son pays. » On a recueilli dans un journal grave ceci : « Anéantir les fruits du passé, c'est enlever à l'avenir son piédestal. » Où donc ai-je lu : « C'est avec le fer rouge qu'il faut nettoyer ces écuries d'Augias ! » et : « Un vent d'apaisement souffle enfin sur l'hydre des factions » ? Les ai-je lues ? Il est plus commode d'imaginer ces incohérences que d'aller en rechercher de véritables dans la littérature des imbéciles ; car là, il y a imbécillité, il y a absence de toute sensibilité littéraire. La phrase authentique : « Cent mille hommes égorgés à coups de fusil », est moins choquante, le mot « égorger » étant évidemment de ceux qui sont en marche vers l'abstraction.

---

1 Albert Wolf (1835-1891) est auteur dramatique et journaliste au *Figaro*.

2 Cité, il y a quelques années, ainsi que deux ou trois autres absurdités, dans les Échos du *Mercure*. Francis Wey a recueilli un certain nombre de ces cacographies dans ses médiocres *Remarques sur la langue française* (1845) ; on en trouvera un grand nombre dans un livre beaucoup plus médiocre encore, mais plus curieux, de P. Poitevin, la *Grammaire des écrivains et des typographes* (1863). NDA

3 Henry Didon est l'auteur de *La Vie de Jésus* paru en 1889 et qui connut un grand succès.

« Le char de l'État est entravé dans les flots d'une mer orageuse », cela fut dit à la tribune, tandis que la phrase où ce même char « navigue sur un volcan » est une invention d'Henry Monnier[1] : on voit combien elle était inutile. « C'est en vain, crie un orateur, que nous ferons une bonne constitution, si la clef de la voie sociale nous manque. » Cormenin[2], qui avait de la verve et aucun sens littéraire, écrivait ainsi : « Par la trempe étendue et souple de son esprit, il jette de vives lumières sur toutes les questions », ou bien : « J'ai modéré le feu de mes pinceaux. » Il fit un tel abus des « lambris dorés » qu'on lui attribua cette petite création ridicule[3]. Que de « parfums inouïs », que de « rougeurs candides », que de « voix visiblement émues » ! Presque tout le théâtre de Casimir Delavigne[4], d'Émile Augier[5], de Ponsard[6] est rédigé dans ce style, qui est aussi celui des Janin[7], des About[8],

1 Henry Monnier (1805-1884) est le créateur du personnage de Monsieur Prudhomme.

2 Louis-Marie de La Haye (1788-1868) baron de Cormenin est un homme de loi et un homme politique, plusieurs fois député et conseiller d'État. Il est l'auteur d'un *Livre des Orateurs* (1836).

3 Il semble bien cependant que l'extravagance d'un Cormenin soit moins pénible que la correcte platitude de tant d'écrivains estimés. Je relève dans les quinze premières lignes du feuilleton d'un homme qui, toutes les semaines, se fait le juge de la littérature, ces expressions : « Un gouvernement sans gloire et une paix sans dignité. – Se consolaient de leur misère présente en songeant aux splendeurs du passé – Effort surhumain – Univers émerveillé – la magnificence de ces souvenirs – vulgarité régnante – chambre servile. etc. » C'est l'union parfaite du cliché et du lieu commun, – d'où l'impression inattendue de convenance et de correction. Le genre admis, s'il était possible, il n'y aurait rien à reprendre. NDA

4 Casimir Delavigne (1793-1843) est un poète et auteur dramatique. Il publia en 1818 son premier recueil de *Messéniennes* qui obtinrent un grand succès patriotique ; l'année suivante il donna sa première pièce à l'Odéon, *Les Vêpres siciliennes*. Il fut une figure majeure du théâtre de la première moitié du XIXe siècle.

5 Poète et dramaturge français (1820-1889), Emile Augier débute sa carrière dramatique avec *La Ciguë*, comédie en vers mettant en scène le monde antique, et la poursuit avec des comédies de mœurs. Il est l'auteur d'un théâtre bourgeois, qui adopte les principes de l'école dite « du bon sens » en réaction contre le théâtre romantique. Il sera élu à l'Académie Française en 1857.

6 Auteur dramatique, François Ponsard (1814-1867) fut le chef de file de « l'école du bon sens » qui prônait une esthétique du juste milieu entre les classiques et les romantiques. Sa première pièce, *Lucrèce*, jouée en 1843, obtint un grand succès et s'imposa comme le manifeste de cette école. Il composa ensuite des comédies de mœurs et des drames historiques. Il sera élu à l'Académie Française en 1855.

7 Journaliste, collaborateur de la *Revue de Paris*, de la *Revue des deux mondes*, du *Figaro*, Jules Janin (1804-1874) fut aussi pendant quarante ans le critique littéraire du *Journal des Débats*. Son article, « Henri Heine et la jeunesse des poètes », dans lequel il attaquait les poètes romantiques allemands, suscita en 1865 la colère de Baudelaire. Il sera élu à l'Académie Française en 1870.

8 Edmond About (1828-1885) est écrivain et journaliste. Collaborateur de plusieurs journaux, *Le Figaro, L'Opinion nationale, Le Soir*, il sera rédacteur en chef du *XIXe siècle*. Il

des Méry[1], des Feuillet[2]. « C'était, dit About, comme un roseau fêlé qui plie sous la main du voyageur. » Ici le copiste a mis une date au bas de sa sottise ; elle est certainement contemporaine de la vogue du « Vase brisé ». Méry s'écrie avec feu : « Un cri de désespoir, un cri surhumain et corrosif comme un tamtam ! »

Il ne faudrait pas d'ailleurs presser trop étroitement les métaphores qui se gonflent, souvent avec trop d'orgueil, dans les meilleurs styles. L'absurde est partout. Nous vivons dans l'absurde. Soyons donc indulgents pour nos plaisirs et goûtons dans les images nouvelles ce qu'elles ont de beau, leur nouveauté. L'homme est ainsi organisé qu'il ne peut exprimer directement ses idées et que ses idées, d'autre part, sont si obscures que c'est une question de savoir si la parole trahit l'idée ou au contraire la clarifie. Aucun mot ne possède un sens unique ni ne correspond exactement à un objet déterminé, exception faite pour les noms propres. Tout mot a pour envers une idée générale, ou du moins généralisée. Quand nous parlons, nous ne pouvons être compris que si nos paroles sont admises comme les représentantes non de ce que nous disons, mais de ce que les autres croient que nous disons ; nous n'échangeons que des reflets. Dès que le mot et l'image gardent dans le discours leur valeur concrète, il s'agit de littérature : la beauté n'est plus tout entière dans la raison, elle est aussi dans la musique.

Proscrit de la littérature, le cliché a son emploi légitime dans tout le reste ; c'est dire que son domaine est à peu près universel. Figurons-nous la même langue parlée dans l'univers entier, – sauf dans la république d'Andorre[3].

FIN

---

connaît la popularité avec des romans comme *Le Roi des montagnes* (1857) ou *L'Homme à l'oreille cassée* (1862). Il sera élu à l'Académie Française peu de temps avant sa mort.

1 Auteur d'une œuvre très abondante, à la fois poète, romancier, dramaturge et librettiste, Joseph Méry (1797-1866) fut un écrivain célèbre en son temps. Il est l'auteur de *Satires* et collabore avec Nerval pour l'adaptation de plusieurs pièces de Shakespeare.

2 Octave Feuillet (1821-1890) est un romancier et dramaturge français très prolifique qui eut les faveurs du Second Empire. Il sera élu à l'Académie Française en 1862.

3 On trouvera dans l'ouvrage du même auteur, *le Problème du style*, plusieurs études qui sont la suite logique de celle-ci, qui la corrigent, la complètent et l'expliquent. NDA

BIBLIOGRAPHIE

Les éditions de l'*Esthétique de la langue française* de Remy de Gourmont

Esthétique de la langue française. La déformation. La métaphore. Le cliché. Le vers libre. Le vers populaire, Paris, Société du Mercure de France, 1899.

Esthétique de la langue française. La déformation. La métaphore. Le cliché. Le vers libre. Le vers populaire, édition revue, augmentée et corrigée par l'auteur, Société du Mercure de France, 1905.

Esthétique de la langue française, avec un portrait par Raoul Dufy et une préface de Jules de Gaultier, Paris, « L'Intelligence », 1926.

Esthétique de la langue française, études et note bibliographique de Maurice Saillet « Gourmont et le culte du mot », « Bibliographie des écrits de Gourmont relatifs à la langue française » et R.-L. Wagner, « Gourmont toujours valable », Paris, Club du Meilleur Livre, 1955.

Esthétique de la langue française, précédée d'une étude de R.-L. Wagner et d'une note de Maurice Saillet, collection « Littérature générale », Paris, Mercure de France, 1960.

Esthétique de la langue française, « Les Introuvables », Paris, Éditions d'-Aujourd'hui, 1984.

Esthétique de la langue française, essai ; suivi de M. Croquant, Paris, Éditions Ivrea, 1995. (Cette édition contient uniquement le premier chapitre de l'*Esthétique*, « Esthétique de la langue française », suivi de la satire *M. Croquant* publiée en 1918 après la mort de Gourmont.)

Esthétique de la langue française, préface d'André Derval, « Agora », Paris, Pocket, 2000.

Esthétique de la langue française. La déformation, la métaphore, le vers libre, le vers populaire, le cliché, texte présenté, établi et annoté par Gabriella Carpinelli, préface de Giovanni Dotoli, Schena Editore / Alain Baudry & Cie, coll. « Biblioteca della ricerca », série "Linguistica" n° 27, 2008. (Il s'agit d'une édition critique de l'édition de 1905.)

INDEX DES NOMS PROPRES

TABLE DES MATIÈRES

IMPRIM'VERT®

Achevé d'imprimer par Corlet Numérique,
à Condé-sur-Noireau (Calvados). N° d'impression : 134904
Imprimé en France